基金项目：华东政法大学政治学研究所"华与罗世界文明与比较政治研究项目"、国家社科基金重点项目"全面推进依法治国与国家治理现代化研究"（14AZD133）

比较政治学前沿
Frontier of Comparative Politics No.3

第 3 辑

比较政治学的质性与量化之争

| 主编　高奇琦　| 主办　华东政法大学政治学研究所

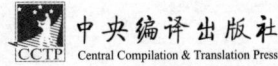

中央编译出版社
Central Compilation & Translation Press

比较政治学前沿
（学术辑刊）

主　编：高奇琦

学术委员会
（按音序排列）

R. Benjamin	（明尼苏达大学）
蔡　拓	（中国政法大学）
曹泳鑫	（上海社会科学院）
常士䦋	（天津师范大学）
陈明明	（复旦大学）
陈志敏	（复旦大学）
陈周旺	（复旦大学）
程同顺	（南开大学）
程竹汝	（上海市委党校）
储建国	（武汉大学）
高奇琦	（华东政法大学）
耿　曙	（上海财经大学）
郭定平	（复旦大学）
何俊志	（复旦大学）
胡　伟	（上海交通大学）
黄卫平	（深圳大学）
景跃进	（清华大学）
刘建军	（复旦大学）
G. Munck	（南加利福尼亚大学）
彭　勃	（上海交通大学）

C. Ragin	（加利福尼亚大学爱尔文分校）
桑玉成	（上海市社会科学界联合会）
沈丁立	（复旦大学）
石源华	（复旦大学）
苏长和	（复旦大学）
谭君久	（武汉大学）
佟德志	（天津师范大学）
武心波	（上海外国语大学）
徐湘林	（北京大学）
徐以骅	（复旦大学）
肖逸夫	（英属哥伦比亚大学）
杨光斌	（中国人民大学）
杨海蛟	（中国社会科学院）
杨洁勉	（上海国际问题研究院）
杨雪冬	（中共中央编译局）
叶　江	（上海国际问题研究院）
俞正樑	（上海国际问题研究院）
袁　峰	（上海市委党校）
曾　峻	（上海市委党校）
张小劲	（清华大学）
周　平	（云南大学）
周淑真	（中国人民大学）
朱天飚	（北京大学）

编辑部成员
（按音序排列）

杜　欢　郝诗楠　吉　磊　阙天舒　王金良
汪仕凯　邢瑞磊　严行健　游腾飞　章　远

目录 / Contents

《比较政治学前沿》序言 …………………………………… 何勤华/1

比较政治研究中的质性方法——《比较政治学前沿》
第3辑编译说明 ……………………………………… 高奇琦/1

【关于比较方法方向的争论】

论比较政治学的发展方向——一项对主要学术期刊的分析
　………〔美〕杰拉多·蒙克、理查德·斯奈德　吉　磊　编译/1

使比较政治学中的方法适应本体
　………………………〔美〕彼得·霍尔　罗　俊　编译/25

【比较研究的质性方法】

质性方法论与比较政治
　………………………〔美〕詹姆斯·马洪尼　高奇琦　编译/44

质性研究方法的过时观点及其发展
　……〔美〕戴维·科利尔、亨利·布拉迪、贾森·西赖特
　　　　　　　　　　　　　　　　　　章　远　编译/77

洞察和陷阱——质性研究中的选择偏误
　………〔美〕戴维·科利尔、詹姆斯·马洪尼　花　勇　编译/91

1

【比较研究中的量化方法】

比较的必要性——量化政治学中的理论证实
................................〔美〕加文·克拉克　张春满　编译/112

【KKV：沟通两者的努力】

研究设计、证伪及质性—量化研究分野
................................〔美〕詹姆斯·卡普拉索　严行健　编译/135
量化方法在质性研究中的接入——以选择偏误为例
................................〔美〕戴维·科利尔　严行健　编译/141
政治科学中质性与量化分析的沟通
................................〔美〕西德尼·塔罗　严行健　编译/148
政治科学中研究设计的重要性
................〔美〕加里·金、罗伯特·基欧汉、西德尼·维巴
　　　　　　　　　　　　　　　　　　　　　王金良　编译/154

【两者的进一步比较】

两种文化的故事——社会科学中的量化与质性研究
..........〔美〕詹姆斯·马洪尼、加里·格尔茨　阚天舒　编译/166
测量的效度——质性与量化研究的共同标准
......〔美〕罗伯特·阿德库克、戴维·科利尔　郝诗楠　编译/195

【关于两者关系的新争论】

方法论上的罗夏墨迹测验——量化研究和质性研究中的迥异解释
..........〔美〕加里·格尔茨、詹姆斯·马洪尼　游腾飞　编译/215
两种研究文化是否蕴涵两种科学范式
................................〔美〕亨利·布拉迪　游腾飞　编译/230
社会分析中的鸭兔图——两种文化的故事
................................〔美〕科林·埃尔曼　游腾飞　编译/243

方法论的多元主义——回应布拉迪和埃尔曼
　　………〔美〕加里·格尔茨、詹姆斯·马洪尼　游腾飞　编译/250

【学科术语】
社会科学方法论术语………〔美〕约翰·吉尔林　方　俊　编译/255

【会议综述】
"比较视野下的民族与族群政治研究"学术研讨会综述
　　………………………………………………………王建新/262
"中国参与全球治理：比较与借鉴"学术研讨会综述……黄　飞/268
"中国参与全球治理：体系变革与国家能力"学术研讨会
　　会议综述………………………………………………王海峰/274
"比较政治和全球治理"学术研讨会会议综述…………张结斌/279

《比较政治学前沿》序言

在我国的政治学学科中，比较政治学日益发展成为一门基础性的二级学科，并且有力地推动着政治学基础理论的日益完善与前沿领域的不断拓展。正如有学者所指出的，比较政治学是衡量一个国家政治学质量的重要指标，也最能代表政治学发展的方向，而且中国的比较政治研究正处于蓄势待发的阶段。[①] 在这种情况下，由华东政法大学政治学研究所组织编辑的《比较政治学前沿》系列辑刊应运而生。本辑刊创办的基本目的，就是通过知识引进来促进中国比较政治学的发展。

毋庸讳言，比较政治研究近年来在中国才真正得以起步，而国际学术界对于比较政治的研究已经积累了几十年的发展经验，并且引领着这一学科的前沿发展。因此，对于国外先进研究成果的翻译和引进便成为一项不可或缺的学术任务。《比较政治学前沿》的初期定位，便是将国外有关比较政治理论与方法的经典文献迻译到中文世界中来，为我国比较政治学的发展提供最基本的文献资料和学科基础。而华东政法大学的政治学学科建设，也能够以本辑刊为平台，汇聚国内外比较政治研究的精华，创造出更多的学术贡献。

[①] 杨光斌："蓄势待发的中国比较政治研究"，载《中国社会科学报》2011 年 12 月 29 日。

华东政法大学（原"华东政法学院"，简称"华政"）是新中国创办的第一批高等政法院校之一。1952年，原圣约翰大学、复旦大学、南京大学、东吴大学、厦门大学等9所院校的法律系、政治系和社会系合并组建成立了华东政法学院。长期以来，法学一直是华政的传统优势学科。2007年，经教育部批准，华东政法学院更名为华东政法大学。自更名以来，华政致力于发展成为一所以法学、政治学、经济学和管理学为重点，多学科协调发展的多科性特色大学。因此，我们目前的重点工作之一，便是在法学之外的学科建设方面取得突破，而政治学则是是华政近年来发展最快的学科之一，也是最有希望率先实现突破的新兴学科。

　　政治学在华东政法大学是一门具有历史渊源的年轻学科。如前所述，华政在创立伊始便合并了圣约翰大学等院校的政治系，而这些院校的政治系是当时华东地区政治学研究的基本力量。圣约翰大学被誉为"东方的哈佛"和"外交人才的养成所"[1]，在这座优美的校园中，曾经建立起国内较早和较完整的政治学学科，并培养出邹韬奋、顾维钧、施肇基、荣毅仁、李慎之、陈鲁直等一批杰出的外交家、政治家和社会活动家。虽然经历了坎坷的历史过程，但是华政政治学发展的火种却一直传承，并未熄灭。在新的历史条件下，华政逐渐恢复了政治学的研究与教学。经过各方面的努力，目前华政的政治学学科发展迅速，且已颇具规模。

　　华东政法大学高度重视政治学的学科发展。作为"大法学"下的姊妹学科，法学和政治学之间具有非常密切的关联，也都是"政法"院校的重要基础学科。单从具体的子学科中我们就可以看到，政治学理论与宪法学、行政学与行政法学、政治哲学与法律哲学、国际关系学与国际法学、比较政治学与比较法学之间存在着诸多相互融通之处。从这个意义上来讲，华政的法学与政治学学科间可以实现相互给养，也就是说，传统的法学优势可以为政治学的发展提供支撑，而政治学学科的完善也

---

[1] 张仲礼："序"，载熊月之、周武主编：《圣约翰大学史》，上海人民出版社2007年版，第1页。

会为法学学科的进一步拓展提供更为坚实的学科支持。因此,就长远发展而言,我们还需要继续加强和推进政治学学科的建设。

在上述观念的指导和支持下,华政的政治学已经取得了一定的成就。2005年,华政获批上海市首批政治学教育高地;2007年,政治学开始作为校级重点学科进行建设;2008年,成立政治学研究院。此后,政治学研究院一直以比较政治学为中心推进学科发展,并汇集了一批比较政治和国际关系方面的研究人才。研究院还做了许多开创性的工作,如在2010年举办了国内第一场以"比较政治学"为关键词的学术研讨会、出版了国内第一份以"比较政治学"为主题的辑刊等。可以说,政治学研究院为华政政治学的发展打下了良好的基础。2012年,由于相关人事变动,政治学研究院更名为政治学研究所,虽然机构有所变化,但基本的研究队伍和比较政治学的研究特色得以延续,并有望获得进一步的发展。而《比较政治学前沿》正是这种发展的重要成果之一。

现在的政治学研究所由一支年轻的研究团队组成,从这个团队身上,我看到了学术的激情和华政政治学的希望。在较短的时间内,政治学研究所已经围绕比较政治研究开展了一系列的学术活动,并建设了国内第一个比较政治学的数据库网站,在国内产生了良好的学术影响。我希望《比较政治学前沿》能够延续这种良好的发展势头,通过严谨的学术翻译和经典引介,顺应学科发展的基本规律,为我国比较政治学的发展提供前沿的理论与方法,也为华东政法大学政治学学科的长远发展奠定坚实的基础。

谨此为序,与学界同仁共勉。

何勤华
2012年8月28日
于华东政法大学松江校区

比较政治研究中的质性方法*
——《比较政治学前沿》第 3 辑编译说明

国外一些重要的政治学家倾向于认为，比较政治学是一个用方法来界定其边界的学科。譬如，萨托利指出："比较政治作为一个研究领域的独特性应该主要体现在其方法上。"① 阿伦·利帕特也指出："在政治学的几个次级领域中，比较政治学是唯一一个具有方法意义而非实质内容意义的学科。'比较政治'一词主要表明其如何进行比较，而非具体针对什么内容进行比较。"② 既然研究方法对于比较政治学如此重要，那么对研究方法的研究就应该是比较政治研究的重心之一。然而，目前国内关于比较政治的研究还基本上处在非自觉地使用研究方法的阶段，而且国内关于比较政治研究方法的讨论还比较少。③ 因此，本期《比较政

---

* 本序言部分内容曾发表于《国外社会科学》2014 年第 2 期。
① Giovanni Sartori, "Comparing and Miscomparing", *Journal of Theoretical Politics*, Vol. 3, No. 3, 1991, p. 243.
② Arend Lijphart, "Comparative Politics and the Comparative Method", *The American Political Science Review*, Vol. 65, No. 3, 1971, p. 682.
③ 张小劲和景跃进在《比较政治学导论》的第四章中讨论了比较政治学的主要方法和操作技术等问题。参见张小劲、景跃进：《比较政治学导论》，北京：中国人民大学出版社，2001 年，第 84－113 页。李路曲近年来对比较政治研究方法有较深入的讨论。参见李路曲：《比较政治分析的逻辑》，载《政治学研究》2009 年第 4 期；李路曲：《从对单一国家研究到多国比较研究》，载《政治学研究》2009 年第 6 期；李路曲：《个案比较与变量比较方法在制度与政策分析中的应用》，载《晋阳学刊》2011 年第 3 期。尽管如此，国内关于比较政治研究方法的成果也还是比较少的。

治学前沿》依旧延续了前几辑强调比较方法的风格，进一步聚焦于一些关于比较政治学中质性和量化方法讨论的文献。

在这篇序言中，作者将尝试对比较政治研究中的质性方法（qualitative methods）进行一个学术史的梳理。① 通过文献梳理，我将回答以下两个问题：在目前国外的比较政治研究中，质性方法究竟处于何种地位？在比较政治的质性方法方面，国外学术界有哪些进展？下文首先会对比较政治研究方法的学术史进行整理，然后从质性和量化的二元视角出发对这段方法史进行评述，最后再对质性方法的一些新进展以及新趋势进行总体性评述。

一、比较政治研究方法：一个学术史的梳理

国外比较政治研究方法的第一次浪潮出现在上世纪60年代末和70年代初的美国。② 在60年代中后期，在美国已经有一些关于比较方法的讨论，并且一些重要的政治学家也参与其中。例如，亚瑟·科尔伯格（Arthur L. Kallberg）在1966年的《世界政治》（World Politics）上发表的《比较的逻辑：对政治系统比较研究的方法论评注》、哈罗德·拉斯韦尔（Harold Lasswell）和塞缪尔·比尔（Samuel Beer）在1968年《比较政治》（Comparative Politics）创刊号上分别发表的《比较方法的未来

---

① 我们在这里采用了"质性方法"的译法。在国内的翻译中，有三种译法：一种是"定性研究"。早期社会学领域的学者习惯使用这一译法。第二种是"质的研究"。以陈向明为代表的教育学领域学者在早期研究时喜欢用这一译法。第三种是"质性研究"。应该说，目前"质性研究"这一译法更为通行。在重庆大学出版社出版的一套"万卷方法"丛书（目前已经出版80余本）中，最早出版的诺曼·邓津主编的《定性研究手册》仍用定性研究的译法，但后期出版的涉及该书名的近10本书都使用了质性研究的表述。包括陈向明主编的《质性研究：反思与评论》一书。考虑到这一趋势，我们选用了质性研究这一译法。

② 美国是推进比较政治研究中的主要国家。而在比较政治研究方法方面，美国学者几乎完全主导了这一过程。比较政治研究方法更为偏重科学的部分，而这种科学研究是美国社会科学的主要特色。相比而言，欧洲的社会科学研究则更加偏重哲学思辨。

和比较方法与英国政治的研究》等论文。① 但是，这些成果主要是对比较政治方法的简要评述，并且对后续研究的影响相对有限。所以，笔者将这些成果的出现看成是第一次浪潮的前潮。高潮真正出现是在七十年代初期，代表人物是乔万尼·萨托利（Giovanni Sartori）和阿伦·利帕特（Arend Lijphart）。萨托利于1970年在《美国政治科学评论》（The American Political Science Review）上发表《比较政治中的概念误构》（"Concept Misformation in Comparative Politics"）一文。在这篇文章中，萨托利指出，"在过去的十年中，比较政治作为一个实质性内容的领域得到了快速的扩展。这种范围的扩展引发了关于研究方法的一些前所未有的困难和问题。我们看起来是在进行一些比较研究的努力，但是却缺乏比较方法（例如在方法论的自觉和逻辑技巧上都是很缺乏的）。"② 鉴于这种比较研究方法的缺失，萨托利从理论系统中最基本的概念这一元素入手，分析了概念构成和概念延展（conceptual stretching）等问题。利帕特在1971年《美国政治科学评论》上发表的《比较政治与比较方法》一文，是比较方法史上另一篇开创性的文献。在这篇文献中，利帕特对比较方法的内涵与外延进行了较为清楚的界定，对比较方法与实验方法、统计方法以及案例分析之间的异同做了较为深入的比较，并且对比较方法的优势和劣势进行了深刻的剖析。③ 亚当·普沃斯基（Adam Przeworski）和亨利·图纳（Henry Teune）在1970年出版的《比较社会研究的逻辑》是这一时期最重要的一本比较政治方法研究著作。在此书中，普沃斯基和图纳在密尔的求同法（method of agreement）和求异法（method of difference）的基础上提出了"最具相似性系统"（most similar system）和"最具差异

---

① Arthur L. Kallberg, "The Logic of Comparison: A Methodological Note on the Comparative Study of Political System", *Word Politics*, Vol. 19, 1966, pp. 69 - 82; Harold Lasswell, "The Future of the Comparative Method", *Comparative Politics*, Vol. 1, No. 1, 1968, pp. 3 - 18; Samuel Beer, "The Comparative Method and the Study of British Politics", *Comparative Politics*, Vol. 1, No. 1, 1968, pp. 19 - 36.

② Giovanni Sartori, "Concept Misformation in Comparative Politics", *The American Political Science Review*, Vol. 64, No. 4, 1970, p. 1052.

③ Arend Lijphart, "Comparative Politics and the Comparative Method", *The American Political Science Review*, Vol. 65, No. 3, 1971, pp. 682 - 693.

性系统"(most different system)的比较研究设计。① 求同法和求异法在研究中对被控制变量的条件要求比较苛刻,而最具相似性系统和最具差异性系统方法则通过放宽条件大大增加了其在社会科学中的应用性。这三篇文献是第一次浪潮中最具代表性和开创性的成果。

之后的一些成果可以看成是这次浪潮的继续。② 这一浪潮的余波甚至延续到上世纪90年代。在1991年《理论政治杂志》(*Journal of Theoretical Politics*)上发表的"比较与错误比较"一文中,萨托利对比较政治方法二十多年的发展进行了回顾。萨托利振聋发聩地指出,在比较政治研究中,一些最基本的方法问题仍然没有解决。多数研究者对"比较什么"以及"如何比较"这类问题仍缺乏足够的思考。一些诸如"猫—狗组合"(指本来不存在的组合)之类的作品充斥着比较政治学的研究。③ 这一时期另一个重要的作品是盖伊·彼得斯(Guy Peters)的《比较政治:理论与方法》。④ 这本书是对比较政治方法二十多年发展的一个完整总结。另外,最近的一些成果也可以看成是这一波浪潮的回潮。譬如,戴维·科利尔(David Collier)和约翰·吉尔林(John Gerring)主编的《社会科学中的概念与方法:萨托利的传统》一书,集结了萨托利在比较政治方法方面的研究和一些受到萨托利影响的、关于概念研究的新方法论成果。⑤

第二次浪潮的前潮最早出现在80年代末。前潮的代表性成果是查尔斯·拉金(Charles C. Ragin)在1987年出版的《比较方法:在质性

---

① Adam Przeworski and Henry Teune, *The Logic of Comparative Social Inquiry*, New York: John Wiley, 1970, pp. 31 – 35.

② 例如,利帕特和图纳的两篇论文:Arend Lijphart, "The Comparable – Cases Strategy in Comparative Research", *Comparative Politics Studies*, Vol. 8, No. 2, 1975, pp. 158 – 177; Henry Teune, "Comparative Research, Experimental Design, and The Comparative Method", *Comparative Politics Studies*, Vol. 8, No. 2, 1975, pp. 195 – 199.

③ Giovanni Sartori, "Comparing and Miscomparing", *Journal of Theoretical Politics*, Vol. 3, No. 3, 1991, pp. 243 – 257.

④ Guy Peters, *Comparative Politics: Theory and Methods*, New York: New York University Press, 1998.

⑤ David Collier and John Gerring, eds., *Concepts and Method in Social Science: The Tradition of Giovanni Sartori*, New York: Routledge, 2009.

和量化策略之外》一书。在这本书中,拉金明确界定了质性研究与量化研究之间的分野,并且尝试将布尔代数等一些新方法运用到比较政治研究之中。① 第二次浪潮来临的标志性事件是加里·金（Gary King）、罗伯特·基欧汉（Robert Keohane）和西德尼·维巴（Sidney Verba）合著的《社会研究设计：质性研究中的科学推理》一书的发表。在这部书中,作者指出,"好的量化研究和好的质性研究的逻辑之间并不存在根本意义的差别。……我们写这本书的目标是希望鼓励质性研究者认真对待科学推理（scientific inference）并把这一点整合到他们的研究工作中。我们希望,这种一致的推理逻辑以及我们展示这种逻辑的努力（以证明这种逻辑可以对质性研究者有用）,可以促进这一领域的研究工作,同时也可以帮助其他社会科学领域的研究。"② 简言之,这本书的三位作者希望把科学推理作为质性研究和量化研究共同的逻辑,并以此来沟通两种路径的研究。这本书出版之后激起了一系列关于它的争论。其中最重要的是1995年发表在《美国政治科学评论》上的一组评论文章。③ 之后,有两本重要著作都是以《社会研究设计》为对话蓝本出现的。一本是亨利·布拉迪（Henry E. Brady）和戴维·科利尔（David Collier）主编的《重新思考社会研究：多元工具与共享标准》,④ 另一本是拉金所著的《重新设计社会研究：模糊集合及其他》。⑤ 需要说明的是,这本书的三

---

① Charles C. Ragin, *The Comparative Method: Moving beyond Qualitative and Quantitative Strategies*, Berkeley and Los Angeles: University of California Press, 1987.

② Gary King, Robert O. Keohane and Sidney Verba, *Designing Social Inquiry: Scientific Inference in Qualitative Research*, Princeton, NJ: Princeton University Press, 1994, p. viii.

③ David D. Laitin, Disciplining Political Science, *American Political Science Review*, Vol. 89, No. 2, 1995, pp. 454–456; James A. Caporaso, "Research Design, Falsification, and the Qualitative–Quantitative Divide", *The American Political Science Review*, Vol. 89, No. 2, 1995, pp. 457–460; David Collier, "Translating Quantitative Methods of Qualitative Researchers: The Case of Selection Bias", *The American Political Science Review*, Vol. 89, No. 2, 1995, pp. 461–466; Ronald Rogowski, "The Role of Theory and Anomaly in Social–Scientific Inference", *The American Political Science Review*, Vol. 89, No. 2, 1995, pp. 467–470.

④ Henry E. Brady and David Collier, eds., *Rethinking Social Inquiry: Diverse Tools, Shared Standards*, Lanham, MD: Rowman and Littlefield, 2004.

⑤ Charles Ragin, *Redesigning Social Inquiry: Fuzzy Sets and Beyond*, Chicago: University of Chicago Press, 2008.

位作者名字的首字母缩写"KKV"成为这一研究的标识。"KKV"的研究对比较政治研究方法的影响是巨大的。正如詹姆斯·马洪尼（James Mahoney）所评述的，"没有人可以否认，《社会研究设计》对这个学科产生了巨大的影响。……这本书推动了政治科学领域中方法论的自觉，而且这一遗产完全可以看成是有益的。"①

这一浪潮的高峰是《比较政治研究》（Comparative Political Studies）在2007年第1期和第2期上的讨论。2007年第1期是关于"比较政治研究方向"的一个专辑。杰拉多·蒙克（Gerardo Munck）和理查德·斯奈德（Richard Snyder）发表的《论比较政治学的发展方向———一项对主要学术期刊的分析》是这一专辑的核心论文。蒙克和斯奈德对《比较政治研究》《比较政治》和《世界政治》这三个杂志在1989到2004年的论文进行统计分析后发现，质性分析在比较政治研究中明显占据主导。② 对于这种质性占据主导的情况，蒙克和斯奈德提出了两方面的建议：一是消除质性研究和量化研究之间的对立，在不同的方法之间构筑桥梁；二是使用更多量化的数据分析来增强研究的科学性。③

接下来的两篇文章是对于蒙克和斯奈德研究的批评性成果。在第一

---

① James Mahoney, "After KKV: The New Methodology of Qualitative Research", World Politics, Vol. 62, No. 1, 2010, pp. 120 – 121. 马洪尼指出，"它（KKV的研究）使得诸多方法论的名词和观念——描述性推理（descriptive inference）和原因性推理（causal inference）、可观察的暗示（observable implications）、单元同质性（unit homogeneity）、选择偏误（selection bias）、平均因果效应（mean causal effect）等变得流行。并且，它对研究设计中每一步骤的系统化——从形成问题、到产生可检验的理论、到选择具体的观察、到检验理论、再到汇报结果——激发了关于方法论的每一个方面的讨论。"

② 蒙克和斯奈德的统计数字是，纯粹质性分析的占44.3%，质性主导的综合方法占19.0%，量化主导的综合方法占13.1%，纯粹的量化分析占23.6%。Gerardo Munck and Richard Snyder, "Debating the Direction of Comparative Politics: An Analysis of Leading Journals", Comparative Political Studies, Vol. 40, No. 1, 2007, p. 12.

③ 在文末，蒙克和斯奈德给出5个方面的建议：一、使用与生成理论时所依据数据完全不同的数据来检验假设；二、使用数据来检验那些与核心概念紧密联系的理论；三、形成那些在因果模式中表明变量间关系的假设；四、对所有变量和单元进行赋值并进行数据分析；五、通过大样本的观察来评估理论。Gerardo Munck and Richard Snyder, "Debating the Direction of Comparative Politics: An Analysis of Leading Journals", Comparative Political Studies, Vol. 40, No. 1, 2007, p. 26. 这五个建议都在不同程度上强调了量化方法的重要性。

篇评述文章中,马洪尼认为前两位作者选取的样本不够完整,所以他增加了对《美国政治科学评论》《美国政治科学杂志》(American Journal of Political Science)和《政治杂志》(Journal of Politics)中同时期发表的比较政治研究论文的数据分析。在分析之后,马洪尼得出结论,目前的比较政治研究还是更多地表现为量化的特征,① 而未来进一步的发展方向是加强对案例本身的样本内分析(within-case analysis)。② 在第二篇评述文章中,埃里克·维拜尔斯(Erik Wibbels)指出,蒙克和斯奈德的研究低估了比较政治研究中的一个重要分裂,即在那些坚持"社会科学的基本方法论规则"(basic methodological rules of social science)的学者和不坚持这些规则的学者之间存在巨大的鸿沟。换言之,维拜尔斯认为,目前比较政治研究的问题不是应该偏向质性研究还是偏向量化研究,而是目前许多研究都完全缺乏基本的比较研究方法。③ 在这篇文章之后,蒙克和斯奈德对前述的批评做了简要的回应。两位作者认为,马洪尼长期关注质性研究,并且在这一领域有非常出色的成绩,所以他会特别强调质性研究对未来比较政治分析的意义。而对于维拜尔斯的评论,蒙克和斯奈德表示了部分赞同,但两位作者同时也指出,仅仅强调方法论者与无方法者的冲突对未来的发展可能不会有非常大的帮助,而最重要的事情是把"把那些对相同领域的实际问题共享着同一种激情但却使用不

---

① 马洪尼发现,在这新选择的三本杂志的169篇论文中,质性分析所占比例仅为8%。在这三本杂志中,《美国政治科学评论》发表了绝大多数的质性分析论文,而这本杂志发表的其他比较政治论文的90%却都采用了量化研究方法。James Manoney, "Debating the State of Comparative Politics: Views from Qualitative Research", *Comparative Political Studies*, Vol. 40, No. 1, 2007, p. 32. 马洪尼还进一步分析道,在蒙克和斯奈德选择的三本杂志中,质性比较研究论文的分布也是非常不均衡的。《比较政治》发表了绝大多数的质性研究成果,而《世界政治》和《比较政治研究》则更多体现出对两种研究方法的平衡。而且,《比较政治研究》近年来越来越多地表现出数量化的趋势。James Manoney, "Debating the State of Comparative Politics: Views from Qualitative Research", *Comparative Political Studies*, Vol. 40, No. 1, 2007, p. 35.

② James Manoney, "Debating the State of Comparative Politics: Views from Qualitative Research", *Comparative Political Studies*, Vol. 40, No. 1, 2007, pp. 35 – 37.

③ 维拜尔茨指出,绝大多数的地区研究都是描述性的且缺乏原因分析,而多数所谓的质性研究则看起来缺乏科学性。Erik Wibbels, "No Method to the Comparative Politics Madness", *Comparative Political Studies*, Vol. 40, No. 1, 2007, pp. 41 – 43.

同方法论技巧的学者整合在一起"。①

在《比较政治研究》2007年第2期上,一个关于政治科学各领域中质性研究方法运用的讨论以专辑的形式出现。马洪尼的"质性方法论与比较政治"是这一专辑中最重要的论文。在这篇论文中,马洪尼讨论了目前比较政治研究领域中一些前沿的质性研究方法。在理论发展方面,马洪尼对质性研究在如何产生新假设,如何进行概念创新以及如何确定同质案例的样本群等方面的内容进行了介绍。在理论检验方面,马洪尼对样本内方法和跨样本方法等理论验证方法进行了讨论。样本内方法主要包括探寻中介性机制和对理论的多种可观察性暗示进行验证等,而跨样本方法则主要包括一组对假设的必要和充分原因进行评估的技术等等。在最后,马洪尼就质性研究方法对比较政治的独特意义和贡献进行了探讨。② 另外两篇论文是质性研究方法在美国政治和国际关系研究中运用的研究。③ 在最后的总评性文章中,杰克·莱维(Jack Levy)指出,虽然前述的三个领域都出现了质性研究的新进展,但是相比而言,比较政治和国际关系领域中质性方法的运用比美国政治研究中更为深入。莱维进一步指出,质性方法和量化方法的区别可能没有人们想象中的那么显著,而未来政治科学的研究则需要发展一种跨方法的对话(cross-method dialogue)。④

---

① Gerado L. Munck, Richard Snyder, "Visions of Comparative Politics: A Reply to Mahoney and Wibbels", *Comparative Political Studies*, Vol. 40, No. 1, 2007, p. 47.

② James Mahoney, "Qualitative Methodology and Comparative Politics", *Comparative Political Studies*, Vol. 40, No. 2, 2007, pp. 122 – 144.

③ 需要说明的是,在美国,美国政治研究不是比较政治研究。Paul Pierson, "The Costs of Marginalization: Qualitative Methods in the Study of American Politics", *Comparative Political Studies*, Vol. 40, No. 2, 2007, pp. 145 – 169; Andrew Bennett and Colin Elman, "Case Study Methods in the International Relations Subfield", *Comparative Political Studies*, Vol. 40, No. 2, 2007, pp. 170 – 195.

④ Jack Levy, "Qualitative Methods and Cross – Method Dialogue in Political Science", *Comparative Political Studies*, Vol. 40, No. 2, 2007, pp. 196 – 214.

二、比较方法：量化与质性的争论

由于我们所讨论的重点是质性研究，所以需要对质性研究的特征进行分析。伊利诺伊大学教授托马斯·斯瓦特指出："质性研究是学术界一场始于 1970 年代的改革运动的名称。这一运动包含了对于在那些偏好实验、准实验、相关分析以及调查研究策略的领域和学科中进行的社会科学研究的多重批判，包括认识论批判、方法论批判、政治批判以及伦理批判等。"① 艾尔·巴比（Earl Babbie）习惯性地将质性研究与实地研究联系起来，表述为"定（质）性的实地研究"，并认为这一研究包括自然主义、常人方法学、草根理论、个案研究、制度民族志、参与行动研究等具体的范式。② 陈向明认为，质性研究具备如下特征：属于自然主义的探究传统；强调对意义的解释性理解；认为研究是一个演化发展的过程；习惯使用归纳法和重视研究关系等。③

质性研究是相对于量化（或定量）研究而言的。通过对两者的比较，可以更清楚地把握质性研究的特点。劳伦斯·纽曼（Lawrence Neu-

---

① 为了统一起见，笔者将原译文中的"定性研究"调整为"质性研究"。［美］托马斯·斯瓦特："定性研究的三种认识论取向：解释主义、诠释学和社会建构论"，见［美］诺曼·邓津、伊冯娜·林肯主编：《定性研究（第一卷）：方法论基础》，风笑天等译，重庆：重庆大学出版社，2007 年，第 204 页。斯瓦特对质性研究在社会科学中兴起的过程有一段精彩的描述："人类学家和从事田野工作的社会学家们早在几十年前就已经开展了'质性'研究。但在 1970 年代，生产和解释质性数据的方法在一大批其他的人文科学研究领域里广泛流传开来。……在 1970 年代，几种学科的发展潮流汇聚到了一起，从而为田野工作方法论的复兴提供了肥沃的土壤。这些发展潮流包括对统计假设检验和实验的批评，对心理学中新兴的'自然主义'方法的日益增长的兴趣，人本主义心理学的兴起，一部分社会学家对于解释田野调查方法所重新恢复的重视，对结构–功能主义的批评以及随着而来的解释主义人类学的发展，以及科学哲学家群体之外的日益清醒的对于已接受观点进行批评的意识。"［美］托马斯·斯瓦特："定性研究的三种认识论取向：解释主义、诠释学和社会建构论"，第 204 页。
② ［美］艾尔·巴比：《社会研究方法》（第十一版），邱泽奇译，北京：华夏出版社，2009 年，第 292–302 页。
③ 陈向明：《质的研究方法与社会科学研究》，北京：教育科学出版社，2000 年，第 7–9 页。

man）认为，量化研究和质性研究的区别主要集中在以下方面：前者主张测量客观的事实，而后者主张建构社会现实和文化意义；前者关注的角度是变量，而后者更为关注互动的过程和事件；前者非常关心测量的信度，后者则主要关注事实的真实性；前者强调价值中立，要求研究者不能受到情境的影响，而后者认为价值无处不在，研究者不可能免于情境的影响；前者主要是基于大样本的统计分析，而后者主要是基于小样本的主题分析。① 风笑天对量化研究和质性研究也进行过较为深入的比较：前者的哲学基础是实证主义，而后者则是人文主义；前者的研究范式是科学范式，而后者则是自然范式；前者的逻辑过程是演绎推理，而后者则是归纳推理；前者的理论模式是理论检验，而后者则是理论建构；前者的主要目标是确定相关关系和因果关系，而后者则是深入理解社会现象；前者的分析方法是统计分析，而后者则是文字描述；前者的主要具体研究方法是实验和调查，而后者是实地研究；前者的资料收集技术是量表、问卷和结构观察等，而后者则是参与观察和深度访问等。②

结合质性研究的特征，对比较政治研究方法的第一次浪潮进行深度分析后会发现，这次浪潮的实质是在强调质性分析的意义。③ 萨托利在1970年的论文中批判了两种比较方法论者，一种是不自觉（unconscious）的比较论者，另一种是过度自觉（overconscious）的比较论者。前者指代那种对比较方法缺乏了解和思考的研究者，后者则指代将比较

---

① ［美］劳伦斯·纽曼：《社会研究方法：定性和定量的取向》，郝大海译，北京：中国人民大学出版社，2007年，第23页。

② 风笑天：《社会学研究方法》（第三版），北京：中国人民大学出版社，2001年，第14页。

③ 安德鲁·本耐特（Andrew Bennett）和科林·埃尔曼（Colin Elman）认为，到目前为止，政治学领域中出现了三个质性方法的阶段。第一阶段是19世纪中后期到20世纪中期，代表人物是密尔和韦伯等。第二阶段是20世纪70年代，代表人物是利帕特、萨托利、普沃斯基、图纳等人。第三阶段是20世纪80年代到90年代，代表人物是科利尔和拉金等人。对于本耐特和埃尔曼质性方法的时段划分，笔者不完全同意。但是，对于两位作者将利帕特、萨托利、普沃斯基、图纳等人的作品看成是质性分析，笔者是非常赞同的。Andrew Bennett and Colin Elman, "Qualitative Methods: The View From the Subfields", *Comparative Political Studies*, Vol. 40, No. 2, 2007, p. 113.

方法等同于量化方法的研究者。① 换言之，萨托利对当时风行的行为主义量化方法持一种批判的态度。在1971年的论文中，利帕特把比较方法看成是与实验方法和统计方法并列的一种研究方法。② 之所以将比较方法与统计方法并列，实质就是在强调比较方法的质性研究特征。利帕特的一些表述也直接指出了比较分析的质性内涵："就通常情况而言，鉴于时间、能力和经济资源都具有不可避免的稀缺性，对少数案例的深入比较分析比对许多案例进行肤浅的统计分析可能更有意义。在这样一种情况下，最有价值的路径是，把比较分析作为研究的第一阶段。"③ 在这段表述中，"比较"几乎可以用"质性"来替代。在萨托利和利帕特之外，普沃斯基和图纳对密尔的求同法和求异法的发展，同样也强调质性分析在比较政治研究中的重要性。求同法和求异法本身便是比较政治研究中最为经典的质性方法，这一点将第三部分进行较为详尽的讨论。

可以说，比较政治研究方法第一次浪潮的出现是对上世纪六十年代兴起的行为主义政治方法的一种应激式的抵抗。比较政治学的兴起与行为主义革命的兴起几乎同时。对此，维巴有一段精彩的评论："在二十世纪六十年代发展起来的新比较政治整合了诸如调查研究、数据收集分析、内容分析、系统分析等一系列分析方法。比较政治中这类研究的发展与政治科学中更广泛意义的行为主义革命是一致的，并且这两种研究

---

① Giovanni Sartori, "Concept Misformation in Comparative Politics", *The American Political Science Review*, Vol. 64, No. 4, 1970, p. 1033.

② 利帕特认为，科学研究方法的要旨在于，在控制其他变量不变的前提下，在两个或多个变量之间建立一种经验关系。实验方法最接近科学的意义和理想状态。实验方法的一般形式是，设定两个相同的组，对其中一个进行某种激励，然后对两个进行比较，并且把两组变化的结果归因于这一激励。但是由于存在操作的困难或者伦理上的考虑，这一方法很少被应用于社会科学研究中。统计方法是对实验方法的替代和近似，并且在社会科学研究中有非常广泛的应用。在利帕特看来，比较方法在科学逻辑上与实验方法和统计方法类似，只是比较方法主要处理"变量太多，样本太少"（many variables, small N）的问题。Arend Lijphart, "Comparative Politics and the Comparative Method", *The American Political Science Review*, Vol. 65, No. 3, 1971, pp. 683–685.

③ Arend Lijphart, "Comparative Politics and the Comparative Method", *The American Political Science Review*, Vol. 65, No. 3, 1971, p. 685.

相互为对方的繁荣提供支持。"① 因此，鉴于比较政治学和行为主义革命的相互给养关系，早期的比较政治研究带有很强的量化分析特征。例如，在加布里埃尔·阿尔蒙德（Gabriel Almond）和维巴关于五国公民文化的比较研究中，量化的数据分析是最为常见的方法。② 这一点与比较政治研究方法第一次浪潮的质性特征形成了鲜明的对比。

比较政治研究方法第二次浪潮则更为清晰地表现为质性分析的兴起。拉金使用了质性分析与量化分析的两分法，并尝试用布尔代数等量化方法为质性分析提供更为科学的支撑。KKV 的著作中明确使用了"质性研究"这一标题，这一点足以证明质性分析在其研究中的重要性。《比较政治研究》2007 年的两个专辑也都是围绕质性研究展开的。与第一次浪潮相比，第二次的质性特征更为明显，这主要体现在两点：第一，使用"质性研究"标识的自觉性程度有明显提高。第一次浪潮中的研究者并没有使用"质性研究"这一标识，而第二次浪潮的研究者则更为自觉地使用这一标识；第二，质性研究的科学性程度也有所提高。与第一次浪潮研究者对质性研究的朴素的、自然的使用不同，第二次浪潮的研究者非常强调质性分析的科学性，并力图通过规范研究设计、丰富分析性概念以及增强可测量性等内容增加质性分析的方法论内涵。这种质性特征的提高与研究者来源的丰富有密切关系。第一次浪潮的研究者主要是政治学内部的学者。③ 第二次浪潮中出现了许多社会学或其他学科学者加入的情况。例如，拉金和马洪尼等重要人物都是社会学和政治学的双科教授。

---

① Sidney Verba, Where Have We Been, "Where Are We Going", in Howard J. Wiarda, eds., *Directions in Comparative Politics*, Boulder and London: Westview Press, 1985, p. 32.
② Gabriel Almond, Sidney Verba, *The Civic Culture: Political Attitudes and Democracy in Five Nations*, Boston: Little, Brown and Company, 1965.
③ 虽然这些政治学学者也从人类学和社会学的成果中借鉴知识，但是别的学科的学者加入比较政治研究阵营的情况是很少出现的。

三、个案质性研究与经典质性方法

我们谈到质性研究时，往往会首先想到那些经典的个案研究成果，例如詹姆斯·斯科特（James Scott）的《弱者的武器》等。吉尔林用如下特征来描述个案研究的内涵：(1) 这一方法属于质性的小样本分析；(2) 这一研究持整体主义的立场；(3) 它使用一些特定类型的证据（例如，民族志的、临床的、非实验的、非普查性的、参与性观察的、过程追踪的、历史的、文本的、或田野的研究）；(4) 其证据收集方式是自然主义的，往往诉诸一个真实生活的情境；(5) 其主题是发散的，即很难将案例和情境明确地区分开；(6) 由于其证据的多种来源，所以它使用三角法（triangulation）进行测量。① 从这些特征的描述中，我们很容易看出个案研究所具有的明显质性特点。对此，利帕特曾指出："某些类型的个案研究甚至被认为是比较方法的隐含部分。"② 利帕特所指的"某些类型的个案研究"，实际上就是对个案的质性深度考察。个案研究的主要优势是，它可以在资源相对有限的情况下开展，同时它也可以较为深入地考察案例。就其功用而言，个案研究在假设生成阶段和概念形成阶段都有着非常重要的应用。

对个案研究的类型学分析可以帮助我们更清楚地认识这一方法。哈利·埃克斯坦（Harry Eckstein）将个案研究主要分为轮廓特征型（configurative-idiographic）和关键型（crucial）两种。③ 利帕特将个案研究分为六种：非理论型（atheoretical）、解释型（interpretative）、假设产生型（hypothesis-generating）、理论证实型（theory-confirming）、理论证伪型

---

① John Gerring, *Case Study Research: Principles and Practices*, Cambridge: Cambridge University Press, 2007, p. 17.

② Arend Lijphart, "Comparative Politics and the Comparative Method", *The American Political Science Review*, Vol. 65, No. 3, 1971, p. 691.

③ Harry Eckstein, "Case Study and Theory in Political Science", in F. I. Greenstein and N. W. Polsby, eds., *Handbook of Political Science*, Vol. 7, Reading: Addison-Wesley, 1975, pp. 79–138.

(theory-infirming)、异常型（daviant）等。① 萨托利整合了埃克斯坦和利帕特的分类，提出了个案研究的五分法：轮廓特征型、解释型、假设生成型、关键型或是理论证实型、异常型等。② 实际上，这三种分类有许多交叉和重复，只是表述名称不同。譬如，埃克斯坦的轮廓特征型和利帕特的非理论型、埃克斯坦的关键型与利帕特的理论证实型，其所指基本是一样的。笔者在这里提出一个将这些分类整合在一起的三分法：描述型、解释型和检验型。描述型类似于轮廓特征型或非理论型，主要是对个案事实的简单描述。解释型分为两种，一种是用已经建立的理论命题来解释个案，这是经典的解释型个案研究，另一种是建立新的理论命题来解释个案，这类似于利帕特的假设产生型个案研究。检验型可以再细分为理论证实型、理论证伪型和异常型。理论证实型是一种积极的个案检验，而理论证伪型和异常型则是消极的个案检验。理论证伪型和异常型的区别在于，后者具有较为丰富的理论价值，并因此表现出一些假设产生型个案研究的特征。

在个案研究之外，比较政治中的经典质性方法还包括密尔的"求同法"和"求异法"。求同法认为，只要满足如下假设：(1)存在两个以上的案例，每个案例都有多个解释变量；(2)在这些解释变量中，变量A在每个案例中都出现，并且在不同案例中，在变量A之外的其他变量都完全不相同；(3)有共同的结果S。那么，就可以得出结论：A是S产生的原因。求异法认为，只要满足如下假设：(1)存在两个以上的案例，每个案例都有多个解释变量；(2)它们在A之外的所有解释变量都是相同的并且每次都出现；(3)A不是每次都出现；(4)当A出现时，结果S就出现，反之亦然。那么，就可以得出结论：A是S产生的原因。

---

① Arend Lijphart, "Comparative Politics and the Comparative Method", *The American Political Science Review*, Vol. 65, No. 3, 1971, p. 691.
② Giovanni Sartori, "Comparing and Miscomparing", *Journal of Theoretical Politics*, Vol. 3, No. 3, 1991, pp. 251–252.

求同法		
案例	解释变量	被解释现象
1	ABC	S
2	AEF	S
3	AHG	S

求异法		
案例	解释变量	被解释现象
1	ABCD	S
2	− BCD	−

在密尔的求同法和求异法之上，普沃斯基和图纳又发展出最具差异性系统法和最具相似性系统法。最具差异性系统法从求同法中发展出来，而最具相似性系统法则由求异法发展而来。最具差异性系统法对案例的要求是，除了被调查的解释变量一致以外，其他因素都尽可能地不一致。运用这一方法的经典研究是西达·斯考切波（Theda Skocpol）关于法国、俄罗斯和中国革命的分析。法国、俄罗斯和中国这三个国家的政治、经济和社会系统几乎完全不同，但都发生了重大的社会革命。因此，斯考切波希望通过这一方法发现：这些系统中哪些共同的因素导致了本质上相近的社会革命。最具相似性系统法是比较政治学者较为常用的方法。地区分析所暗含的比较逻辑实质便是这一方法。我们经常以西欧、北欧、东亚、拉美这样的地区分类来进行比较研究，实际上暗含了以下假设：这些地区的国家间差异相对较小。蒂莫西·维克汉姆－克罗利（Timothy P. Wickham-Crowley）将这一方法称之为"理论的平行展示"（parallel demonstration of theory）。①

在这里，笔者提出一种共时性求异法和历时性求异法的分类。一般所提到的求异法主要指共时性求异法，是在某一共同时段内的跨案例比较研究。笔者在这里提出一种历时性求异法，即对某一案例在相对固定时段中的解释变量和结果进行差异性比较。这是一种样本内分析，与后文提到的历史分析和过程追踪法有相似之处。这其中有一些假设：（1）由于是同一案例，所以一些文化性的系统因素可以假定为一致；（2）所

---

① Timothy P. Wickham-Crowley, *Guerrillas and Revolution in Latin America: A Comparative Study of Insurgents and Regimes since 1956*, Princeton: Princeton University Press, 1991, p. 11.

选择的时段不能太长,或者假定这一时段中的各种政治和经济类的系统因素保持不变。在我们的中小学政治课教科书中,关于只有共产党才能救中国的论证实际上不自觉地使用了这种历时性求异法。在鸦片战争到新中国成立这一固定时段中,政治、经济和文化等系统性因素都假定为一致的,当农民起义、洋务运动、百日维新和资产阶级革命这些因素出现时,中国的民族独立都没有出现。而当中国共产党的因素显著出现时,中国的民族独立才得以实现。因此,得出结论:只有共产党才可以救中国。这种分析明显是求异法的逻辑,只是这种求异法体现为一种历时性的比较。

四、质性比较研究的新进展

目前质性比较研究的新进展主要集中在原因分析、比较历史分析和分析性叙述等方面。① 首先来讨论原因分析的一些新发展。我们在研究和日常生活中经常使用原因分析,但是我们对原因分析的具体操作方法却缺乏足够的认识。拜尔·鲍姆勒(Bear F. Braumoeller)和加里·格尔茨(Gary Goertz)关于必要条件的一段话正好说明了这一点:"必要条件是一个非常有趣的例子,即每个人都知道,也都在使用,但是却没有具体的相关研究方法存在。"② 然而,经过十多年的发展,目前的原因分析已经发展出一套相对较为完整和复杂的方法系统。这些发展主要集中在以下几个方面:第一,发展出概率性的必要/充分原因分析。托马

---

① 需要说明的是,原因分析与比较历史分析的发展是交错在一起的。譬如,马洪尼在其关于比较历史分析的讨论中,总是会花一定的篇幅来讨论原因分析。James Mahoney, "Comparative - Historical Methodology", *Annual Review of Sociology*, Vol. 30, 2004, pp. 81 – 101; James Mahoney and Celso M. Willegas, "Historical Enquiry and Comparative Politics", in Cariles Boix and Susan Stokes, *The Oxford Handbook of Comparative Politics*, Oxford: Oxford University Press, 2007, pp. 73 – 89.

② Bear F. Braumoeller, Gary Goertz, "The Methodology of Necessary Conditions", *American Journal of Political Science*, Vol. 44, No. 4, 2000, p. 844.

斯·埃特曼（Thomas Ertman）关于中世纪及现代早期欧洲国家的形成的分析便是典型的近似充分原因解释。① 斯坦利·利博森（Stanley Liberson）认为，之前的原因分析暗含了决定主义（deterministic）的假设，而在现实中，许多解释变量都无法被看作是完全的充分或必要条件。因此，他建议一种概率论的原因分析。② 第二，研究者把约翰·麦基（John Mackie）提出的 INUS 原因运用到比较分析之中。INUS 是指一种"组合式但非唯一的充分原因"。③ 第三，用"琐细的必要原因"（trivial necessary causes）和"同义的充分原因"（tautological sufficient cause）来排除那些缺乏分析意义的原因。琐细的必要原因是指那些在所有的案例中都存在、但同时对因变量的变化却没有产生实质性影响的原因。例如，人的存在是革命产生的一个必要条件，但是在分析革命产生时讨论人的存在这一问题是没有太大意义的。同义的充分原因是指那些相互包含在一起以至于分析者无法区分孰先孰后的原因。例如工业化与经济发

---

① 埃特曼试图分析中世纪结束前后欧洲国家为什么会形成不同的国家体制。埃特曼首先比较了奥托·欣茨（Otto Hintze）、查尔斯·蒂利（Charles Tilly）、佩里·安德森（Perry Anderson）、迈克尔·曼（Michael Mann）关于国家形成的理论，然后用 14 个国家的案例来验证这些理论，结果发现至少会有 4 个以上的案例与这些理论矛盾。在此基础上，埃特曼提出了一个三组两分法的变量解释，其强调管理政府与参与政府的区分、1450 年前与 1450 年后地缘政治竞争的区分、强力的代表性社团是否存在等三个向度的因素。运用新的解释，埃特曼发现，在 14 个案例中，12 个得到成立，2 个案例（瑞典和丹麦）出现了偏差。因为这两个偏差案例的存在，所以埃特曼无法将他的解释变量看成是结果的充分原因，而只能看成是近似的充分原因。同时，埃特曼的解释变量比之前学者的变量更接近充分原因。参见马洪尼对埃特曼的分析。James Mahoney, "Strategies of Causal Assessment in Comparative Historical Analysis", in James Mahoney, Dietrich Rueschemeyer, eds., *Comparative Historical Analysis in the Social Science*, New York, NY: Cambridge University Press, 2003, p. 345.

② Stanley Liberson, "Small N's and Big Conclusion: An Examination of the Reasoning in Comparative Studies Based on a Small Number of Cases", *Social Forces*, Vol. 70, No. 2. 1991, pp. 307 – 320.

③ 麦基用电路短路与房屋着火的例子来说明这一原因。麦基借用了保险公司专家的口吻来描述："实际上，电路短路是房屋着火的一个条件，同时这一条件还需要与别的条件结合才会构成着火的一个充分条件。而且，要证明这个组合起作用，还需要排除可能造成房屋着火的其他充分原因组合。" John Mackie, "Causes and Conditions", in Ernest Sosa and Michael Tooley, eds., *Causation*, Oxford: Oxford University Press, 1965, p. 34. 后一句说明，电路短路的组合并不是房屋着火的唯一充分原因。

展的例子,分析者很难辨别是工业化先于经济发展还是相反。①

比较历史分析目前有两个最重要的分支发展。一种是中介性机制(intervening mechanism)分析法。亚历山大·乔治(Alexander L. George)和安德鲁·本耐特(Andrew Bennett)将这种方法称为过程追踪分析(process-tracing)。② 马洪尼则称之为样本内分析(within-case analysis)。③ 虽然不同学者所用的名称不同,但其内涵基本是一致的。因为传统的统计分析只关注自变量 X 和因变量 Y 之间的相关性,而对自变量 X 的变化如何导致因变量 Y 变化的过程和方式往往缺乏研究。而这种方法则尝试通过对中介性机制的发现,来找到 X 与 Y 之间的内在关联。换言之,传统统计分析在变量 X 和 Y 之间存在一个解释的黑箱,而中介性机制法则希望打开这个黑箱。例如,在西方的知识体系中,资本主义导致议会民主便是一个关于"X→Y"的黑箱命题。这个命题可以通过统计来证明,但是统计分析却无法给出这个命题发生的内在机制。在西方学者的讨论中,这个命题的中介性机制便是中产阶级和工人阶级壮大。资本主义发展导致阶级结构发生变化,中产阶级和工人阶级逐步壮大,而中产阶级和工人阶级在政治舞台上的活跃导致议会民主的发生。在另一个例子中,格雷戈里·鲁伯特(Gregory M. Luebbert)运用过程追踪法较为有力地反驳了"摩尔-格申克龙观点"(Moore - Gerschenkron thesis)。④

另一种比较历史分析是时序分析(temporal analysis)法。这一方法

---

① James Mahoney, "Comparative - Historical Methodology", *Annual Review of Sociology*, Vol. 30, 2004, p. 83.

② Alexander L. George and Andrew Bennett, *Case Studies and Theory Development in the Social Sciences*, Cambridge, MA: MIT Press, 2005, p. 206.

③ James Mahoney, "Qualitative Methodology and Comparative Politics", *Comparative Political Studies*, Vol. 40, No. 2, 2007, p. 131.

④ "摩尔-格申克龙观点"认为,法西斯政权产生的根源是压迫劳动力的土地精英的存在(这些土地精英不能从下层农村获得对法西斯主义有力的支持)。虽然在欧洲的案例中确实有压迫性的土地贵族和法西斯主义同时存在的情况,但是鲁伯特指出,"土地精英的存在导致法西斯的产生"这一论点在历史事实中缺乏中介性机制的支撑。Gregory M. Luebbert, *Liberalism, Fascism, or Social Democracy: Social Classes and the Political Origins of Regimes in Interwar Europe*, New York: Oxford University Press, 1991, pp. 308 - 309.

的使用者注意观察各个事件在历史中的位置、持续时间以及先后顺序,并力图发现这些因素对特定结果的影响。历史社会学中对时间和事件的分析都为这一方法提供了丰富的知识来源。① 在时序分析中,路径依赖(path dependence)、初始条件(initial conditions)、偶发事件(contingent event)、关键节点(critical juncture)、自我加强(self-reinforcement)等都成为重要的分析概念。② 杰克·古德斯通(Jack A. Goldstone)对英国工业革命有非常经典的分析。古德斯通认为,工业革命并不是有意发动的,而是一系列小事件引发的。托马斯·纽科门发明第一台蒸汽机并不是希望解决动力问题,而只是希望解决煤矿中的积水问题(把水变成气,从而可以实现排水)。英国拥有丰富的煤炭资源,但森林资源有限。同时气候寒冷,且英国是岛国,这使得英国不得不依赖煤作为取暖来源。由于表层煤炭资源有限,所以英国矿工不得不挖深层煤,因此就遇到积水问题。在纽科门发表蒸汽机之后,瓦特改进了蒸汽机,这使得更为廉价的煤炭和钢铁成为可能,这些又为铁路运输、船舶运输、纺织业、金属工具业奠定了基础(这些工业都是以钢铁为机器,蒸汽为动力)。同时,这些工业的发展又导致流通商品价格和运输成本的下降,这又使得全国甚至世界性的商品生产成为可能。③ 实际上,运用时序分析的一些概念可以将这一过程更加清晰地加以分析:初始条件(资源、气候和地缘条件)+偶发事件(纽科门发明蒸汽机抽水)→关键节点

---

① 历史社会学在这一领域的经典研究如下:Larry Griffin, "Temporality, Events, and Explanation in Historical Sociology: An Introduction", *Sociological Methods & Research*, Vol. 20, No. 4, 1992, pp. 403 – 427; Ronald Aminzade, "Historical Sociology and Time", *Sociological Methods & Research*, Vol. 20, No. 4, 1992, pp. 456 – 480; Larry Isaac, Debra Street and Stan Knapp, "Analyzing Historical Contingency with Formal Methods: The Case of the 'Relief Explosion' and 1968", *Sociological Methods & Research*, Vol. 23, No. 1, 1994, pp. 114 – 141; William H. Sewell, "Historical Events as Transformations of Structures: Inventing Revolution at the Bastille", *Theory and Society*, Vol. 25, No. 6, 1996, pp. 841 – 881.

② 在《历史社会学中的路径依赖》一文中,马洪尼不同程度地使用过这些概念。James Mahoney, "Path Dependence in Historical Sociology", *Theory and Society*, Vol. 29, 2000, pp. 507 – 548.

③ Jack A. Goldstone, "The Problem of the 'Early Modern' World", *Journal of Economic and Social History of the Orient*, Vol. 41, 1998, pp. 249 – 284.

(瓦特改进蒸汽机)→之后就是自我加强和锁定机制(工业发展和商品价格下降)。在这里,结构性因素是偶发事件的近似充分条件,而偶发事件这一概念是相对于后面的结果而言的。

分析性叙述(Analytic Narratives)可以被看作理性选择方法质性转向的结果。在《分析性叙述》一书中,① 罗伯特·贝茨(Robert Bates)等人明确表示,他们的研究工作是一种"对显现在特定时期或背景中的事件的深度调查"。② 约翰·鲍恩(John R. Bowen)和罗杰·彼得森(Roger Peterson)等人的研究也希望发现理性选择方法与人类学二者之间的关联。③ 产生这一变化的主要原因是,一贯强调模型建构的理性选择理论,突然意识到这种高度普遍化的抽象方法很难捕捉和感知特定案例的情境化特征。正如玛格丽特·莱维(Margaret Levi)所指出的,"这一领域对形式理论(formal theory)的发展更为强调,而对如何使用形式理论去解释实际发生的事件或选择却较少关注"。④ 在分析性叙述中,理性选择学者一方面强调对高度相似或高度异质案例的深度可控比较,另一方面也强调那些将变量联系在一起的过程分析和机制分析的意义。与各种各样的关切联系在一起,新的理性选择文献还特别强调调查者要通过阅读文件、查找历史档案、进行访谈和调查二手文献等质性方法,将自己浸没在所研究的案例之中。此外,一些研究者如亚历山大·希克斯(Alexander Hicks)还强调分析性归纳(analytic induction)在研究中的

---

① 这本书已经有中译本。[美]罗伯特·贝斯等著:《分析性叙述》,熊美娟等译,北京:中国人民大学出版社,2008年。

② Robert H. Bates, Avner Greif, Margaret Levi, Jean-Laurent Rosenthal, and Barry R. Weingast, "Introduction", in Robert H. Bates, et al. eds., *Analytic Narratives*, Princeton: Princeton University Press, 1998, p. 3.

③ 这本书希望考察,理性选择理论如何可以从人类学中借鉴知识,并因而充分地描述复杂和变化中的世界。John R. Bowen, and Roger Petersen, "Introduction: Critical Comparisons", in John R. Bowen and Roger Petersen, eds., *Critical Comparisons in Politics and Culture*, Cambridge: Cambridge University Press, 1999, p. 1.

④ Margaret Levi, "Producing an Analytic Narrative", in John R. Bowen and Roger Petersen, eds., *Critical Comparisons in Politics and Culture*, Cambridge: Cambridge University Press, 1999, pp. 154–155.

作用,① 希望分析者可以根据其案例的实际历史状况来重塑其初始理论。基于这些新出现的质性变化,理性选择学者需要在模型的普遍性分析和案例的特殊性分析之间实现某种平衡。

五、质性研究的量化趋势

需要说明的是,国外的比较质性研究出现了明显的定量化趋势。这一点主要体现在布尔代数(Boolean algebra)和模糊集合(Fuzzy sets)在比较政治中的运用。这两种方法实际上都是数学方法对原因分析的一种拓展。这其中的基本逻辑是,研究者需要关注某一社会现象的多重条件并发原因(multiple causal conjunctures)。② 这一逻辑假定两点:一、同一现象可能由不同的原因组合导致,即同一结果 Y 可能由 A 和 B 的组合或者是 C 和 D 的组合导致。这一点与组合式非唯一充分原因的假设一致;二、因果关系是复杂的、非线性的。例如,在组合一中,条件 A 的出现可能导致 Y (A∗B→Y),但在组合二中,条件 A 的不出现也可能导致 Y (a∗E→Y)。③

布尔代数与普通代数有一些重要的区别。例如,与普通代数中字母所指代的一般为数(可能是是实数,也可能是实数和虚数组成的复数)不同,布尔代数中字母所指代的是两个对立的状态:存在与不存在。在比较政治分析中,一般用大写字母来表示存在,用小写字母来表示不存在。另外,与普通代数进行的数学运算不同,布尔代数对字母进行的是

---

① Alexander Hicks, "Qualitative Comparative Analysis and Analytical Induction: The Case of the Emergence of the Social Security State", *Sociological Methods & Research*, Vol. 23, No. 1, 1994, pp. 86 – 113.

② Charles Ragin, "Comparative Methodology, Fuzzy Sets, and the Study of Sufficient Causes", *APSA-CP*, Vol. 9, No. 1, 1998, p. 20.

③ 在这里大写字母表示出现,小写字母表示不出现,∗表示同时,→表示导致。这些都是布尔代数中的标记方式。

各种逻辑运算。① 举个简单的例子来说明这种逻辑运算。假设两个不同组合 A∗B 与 A∗b 都可以导致结果 Y（A∗B+A∗b→Y），根据布尔代数的运算可得到 A→Y。最早将布尔代数法引入比较政治研究的是拉金。在《比较方法：在质性和量化策略之外》一书，拉金用三章的篇幅对布尔代数在质性比较中的运用路径和具体方法进行了较为详细的讨论。② 目前布尔代数法在比较政治中已经有较为广泛的运用。亚历山大·希克斯（Alexander Hicks）等人关于巩固的福利国家的研究便是这一方面的经典案例。希克斯提出解释福利国家巩固的五个变量：自由政府（LIB）、天主教政府（GATH）、父权制国家（PAT）、一元民主（UNI）、工人阶级动员（WORK），并考察了 15 个发达国家，而其中的 8 个在 20 世纪 20 年代就成为巩固的福利国家。通过布尔代数法的分析，③ 作者总结出三条福利国家早期巩固的路径：（1）俾斯麦式路径（a Bismarckian route）：cath∗PAT∗UNI∗WORK；（2）自由—劳工路径（a liberal-labor route）：LIB∗cath∗UNI∗WORK；（3）天主教父权路径（a Catholic paternalistic route）：lib∗CATH∗PAT∗UNI∗WORK。④ 通过布尔分析可以得出结论，一元民主和工人阶级动员是福利国家巩固的必要原因。同时，天主教政府这一因素在福利国家巩固中的作用很难进行简单评价。⑤

---

① 布尔代数的逻辑运算有逻辑乘（"与"运算），逻辑加（"或"运算）和求反（"非"运算）三种基本运算。

② Charles C. Ragin, *The Comparative Method: Moving beyond Qualitative and Quantitative Strategies*, Berkeley and Los Angeles: University of California Press, 1987, pp. 85 – 162.

③ 限于篇幅，这里无法对这一问题中的布尔代数编码以及运算过程进行更为细致的描述。

④ Alexander Hicks, Joya Misra and Tang Nah, "The Programmatic Emergence of the Social Security State", *American Sociological Review*, Vol. 60, No. 3, 1995, pp. 329 – 349.

⑤ 在俾斯麦路径和自由-劳工路径中，天主教政府的因素是不存在的，而在天主教父权路径中，这一因素又是必须存在的。因此，讨论天主教政府这一因素在福利国家巩固中的作用需要放在具体的情境中。

模糊集合法实际上是布尔代数法的一种延伸。① 布尔代数只能取 0 和 1 这两个值。布尔代数法运用的最佳对象是那些可以明显进行两分的概念，如市场与计划、男性与女性、穷国和富国等等。但是，许多概念是模糊的。即便前面那些两分的概念也往往具有一个程度的问题。而模糊集合法则可以相对有效地解决这一问题。② 模糊集合可以在 1 和 0 之间取多个值来表明不同程度的隶属度。譬如，我们定义"高个子男人"的模糊集合，并假定身高 1.8m 以上的男人为高个子，1.6m 以下的不是高个子。那么，当 $x<1.6$ 时，x 的隶属度为 0，当 $x>1.8$ 时，x 的隶属度为 1。同时，身高处于 1.6 和 1.8 之间的男人也可以用数值来表示他与"高个子男人"这个集合的隶属度。譬如，当 $x=1.65m$ 时，它的隶属度是 0.125，当 $x=1.70m$ 时，它的隶属度是 0.5，当 $x=1.75m$ 时，它的隶属度是 0.875。每一个对象对相关概念都存在一定程度的隶属度，而这种隶属度都可以进行量化的赋值。在对这些隶属度进行赋值后，我们就可以运用模糊集合的相关算法或计算软件进行计算。③ 计算出的模糊集隶属值（fuzzy-membership scores）可以用来被评估必要条件和充分

---

① 关于模糊集合的重要研究成果如下：Michael Smithson, *Fuzzy Set Analysis for Behavioral and Social Sciences*, New York: Springer-Verlag, 1987; Charles Ragin, *Fuzzy-Set Social Science*, Chicago: University of Chicago Press, 2000; Charles Ragin, *Redesigning Social Inquiry: Fuzzy Sets and Beyond*, Chicago: University of Chicago Press, 2008. 在论文方面，需要特别提及的是《社会方法与研究》（*Sociological Methods & Research*）2005 年的模糊集合专辑中。下文会对该专辑的部分文章进行讨论。在下文讨论的文章之外的重要作品包括：Jay Verkuilen, "Assigning Membership in a Fuzzy Set Analysis", *Sociological Methods & Research*, Vol. 33, No. 4, 2005, pp. 462 – 496; Gary Goertz and James Mahoney, "Two-Level Theories and Fuzzy-Set Analysis", *Sociological Methods & Research*, Vol. 33, No. 4, 2005, pp. 497 – 538. 国内已经有学者尝试运用模糊集合分析社会科学问题。参见何俊志：《代表结构与履职绩效——对北京市 13 个区县的乡镇人大之模糊集分析》，载《南京社会科学》2012 年第 1 期。

② 模糊集合是相对于古典集合而言的。古典集合是指具有某种属性的对象的全体。这种属性所表达的概念应该是清晰的、界限分明的。因此每个对象对于集合的隶属关系也是明确的，非此即彼。用集合语言来表达，对于古典集合 A，论域 E 上的任一元素 X，要么属于 A，要么不属于 A，二者比居其一。古典集合的缺点是，它对于一些模糊的概念如年轻、高大、漂亮等无法进行描述，而模糊集合则可以解决这一问题。模糊集合就是指具有某个模糊概念所描述属性的对象的全体。古典集合用特征函数来表示，模糊集合用隶属函数来表示。

③ 拉金等人开发的 fsQCA 2.0 便是最常用的计算软件。fsQCA 2.0 的下载和操作手册参见 http://www.u.arizona.edu/~cragin/fsQCA/software.shtml.

条件。当原因的模糊集隶属值高于结果的模糊集隶属值时,那么这里的原因便可以被确定为必要原因。当原因的模糊集隶属值低于结果的模糊集隶属值时,那么这里的原因便可以被确定为充分原因。①

总体而言,模糊集合有许多其他方法所不具备的优点。拉金对这一点有非常精要的总结:第一,模糊集合可以对一些类别概念进行程度的描述;第二,模糊集合可以被用来描述某一系统中的多样性和模糊性;第三,模糊集合可以用来表述一些在社会科学中经常使用的非书面理论(verbal theory);第四,模糊集合可以用来评估如交叉、包含、必要性、充分性等集合理论关系(set-theoretic relationship)。这种集合理论关系很难用一般线性模型等常规手段来描述。②

需要特别说明的是,模糊集合的量化特征比布尔代数更为明显。拉金认为,模糊集合有效地结合了质性评估和量化评估。1 和 0 是质性的评估,实际代表"存在"还是"不存在"。而中间不同的隶属值则是量化的评估。③ 目前一些前沿的研究都主张将模糊集合与统计分析放在一起进行综合评估。譬如,亚伦·卡茨(Aaron Katz)等人运用模糊集合和回归分析对在 1750—1900 年间西班牙美洲的"大逆转"(Great Reversal)进行分析。在 1750—1900 年间,殖民地中最边缘的领地变成了最富裕的国家,而最中心的殖民地则变成了最贫穷的国家。为了解释这一大逆转,卡茨等人同时用回归分析和模糊集合法来检验他们提出的五个竞争性假设。最后,模糊集合分析得出了非常重要的结论,即强势自由派的存在是经济发展的概率性必要条件,以及密集的土著人口是社会发

---

① James Mahoney, "Qualitative Methodology and Comparative Politics", *Comparative Political Studies*, Vol. 40, No. 2, 2007, p. 131; Charles Ragin and Paul Pennings, "Fuzzy Sets and Social Research", *Sociological Methods & Research*, Vol. 33, No. 4, 2005, p. 425.

② Charles Ragin and Paul Pennings, "Fuzzy Sets and Social Research", *Sociological Methods & Research*, Vol. 33, No. 4, 2005, p. 425.

③ Charles Ragin and Paul Pennings, "Fuzzy Sets and Social Research", *Sociological Methods & Research*, Vol. 33, 2005, No. 4, p. 424.

展的概率性必要条件。相比而言,回归分析却没有发现任何有意义的结论。① 另一个新的进展是米歇尔·史密森(Michael Smithson)的研究。史密森认为模糊集合与统计分析两者可以结合起来运用。他的研究在模糊集合与累积分布函数之间建立起重要的联系。② 布尔代数法和模糊集合法所反映的这种质性研究定量化的趋势实际上是比较政治研究方法第二次浪潮的整体特征的集中表现。正如马洪尼指出的,"KKV试图在质性研究中使用一些从量化研究(特别是回归分析)中抽取出的成型规则,并以此来提升质性研究。他们所潜含的假设是,主流的量化研究使用了一些优势的方法,而质性研究则可以通过使用这些方法而从中获益。《社会研究设计》鼓励质性研究学者遵循一些量化研究的原则(如回归分析的规则)"。③ 简言之,第二次浪潮的基本倾向就是借用量化研究的一些规则和方法来使得质性研究更加科学化。而布尔代数法和模糊集合法只是这种基本倾向的集中展示而已。

六、本辑译文选择说明

在《比较政治中的概念误构》一文中,萨托利曾谈到两种比较方法的误区:一种是不自觉的比较,另一种是过度自觉的比较。不自觉的比较是一种没有方法的比较,或者说是没有严谨的科学设计的比较。过度自觉的比较则是使用了定量方法但同时又没有把问题分析透彻的比较。萨托利认为,这两种比较都不是最好的比较,而最好的比较是经过了严格的科学设计的质性方法。④ 萨托利的观点应该说是非常透彻的。比较

---

① Aaron Katz, Matthias vom Hau and James Mahoney, "Explaining the Great Reversal in Spanish America: Fuzzy-Set Analysis Versus Regression Analysis", *Sociological Methods & Research*, Vol. 33, No. 4, 2005, pp. 539–573.

② Michael Smithson, "Fuzzy Set Inclusion: Linking Fuzzy Set Methods with Mainstream Techniques", *Sociological Methods & Research*, Vol. 33, No. 4, 2005, pp. 431–461.

③ James Mahoney, "After KKV: The New Methodology of Qualitative Research", *World Politics*, Vol. 62, No. 1, 2010, p. 121.

④ Giovanni Sartori, "Concept Misformation in Comparative Politics", *The American Political Science Review*, Vol. 64, No. 4, 1970, pp. 1033–1036.

政治中最为经典的研究如斯考切波的《国家与社会革命》和阿尔蒙德的《公民文化》等往往都是一些小样本的宏大深入分析。从这个角度来讲，比较政治方法更主要是一种质性方法。更为重要的是，本文的文献梳理表明，近二十年来，质性方法在研究的深度和科学化上都有了进一步的发展。可以说，质性方法在保持其传统特色的基础上，在逐步向定量方法的领地拓展。譬如，目前质性比较研究已经不只将兴趣集中在理论建构上，而是同样关注理论检验，比较历史方法和原因分析方法的发展可以充分证明这一点。同时，质性比较研究也不仅仅强调对社会现象的深入理解，而同样也在建构因果关系，并且在多重条件因果关系的解释上已经表现出定量方法所不具备的优势；质性研究的研究方法也在丰富，它对布尔代数和模糊集合的引入使其科学性特征更为强化。

从结果来看，质性比较方法的新发展可能对整个社会科学的研究都会产生非常深远的影响。从政治学与相关学科的学科史来看，基本上政治学领域总是受到其他领域知识的侵入。最典型的便是经济学和社会学知识对政治学的侵入。目前政治学中的一些重要发展都受到这些侵入性知识的影响，譬如公共选择理论、新制度主义政治学、以及政治社会学的发展等等。相比而言，政治学对其他学科的影响是比较弱的。但是，这一情形可能会因为质性比较研究的新进展而得到逆转。近年来，质性比较研究的一些主流学者在探讨比较政治研究方法时，开始积极地使用社会科学这一标识。① 并且，比较政治方法对整个社会科学的贡献还不

---

① 除了本文之前提及的《社会研究设计》《重新思考社会研究》《重新设计社会研究》这类的"社会研究"标识之外，吉尔林所著的《社会科学方法论：一个标准性框架》、马洪尼和鲁施迈耶（Dietrich Rueschemeyer）主编的《社会科学中的比较历史分析》、格尔茨所著的《社会科学概念：一个使用者手册》、科利尔和吉尔林主编的《社会科学中的概念与方法：萨托利的传统》等都使用了"社会科学"的标识。需要说明的是，这些作品都是比较政治研究领域的著作，其作品中使用的知识和引用的人物可以充分证明这一点。参见 John Gerring, *Social Science Methodology: A Criterial Framework*, Cambridge: Cambridge University Press, 2001; James Mahoney, Dietrich Rueschemeyer, eds., *Comparative Historical Analysis in the Social Science*, New York, NY: Cambridge University Press, 2003; Gary Goertz, *Social Science Concepts: A User's Guide*, Princeton and Oxford: Princeton University Press, 2006; David Collier, and John Gerring, eds., *Concepts and Method in Social Science: The Tradition of Giovanni Sartori*, New York: Routledge, 2009.

仅仅是标识意义的。本文中讨论的新进展如比较历史分析、因果分析、分析性叙述、布尔代数法和模糊集合法都可以为整个社会科学的发展提供新的方法论工具。质性比较研究在应对"多变量、小样本"的问题上已经发展出一整套相对成熟的处理机制,而"多变量、小样本"这一问题并不仅仅是在比较政治研究才会遇到的。在其他领域,类似的问题同样存在。例如,在社会学领域的社会冲突研究中,由于典型社会冲突的案例数量相对也比较有限,同时其中的相关变量也较多,所以在这一研究中质性比较方法同样可以得到有效的运用。与此类似,质性比较方法在比较社会学、比较经济学、比较法学和比较史学等学科中都会有广阔的应用空间。简言之,质性比较研究的新发展表明,政治学正在为整个社会科学的发展贡献其知识和力量。

正如在序言开头所说的那样,本辑《比较政治学前沿》的关注焦点在比较政治研究中的质性方法上。因此在选择目标文献时,我们力图选择一些能够反映这一方法全貌的文章。简言之,我们在选择文献的时候所遵循的是"经典与前沿兼顾,以前沿为主"的原则。更为重要的是,我们在选择文献时还注重选择一些反映质性—量化争论的文献,意在更好地挖掘质性方法本身所具备的特质与优势。综合辑刊学术委员会专家以及编辑部同仁的意见,我们将这辑所编译的16篇文章分为六大部分。

第一部分是关于比较政治研究方法"大方向"上的讨论。我们分别选择了蒙克(Gerardo Munck)等人以及霍尔(Peter Hall)的文章。这两篇文章有两大共同点:第一,两篇文章都对比较政治研究展开了一种基础层面展开的方法论探讨;第二,两篇文章都承认比较政治研究的多元性特征,即不能说哪种方法一定是"好的"。蒙克等人认为,方法只有"适合"与"不适合"之分,因此对于某种方法优点的过分强调,对于学科发展以及研究本身来说都是有害的。同样,霍尔也提倡我们应该根据"待检验理论的特点以及它们所包含的本体论"来决定"何时该运用系统过程分析法,何时该运用回归分析法"。

第二部分的文章所关注的则是质性研究方法本身。马洪尼的重要文章指出了当前质性研究方法的主要功能。他认为质性研究方法不仅可以用来建构理论,而且也能用来检验理论。就前者来说,质性研究方法可以帮助我们发现新的假设、创造新的概念以及辨识新的研究对象。而就后者而言,质性研究方法中的"案例内分析"(即纵向比较法)以及"跨案例分析"(即横向比较法)可以帮助我们从既有的历史事实中建构机制性解释以及探求必要与充分原因。第二篇文章是科利尔等人针对当前质性研究中的一些"过时观点"所进行的批判。他们认为当前的质性研究之所以会得出一些误导性的观点,很大程度上是源自其没能吸收量化分析等其他研究方法的长处和优点。作者在文章最后呼吁,研究者们应采取方法论上的多元主义态度。第三篇由科利尔与马洪尼合著的文章讨论了研究中的"选择偏误"(selection bias)问题。所谓选择偏误指的是"将注意力限定在特殊案例上,或者仅分析狭窄的变化范围"的研究方式。换言之就是根据结果来选择案例。选择偏误是一种"懒惰"的行为,它乍看似乎简化了研究过程,但实际上却大大阻碍了研究者们得出高质量、可信的研究结论。因此,两位作者在一开篇便严厉地批评道:"选择偏误破坏了质性研究的效力"。

本辑《比较政治学前沿》的第三、四、五部分中所收录的几篇文章试图将质性方法本身置于与量化方法比较的视野之中。克拉克(Kevin Clarke)向读者展示了量化方法在比较研究(主要是理论验证)中的优势,但是作者同时也指出"只有当两个对立的理论被相互检验时",我们才能确信"理论得到了明确的证实"。当然,讨论质性与量化之争时无法绕开前文提到的 KKV。因此,本辑的第四部分便是由几篇与 KKV 相关的文献所组成。在这四篇文章中,KKV 及其他作者们所要传递的一个观念就是:量化方法并不等同于"科学"本身。质性方法同样是"科学"的,同样可以做出"科学的"推论。因此,从这个意义上来说,两者在基本的逻辑方面是一致的。而这也是 KKV 等人努力融合质性-量化两种方法的关键前提假设。本辑第五部分中的两篇文章也可以视作呼吁融合质性—量化方法的文献。马洪尼《两种文化的故事》从十个方面区分了质性与量化的差异。这乍看之下似乎是要将两者截然对立起来。然而,作者却得出了相反的结论:正是因为两者之间存在着诸多不同,因此一方对于另一方的攻击有时是建立在不了解（甚至是误解）的基础之上。而阿德库克（Robert Adcock）和科利尔的文章则从实践方面显示出了"两种文化"融合的必要性。文章指出，对于一个概念进行测量的过程实际上就是一个"质性—量化—质性—量化……"的循环，研究者不可能仅凭一种方法就能做到对于概念的完整定义。

本辑《比较政治学前沿》的最后一部分则收录了四篇反映"质性—量化争论"最新进展的文章。它们均发表于2013年第2期的《比较政治研究》杂志上。这四篇文章是对格尔茨与马洪尼2012年的新书《两种文化的故事：社会科学中的量化与质性研究》的评论和回应。第一篇文章是该书的两位作者对于书中主要观点的深化。他们指出量化和质性研究方法并不矛盾，只是它们适用于不同的研究工作。第二篇文章是布拉迪（Henry Brady）对于该书的批评意见，认为研究者们应该进一步提出一种超越质性与量化方法的、通用的研究框架。而在第三篇文章中，埃尔曼（Colin Elman）则表达了他对格尔茨与马洪尼著作的赞赏，并用有趣的鸭兔图来隐喻方法论上的区别，认为该书为方法论多元主义提供了一种不同寻常的强力支持。最后一篇文章则是《两种文化的故事》的原作者对于上述评论的回应。

最后，还是要特别感谢我们的编译团队。比较政治研究方法的文献翻译是非常困难的。即便我们已经有几次团队合作的经验，但是这些经典文献对于我们仍然是"难啃的硬骨头"。外文文献的表述有时很繁冗，所以编译者对其进行了文字和篇幅上的处理。对于读者而言，中文译本可能发挥两种功能：第一，对于不太阅读外文文献的研究者而言，中文译本可以提供一些新的内容；第二，对于阅读外文文献的读者而言，中文译本则是一种理解上的参考。我们还是建议外文基础好的读者最好去读原文，因为译本并不能完全反映原文的内容，并且不同译者对原文内容的理解也会不同。尽管我们的编译团队在定稿前经过了多次校对，但是出版后的译本中仍然会有错误和疏漏，这是我们意料中的事情，还请读者批评、指正和海涵。感谢一直关心华东政法大学政治学研究所的学界前辈，是前辈的指导和鼓励让我们执著前行。感谢一直关心我们所的学校领导，是领导的支持和爱护让我们潜心做事。整个编译工作的统筹和校对是由罗俊和杜欢来负责的。其他一些学生如王海峰、张结斌等参与了文字的校对工作。另外，对中央编译出版社的贾宇琰主任、张娟编辑也表示深深的感谢，他们的编辑工作保证了出版质量。

  华东政法大学政治学研究所对比较政治经典文献和研究方法的编译工作才刚刚开始。接下来的专辑会分专题（如"比较政党政治""比较政治与国际关系的交叉研究""比较历史分析""质性比较分析"等内容）进行。同时，我们会在以后的编辑过程中加大对中文原创成果的推介。如果国内同行有相关的研究成果，还请不遗余力地支持我们的《比较政治学前沿》。希望我们可以通过3—5年的培育，让《比较政治学前沿》成为反映国内外比较政治研究新成果的一块阵地。

高奇琦
2014年6月9日

论比较政治学的发展方向
——一项对主要学术期刊的分析

〔美〕杰拉多·蒙克、理查德·斯奈德 著

吉 磊 编译

杰拉多·蒙克（Gerardo L. Munck）是美国南加州大学国际关系学院教授，主要研究领域为政治体制与民主、方法论和拉美政治；理查德·斯奈德（Richard Snyder）是美国布朗大学政治学教授，主要研究发展政治经济学、政治体制和拉美政治。两人发表在《比较政治研究》杂志2007年第1期上的这篇文章是通过对主要期刊文献的数据分析来探讨比较政治学的前景问题。[①]

上世纪80年代末以来，美国的比较政治学者们围绕本领域研究进程三个大的方面——研究的范围和目标、产生理论的方法以及经验分析的方法——就许多基本问题展开了讨论。在这些讨论中，传统研究实践以及其他可能的选择都受到了挑战。蒙克和斯奈德认为，在过去的15年中，关于比较政治学面临着什么性质的问题，以及必须做出怎样的努

---

① 参见 Gerardo L. Munck and Richard Snyder, "Debating the Direction of Comparative Politics", *Comparative Political Studies*, Vol. 40, No. 1, 2007, pp. 5–31.

力才能发掘出该领域更大的潜力，去进行全球政治学的知识生产等等这些问题，学者们存在着广泛的明显分歧。

在比较政治学研究范围和目标方面，一些学者认为比较政治研究致力于研究政治学中那些宏大的和本质性的问题（Pierson & Skocpol, 2002：695-698），另一些学者则怀疑这样的看法。还有些学者怀疑比较政治研究的政策意义。因此乔万尼·萨托利（Giovanni Sartori）认为，比较政治学非常重视理论与研究的关系，但很大程度上忽视了理论与现实的联系（Sartori, 2004）。或者用亚当·普沃斯基（Adam Prezworski）的话简单地来讲就是"我们不与学术圈外的人讨论政治"（Munch & Snyder, 2004：31；也参见 Laitin, 2004：16）。

在比较政治学中产生理论的方法也是个很有争议的话题，范式的作用就是其中争论的热点之一。目前该领域缺乏一个主导性范式，学界对此存在广泛的共识，但是应当如何应对这种现状，学者们提出了截然不同的建议。有些人认为这是一个机遇，可以在经济学的启发下发展新的理性选择范式（Geddes, 2003, chap. 5；Levi, 1997；Weingast, 2002）。另一些人呼吁范式的多元竞争，反对理性选择理论等单一范式的霸权地位（Lichbach, 1997, 2003；也参见 Almond, 1990, chap. 4）。还有一些人提出应借此机会抛弃所有的范式以及没什么效果的范式争论，转而创建中层理论（Portes, 2005：34-38；也参见 Huntington in Munch & Snyder, 2004：29；Latin, 200：35-36；Pierson & Skocpol, 2002：698）。

有时候关于演绎和归纳这两种创建理论的方法的意见分歧也很尖锐。一些学者捍卫比较政治学中传统的归纳方法（Brady, Collier, & Seawright, 2004：13），另一些学者支持更多地运用演绎以及形式的方法建立理论。后一个学者群体往往建议在比较政治学的研究中吸收经济学的工具和理论（Keech, Bates, & Lange, 1991；Levi, 2000）。

经验研究的方法也引起了大量讨论。比较政治学中非常常见的质性研究方法的基础是什么，这是学者们关注的一个重点问题。这一争论起始于对质性研究传统的一个批判性的评估：主要运用质性方法的区域研究文献缺乏成熟的研究方法（Bates, 1996），案例选择的缺陷不知不觉中就导致了研究偏差（Geddes，1991；2003，chap. 3），质性研究方法的局限也使得进行假设检验很困难（King，Keohane & Verba，1994）。不过近来关于研究方法的看法更多元化了，有的学者强调在得出描述性和因果推论方面质性研究和量化研究都同样面临着严峻的困难（Brady et al.，2004：10-11），有的关注质性研究在帮助检验假设方面的潜力（Brady & Collier，2004），还有的提出了结合量化和质性因素的混合研究方法（Latin，2002：630-631；2003）。

以上这些问题共同构成了关于比较政治学发展方向的争论。这些争论和更大范围内的学术讨论——由苏联改革引发的政治科学未来方向的讨论——紧密相关。重要的问题是如何看待政治科学核心研究领域的目标和方法——关于什么的知识？何种知识？为何生产知识？如何生产知识？因此蒙克和斯奈德认为应当以负责任的态度对待这场争论，必须根据明确的标准和论点，以及关于实际研究实践的系统证据，作出关于该领域最佳前进方向的清晰思考。

蒙克和斯奈德对美国比较政治学领域的三个主要学术期刊——《比较政治研究》《比较政治学》《世界政治》——1989至2004年之间发表的文章进行了分析，他们希望能够有助于比较政治学方向的争论。当然蒙克和斯奈德选取的只是比较政治学所有研究文献中的一个有限的样本，不包括那些涉及政治学整个学科领域的重要期刊以及专门的区域研究期刊，也不包括专著、其他学科和其他国家出版的成果。其他渠道所发表的比较政治学研究成果可能与蒙克和斯奈德所关注的三种学术期刊中的论文有着很大的差异。但是这三种杂志是比较政治学当中公认的重要期刊，集结了很多最好的研究，为该领域设定了共同的标准。因此，对这些期刊登载的文章进行分析，可以为比较政治学发展方向的争论提供更加有力的经验基础。

文章第一部分将概述比较政治学研究的范围、目标和方法。第二部分挑战了一些被广泛接受的观点，或者是关于传统区域研究的，或者是关于受到经济学启发的新研究路径的。第三部分通过讨论方法上存在的主要问题，再次聚焦了比较政治学的发展方向争论。文章最后是一些概括性的结论。

概述：范围、目标与方法

在这一部分中，蒙克和斯奈德将考察学者们是如何把握研究进程的三个主要方面的，从而勾勒出比较政治学研究领域的现实图景。首先是研究的范围，即研究的主题及经验范围。其次是研究的目标，考察从事比较研究的学者们生产的是何种知识。最后关注的是比较研究运用的方法，区分了理论化的方法和经验分析的方法。

一、研究范围：什么知识？

表1 比较研究的实质范围

研究主题	%文章	总揽性主题	%文章
国家形成和国家失败	4.1		
战争	1.3		
革命	1.6	政治秩序	17.9
民族主义	2.5		
国内战争和暴力	3.8		
种族特点和种族冲突	4.7		
政体种类	10.3	政体	26.6
民主化和民主的障碍	16.3		
社会运动和市民社会（包括社会资本、罢工和抗议）	7.3		
利益集团（包括商业和劳工研究）	11.0	社会行为体	32.6
公民态度和政治文化	11.0		
宗教	1.9		
庇护主义	1.6		

续表

研究主题	% 文章	总揽性主题	% 文章
选举、投票、选举规则	10.3		
政党	12.9		
民主制度（行政机构和立法机构）	6.6		
联邦主义和分权	3.4	民主和国家制度	51.4
司法	1.9		
官僚制	5.6		
军队和警察	2.5		
总体的政策制定	8.2		
经济政策和改革（包括福利国家、发展的国家、新自由主义、资本主义的类型）	27.0		
经济发展	4.1	经济的和国家外部进程	41.4
全球化	4.7		
超国家一体化和进程	5.6		
其他	0.9		
合计	170.8		

注：样本数量为319。文章百分比（%文章）一栏合计超过了100%，这是因为单篇论文经常涉及多个主题。数据来源于蒙克-斯奈德比较政治学文章数据集合中的问题变量。

比较政治学的范围具有实质和经验两个方面：实质方面包括研究者从事的研究主题，提出的研究问题；经验方面包括比较分析所涉及的时间和空间跨度。

观察研究范围的经验方面能够更好地反映出比较政治学在多大程度上实现了它想要对全世界的政治进行研究的意图。数据显示，41%的文章研究了西欧，27.2%研究了拉丁美洲，20.3%研究了东亚，17.0%研究了北美（加拿大和美国），12.4%涉及撒哈拉以南非洲，关注苏联及后苏联共和国的有11.8%，研究中东和北非的有11.5%，东欧研究的有10.8%，关于大洋洲国家的有8.2%，有关东南亚的是6.9%，另有5.9%的研究涉及南亚，还有5.5%的文章关于加勒比国家。可以看出比较政治研究在广泛覆盖世界各地区方面做得不错，在把美国研究整合为比较政治学的组成部分方面也取得了重要进展。但是地区覆盖的不平衡性仍然值得关注,例如大量文章集中在西欧研究上,相比之下关注东南亚和南亚等人口密集地区的文章非常少。

在时间跨度方面,研究者根据不同的研究问题采取了不同时间范围,有的关注当代的公民态度和选举过程,有些研究涉及国家、政体和制度的历史起源。在这三种主要期刊中大量的研究采取了长时段的视角,52.4%的研究时间跨度在20年以上。

比较政治学者关注各种各样与政治学相关的研究主题(参见表1)。(1)研究中数量最大的是关于民主制度与国家制度的,涉及制度特性、决策程序等方面。现在是民主时代,这些问题毫无疑问居于比较政治学研究使命的中心地位。(2)还有相当多的研究聚焦在政治秩序和政治体制上,研究国家、战争、革命、种族、政体以及民主化等问题,探索那些使得民主国家制度化决策成为可能的进程,或者相反。(3)一些研究的注意力集中在行为体上,诸如社会运动、利益集团以及公民,而不仅仅是作为民主政治基础的选民和政客。(4)还有的研究关注那些和世界大多数人的福祉密切相关的实质性结果,例如经济后果、福利国家、发展型的国家(developmental state)、资本主义和新自由主义。(5)另有一些学者把重点放在进程上,如政治学影响越来越大的全球化和超国家一体化,它们甚至对民族国家是支配性政治权力载体的假设构成了挑战。

二、研究目标:何种知识?为何生产知识?

比较政治研究领域很大程度上是经验导向的,极少数的研究仅仅致力于提出理论,即提出关于世界如何以及为何成其是的命题(参见表2)。几乎所有的文章(95.6%)都是经验导向的,仅有4.4%的文章单纯进行理论探索。这并不意味着学界已经忽视理论化了,超过一半的文章(50.2%)寻求理论化。但这也不意味着在比较政治学中理论化几乎总是和经验分析紧密联系在一起。

表 2　比较研究的目标

目标	选项	% 文章	总体选项	% 文章
理论和经验	理论化	4.4	→ 理论化	50.2
	理论化和经验分析	45.8		
	经验分析	49.8	→ 经验研究	95.6
	总计	100.0		
描述和因果	描述	16.3	主要是描述	52.0
	描述和因果，但主要是描述	35.7		
	描述和因果，但主要是因果	35.4	主要是因果	48.0
	因果	12.5		
	总计	100.0		

注：样本数量为319。在这里，一个理论被理解一个或一系列命题，这些命题关注的是世界如何或为何成其是。一个经验分析被理解为一种研究，它建立在对一个或一组概念进行可观察的表现的基础之上。数据来源于蒙克-斯奈德比较政治学文章数据集合中理论-经验和描述的-因果的变量。

比较政治学者在进行描述和因果分析这两方面的选择上显得更加的平衡，前者主要关注世界处于怎样状态，后者则寻求解释为什么世界是这样。同时促进政治科学这两个相互联系的基本目标的学者比例大致相当，都超过单纯只涉猎一个目标的学者人数（参见表2）。为了在经验上支持因果性的论点，非常需要充分关注那些描述性的知识。数据表明比较政治学者认识到了方法论学者所强调的描述的价值（King et al., 1994：7-8, chaps. 2 and 3）。

三、研究方法：如何生产知识？

学者当中支持与批评演绎、形式方法的声音同样强有力，数据表明极少数的研究实际上使用了这些方法（参见表3）。在比较政治学领域里，用演绎进行理论化的方法具有一些软性的、半形式的或非形式的变体。本学科中用归纳方法建立理论的努力占压倒性的多数，这再一次凸显了比较政治学者倾向于研究经验层面的问题。而且经验分析最常用的是质性方法，简单地说就是研究基于语言而非数字。当然也有相当比例的学者采用了量化的研究方法，不少人在经验分析里综合运用了质性和量化两种方法。

表 3 比较研究的方法

方法的目的	选项	% 文章	总体选项	% 文章
理论化的方法	归纳，质性 归纳、量化 演绎、半正式或非正式 演绎、正式 总计	80.0 22.5 32.5 4.4 139.4	→ 归纳 → 演绎	102.5 36.9
经验分析的方法	质性 混合方法，主要是质性的 混合方法，主要是量化的 量化 总计	44.3 19.0 13.1 23.6 100.0	→ 主要是质性的 → 主要是量化的	63.3 36.7

注：关于理论化的方法的样本数量是 160，关于经验分析的方法的样本数量是 305。总百分比超过了 100% 是因为单篇文章常常运用了多种理论化的方法。数据来源于蒙克-斯奈德比较政治学文章数据集合中的理论化的方法与分析的方法变量。

综上所述，比较政治研究是一个复杂的多样化的领域：（1）它致力于研究世界上所有地区中重要的和紧迫的问题；（2）它主要是经验研究导向的；（3）它所生产的描述性的和因果性的知识数量大致平衡；（4）它总体上对政策缺乏关注；（5）它主要通过归纳方法进行理论化；（6）它很大程度依赖质性方法进行经验分析。数据表明，任何简单的特征描述都是不全面的，甚至是对比较政治学研究真实进展的错误扭曲。

新旧路径：常见假设的去神秘化

目前比较政治学研究者面临两个最主要的研究选项——传统的区域研究和新的受经济学启发的路径——可以帮助我们很好地理解蒙克和斯奈德所分析的三种期刊中的文章。传统区域研究简单地说就是聚焦于世界某一地区的研究，新的路径则是那些运用了形式的和量化的方法的研究。数据表明，现今关于这两种路径的很多争论都是建立在错误的或误导性的假设之上的,很难和实际研究实践吻合起来。

一、区域研究的问题

区域研究脱胎于二战之前形式——法律研究传统,最早在20世纪50年代遭到了比较政治学中行为主义革命的批判(Almond & Coleman, 1960: vii; Macridis & Cox, 1953: 653 – 655)。20世纪60、70年代区域研究进入了大扩张时期,其部分原因是为了应对结构—功能路径的研究太过于抽象,所用的范畴并不是基于第三世界国家的社会现实这些问题(Schmitter, 1993: 172 – 173)。过去15年中绝大多数区域研究仅关注一个地区,单一地区文章是目前最常见的,占70.2%,尽管它们面临着许多学者对它们发起的第二轮的挑战,被批评为是非理论化的和缺乏方法论的。

表4 区域研究的目标和方法

目标和方法	选项	单一区域研究对非区域研究的选项比率
理论和经验	理论化和经验分析 经验分析	0.77* 1.31*
描述和因果	描述 描述和因果,但主要是描述 描述和因果,但主要是因果 因果	1.84** 1.41** 0.80** 0.43**
理论化的方法	归纳,质性 归纳,量化 演绎,半正式或非正式 演绎,正式	1.09 0.76 0.93 2.23
经验分析的方法	质性 混合方法,主要是质性的 混合方法,主要是量化的 量化	1.21* 1.47* 0.79* 0.63*

注:关于理论和经验、描述与因果以及经验分析的方法的样本数量是305;关于理论的方法的样本数量是146。数据来源于蒙克-斯奈德比较政治学文章数据集合中地区、理论-经验、描述的-因果的、理论方法以及分析方法的变量。卡方检验(Chi-square tests)使用的是关于理论和经验的数据,以及关于理论化的方法的数

据。Wilcoxon-Mann-Whitney 检验（Wilcoxon 轶和检验）使用的是关于描述与因果的数据，以及关于经验分析的数据。

* 在 5% 水平上显著　　** 在 1% 的水平上显著

区域研究和非区域研究的一个显著差别是，区域研究的文章更多倾向于纯粹或主要进行描述而不是因果解释（参见表4）。另外，区域研究从事理论化的导向比较弱，更多使用采用质性方法的经验分析。

但是这些差别并不意味着区域研究自成一个独立的研究路径。文献表明了区域研究致力于实现许多社会科学的目标，使用的方法也多种多样。另外从数据来看，区域研究中用来进行理论化的方法和那些非区域研究使用的方法没有什么区别。就像比较政治学这个大的研究领域一样，区域研究不是一个和其他研究可以截然区分的同质的研究路径。关于区域研究是非理论的或仅仅是描述性的那些批评仅适用于老的区域研究，近年来的"新区域研究"已经不是这样了。

二、比较政治学的经济学转向？

20 世纪 90 年代早期以来，比较政治学兴起了关于"经济学转向"的热烈讨论，希望在研究中把形式的和演绎的创建理论的方法和量化方法的经验分析结合起来。很多学者把这个建议看作理性选择理论家的霸权计划，严重威胁了该研究领域的多样性（Lustick，1994）。很多批评认为这种"方法驱动"的议程有很多缺陷，例如无法解决宏大的实质性的政治学问题（Green & Shapiro，1994）。1989 – 2004 年期间发表的文献却并不符合以上这些期望及批评。

最重要的发现是只有极少数的研究（4.4% 的文章）真正使用了形式的演绎的方法。尽管量化研究远说不上是主导性方法，但更为常见，在涉及经验分析的文章中占 23.6%（参见表3）。另外，也没有演绎的形式的方法和量化方法结盟的迹象。在同时致力于理论化和经验检验的文章中，仅有 4.8% 结合了演绎形式方法的理论化和量化方法的经验分析。大体上，表明比较政治学研究发生了经济学转向的证据并不充分。

表5　比较研究的主题和方法

总揽性主题	理论化的方法（%给定主题的文章）					经验分析的方法（%给定主题的文章）				
	归纳质性	归纳量化	演绎,半/非形式	演绎形式	总计	质性	混合,主质性	混合,主量化	量化	总计
政治秩序	54.6	21.0*	18.4	6.0	100	52.9	7.5	16.6	22.9	100
政体	59.8	14.3	23.8	2.1	100	66.7*	8.4*	5.78*	19.1*	100
社会行为体	60.2	20.5	17.2	2.0	100	35.7**	15.5**	25.4**	23.4**	100
民主和国家制度	53.0	9.6	33.8**	3.5	100	53.0	13.7	12.4	20.8	100
经济和国家外进程	57.5	13.8	25.1	3.6	100	35.2	30.1	12.7	22.0	100

注：关于理论化的方法的样本数量是160；经验分析的方法的样本数量是305。数据来源于蒙克－斯奈德比较政治学的文章数据集合中问题、理论方法、分析的方法等变量。执行卡方检验使用的是关于理论化的方法的数据，把只研究一个主题的文章与其他文章进行了比较。执行 Wilcoxon－Mann－Whitney 检验（Wilcoxon 秩和检验）使用的是关于经验分析的方法的数据，把只研究一个主题的文章与其他文章进行了比较。

* 在5%的水平上显著　　** 在1%的水平上显著

文献也不支持这样的批评：方法的选择限制了研究者能够探索的实质性问题的类型（参见表5）。关于理论化的方法，文献表明一系列的方法被用于研究不同的问题。数据上唯一的主要差别在于，基于量化方法的归纳法更多被用于对政治秩序的研究中，这一般被认为是比较政治学中最为宽泛的问题之一；而非数学的演绎方法更常用于对民主制度和国家制度的研究，这个主题通常涉及一些较窄的问题。但是也没有证据显示演绎的形式的方法使得研究者们远离对宏大问题探讨。

关于经验分析的方法，数据表明大量聚焦民主化等问题的政体研究文献最主要依赖于质性研究方法，很少使用混合研究方法。而对社会行为体的研究更多依赖量化方法，单独使用量化方法，或配合使用质性方法，这很大程度上是使用问卷调查研究公民态度和政治文化的结果。仍然没有证据表明研究者使用的方法限制了研究的问题，或者研究议程受到研究者方法偏好的驱动。研究者探索宏大的实质性问题的能力并不依赖于他们对研究方法的选择。

尽管对于新旧研究路径都存在着许多强有力的批评，但数据表明，作为这些批评的基础的一些中心假设是无效的。在研究目标和方法上，区域研究并不自成一个独特的研究路径。关于区域研究是"非理论的"和"仅仅是描述性的"这些批评并不切实。另外也没有证据表明，比较政治学发生了经济学转向，以及演绎形式方法的理论化方法和量化方法的经验分析成为了研究政治学宏大问题的常规方法。因此认为这些方法选择制约了比较研究实质议程的观点也是站不住脚的。正如下节讨论所指出的，如果关于比较政治学发展方向的争论不是聚焦在路径之间的竞争上，这些批评者通常都对对手抱有错误的假设，而是把注意力放在对知识生产构成严重阻碍的一系列关键的方法挑战上，那么讨论将能够获得更加丰硕的成果。

目前研究实践及挑战：认真对待方法

蒙克和斯奈德认为，方法仅仅是研究的手段，无法代替对本质的探索。但是方法是研究的必要方面，随着比较政治学研究者越来越多地要求进行因果解释和知识积累，关注方法问题变得尤其重要。当研究者对自己生产的知识做出大胆的论断，特别是他们希望把这些知识作为介入政策辩论的基础的时候，就必须对知识采取负责任的观点，也就是说要严肃认真地对待方法。现有研究实践的数据表明，在目前关于该领域未来方向的讨论中，忽视基本方法问题的危险没有得到足够重视。

一、把理论和经验联系起来

比较分析学者通常把创建理论和经验分析结合在同一项研究中，这样做很可能就带来了使用同样的数据创建和评估理论的危险。对量化和质性研究者而言这个危险是相似的，两种情况下解决之道也一样的：确保用来进行理论化和理论检验的数据是不同的。

表6 把理论和经验联系起来 I 议题和方法

目标和方法	经验分析的方法（%使用每一种经验分析方法的文章）				
	质性	混合方法质性为主	混合方法量化为主	量化	合计
理论和经验					
A. 理论化和经验分析	44.5	19.9	14.4	21.2	100
B. 经验分析	44.7	18.2	11.3	25.8	100
方法和理论化					
A. 归纳，质性	77.5**	61.5**	40.5**	33.3**	
B. 归纳，量化	1.3**	7.7**	32.4**	37.5**	
C. 演绎，半形式或非形式	21.3	30.8	21.6	22.9	
D. 演绎，形式	0.0**	0.0**	5.4**	6.3**	
合计	100	100	100	100	
多种方法（%综合理论化和经验分析的所有文章）	23.4**	34.5**	66.7**	54.8**	

注：关于理论和经验的数据来源于蒙克－斯奈德比较政治学的文章数据集合中经验的理论和分析方法等变量（样本数量为305）。理论化的方法合计超过100%是因为单片文昌长产更实用一种以上的理论化的方法。关于理论化的方法的数据来源于蒙克－斯奈德比较政治学的文章数据集合中理论方法和分析方法等变量（样本数量为146）。执行 Wilcoxon－Mann－Whitney 检验（Wilcoxon 轶和检验）使用的是关于理论和经验以及理论化的方法等数据。

** 在1%的水平上显著

有证据表明，理论化和检验理论使用同一套数据的问题在质性研究当中更严重（参见表6）。经验分析中同时采用质性和量化方法的研究者也同样可能把创建理论和经验分析结合在一起——数据上难以区分这种差别。然而和量化研究者比起来，质性研究者把使用归纳方法进行理论化与基于相似数据的经验分析结合起来的可能性要大得多，这个比例是77.5%对37.5%。质性研究者相对于量化研究者也比较少运用多种方法进行理论化，数据是23.4%对54.8%。因此他们丧失了一个重要的机会，去降低理论化和经验分析之间发生"污染"的可能性。此外，质性研究者倾向于把国家作为观察的单元，通常不会去把国家之外的其他研究单元的信息形式化，从而使得观察的数量更多样化，这更加剧了"污染"的问题。问题是，相当多数量的研究并不清晰地把理论化和经验分析区分为研究进程中的两个不同的步骤，因此他们往往用为理论提供例证，或是用可能性调查（plausibility probes）代替了真正的理论检验。

理论检验一定程度上也要求理论中运用的概念与经验分析中使用的数据配合得当。质性研究更好地做到了这一点，部分是因为它较之量化研究倾向于运用更多种类的研究数据（参见表7）。另外，质性研究更多地依靠"获取艰难"的数据，这些数据无法通过互联网得到，比如说访谈、非官方文件、报纸等。因此质性研究更加有利于提供关于行为体、选择、事件以及进程的更加丰富的叙述，正如方法论学者认为的那样，这些丰富的描述使得质性研究特别能够适用于关于因果机制的假设的检验（Collier, Brady, & Seawright, 2004: 252 - 264）。相比较而言，量化研究聚焦行为体的时候，更倾向于主要依据有关态度的个体层面的数据，而对于集体行为体以及他们的决策进程就少有发言权。而且量化研究比较多采用的数据常常是以一年为单位的观察，尽管对过程的分析需要对事件进行持续的监测，但在年度数据中过程并不能得到很好的总结。对比较分析学者来说，特别是那些依靠量化分析方法的研究，使得形成的数据和理论化中使用的概念更紧密的联系起来，这是一个重要的挑战。

表 7　把理论和经验联系起来 II 议题和数据

数据收集的方法	经验分析的方法（% 运用某种经验分析方法的文章）				
	质性	混合方法质性为主	混合方法量化为主	量化	平均
二手资料	87.4	82.8	72.5	51.4	73.5
报纸和新资料来源	55.5	43.1	20.0	6.9	31.4
政府资料和官方文件	39.3	72.4	67.5	52.8	58.0
非官方文件	17.8	20.7	10.0	4.2	13.2
访谈	40.7	32.8	17.5	2.8	23.4
目标人群调查和问卷	0.7	5.2	7.5	2.8	4.0
大众调查和问卷	0.7	12.1	20.0	33.3	16.5
其他	0.7	3.4	0	1.4	1.4
合计	242.9	272.4	215.0	155.6	221.5

注：样本数量为 305。合计超过 100% 是因为单篇文章经常使用一种以上的数据收集方法。数据来源于蒙克－斯奈德比较政治学文章数据集合中方法—数据这一变量。

二、使假设陈述和数据收集形式化

另一个方法上的挑战是使得假设陈述和数据收集形式化。关键是运用形式化的方式开展研究进程中的主要方面的工作，使得生产出来的知识向学术共同体开放，能够接受透明化检验。这类比较研究的缺乏是显而易见的。

所有综合了理论化和经验分析的文献中，仅有 1/4 多一点的论文提供了可供检验的假设，即明确设定变量，并在因果模型中指明了所使用变量之间的关系（参见表 8）。在其余的研究中，有的只具备部分的假设意识，这是由诸如变量之间假定的关联并不清晰等等基本问题所导致的;还有一些研究甚至更糟糕,分析的变量本身就是模糊不清的。这些问题在质性研究中更加常见。

表8 假设形成和方法

目标和方法	可检验假设的形成和使用 (%具有预定目标并使用一种经验分析方法的文章)			
	是	部分	非	合计
理论和经验				
理论化	7.1*	57.1*	35.7*	100
理论化和经验分析	28.1*	58.2*	13.7*	100
经验分析的方法				
质性	9.2**	70.8**	20.0**	100
混合方法,质性为主	13.8**	62.1**	24.1**	100
混合方法,量化为主	47.6**	52.4**	0.0**	100
量化	67.7**	32.3**	0.0**	100

注：数据来源于蒙克－斯奈德比较政治学的文章数据集合中可检验的假设这一变量。关于理论和经验的数据的样本数量为160。关于经验分析方法的数据的样本数量为146。执行 Wilcoxon－Mann－Whitney 检验（Wilcoxon 秩和检验）使用的是关于理论和经验的数据，执行 Kruskal－Wallis 检验使用的是关于经验分析方法的数据。

*在5%的水平上显著　**在1%的水平上显著

同样类型的问题也存在于数据收集（参见表9）。尽管质性研究比量化研究更多地运用了新数据，但它在分析数据时往往不是将数据形式化为一套数据集。在大多数（74.1%）使用质性方法的经验分析当中，或者无法容易地理解变量的赋值，或者运用的数据仅仅对挑选的单元和变量进行了赋值。在这方面量化研究做得要好得多，尽管也还有提升的空间。

表 9　数据收集和方法

经验分析方法	新数据（%使用一种经验分析方法的文章）			形式数据（%使用一种经验分析方法的文章）			
	是	非	合计	是	部分	非	合计
质性	60.7*	39.3*	100	2.2**	23.7**	74.1**	100
混合，质性为主	62.1*	37.9*	100	8.6**	51.7**	39.7**	100
混合，量化为主	57.5*	42.5*	100	52.5**	42.5**	5.0**	100
量化	43.1*	56.9*	100	76.4**	11.1**	12.5**	100

注：样本数量为305。数据来源于蒙克－斯奈德比较政治学的文章数据集合中新数据和形式数据等变量。执行 Wilcoxon－Mann－Whitney 检验（Wilcoxon 秩和检验）使用的是关于新数据的数据，执行 Kruskal－Wallis 检验使用的是关于形式数据的数据。

* 在5%的水平上显著　** 在1%的水平上显著

三、提升研究覆盖和样本规模

最后一个方法上的挑战是关于研究覆盖的国家和样本规模。"比较研究者们进行的有多少是真正的比较研究？"这仍然是一个问题。比较一词指的是跨国比较，但惊人的是三种比较政治学期刊所发表的论文中将近一半的研究（45.7%）是关于单一国家的研究。此外，既然比较政治学的目标是生产关于整个世界的政治学知识，却只有1/4的文献研究了5个以上的国家。大多数比较研究者并未尝试提供通则化的知识，即使仅仅是适度范围内的通则化知识。

比较研究经验范围的狭窄对于理论检验也产生了影响。近年来不少文章提出，从事案例研究和小样本分析的质性研究者如何可能去克服阿伦·利帕特（Arend Lijphart）30多年前提出的"变量太多，样本太少"的问题（Lijphart，1971：686）。他们核心的观点是，尽管质性研究者只研究了一个国家或少数国家，但可以通过案例内分析增加观察的数量。然而至少在文献中质性研究者实际这样去做的人非常少。

表 10 时间和方法

经验分析的方法	年数（% 使用一种经验分析方法的文章）				
	n＜1 年	1≤n＜5	5≤n＜20	20≤n＜50	n≥50 年
质性	2.2*	8.9*	33.3*	32.6*	23.0*
混合质性为主	6.9*	5.2*	37.9*	36.2*	13.8*
混合量化为主	5.0*	7.5*	30.0*	37.5*	20.0*
量化	23.6*	9.7*	20.8*	34.7*	11.1*

注：样本数量为 305。数据来源于蒙克－斯奈德比较政治学的文章数据集合中时间和分析方法的变量。执行 Kruskal – Wallis 检验使用的是关于国家数量和关于年数的数据。

*在 5% 的水平上显著

质性研究通常覆盖较长的时间段（参见表 10）。因此质性研究存在的一个潜力是通过历时性的案例内分析增加观察的数量。但数据表明质性研究者常常以国家为观察单元，很少会运用时间等去使观察多样化，因此他们很大程度上错失了增加观察数量的机会（参见表 11）。相对来说，量化研究在利用这种机会方面做的要好得多，因为它们更多情况下不以国家为观察单元，从而扩大了样本规模。但正如上文曾指出的，在量化研究增加样本的努力中，他们很大程度上依赖个体层面的数据，这些数据往往只以年为单位观察，对于集体行为体以及年度观察不能捕捉的进程而言，量化研究是存在盲点的。如果质性研究能超越以国家为观察单元的故步自封，那么它将能够更好更精确地生产"年内"和群体层面的数据。不管怎样，"变量太多，样本太少"的问题在当今比较政治学研究中仍然是那么的突出。

表11 观察单元，样本规模和方法

观察单元	%每种观察单元的文章	n关于观察单元（平均）	经验分析方法（%使用一种经验分析方法的文章）			
			质性	混合质性为主	混合量化为主	量化
国家	55.7	6	80.0**	75.9**	27.5**	9.7**
国家—时间段	16.4	168	9.6**	6.9**	27.5**	30.6**
次国家辖区	6.2	13	5.9	8.6	10.0	2.8
次国家辖区—时间段	2.0	1,599	0.0**	0.0**	5.0**	5.6**
群体或组织	4.9	116	3.7	6.9	2.5	6.9
群体—年或一组织—时间段	1.3	257	0.0**	0.0*	2.5*	4.2*
个人	9.2	1,279	0.0**	1.7**	15.0**	29.2**
个人—时间段	3.6	12,736	0.0**	0.0**	5.0**	12.5**
其他	3.3	1,249	0.7*	1.7*	12.5*	4.2*
合计	102.6		100.0	102.7	107.5	105.6

注：样本数量为305。关于"其他"观察单元的样本数量排除了一篇有着396,167个样本的文章。每种观察单元的文章的百分比和经验分析方法这两列的总百分比超过了100%，这是因为有时候单篇文章使用了一种以上的观察单元。数据来源于蒙克-斯奈德比较政治学的文章数据集合中观察单元、观察的样本数量、国家的样本数量、分析方法等变量。执行Wilcoxon–Mann–Whitney检验（Wilcoxon轶和检验）使用的是关于经验分析的方法的数据，每一次把一个观察单元与其他所有的观察单元进行比较。

* 在5%的水平上显著　　** 在1%的水平上显著

结论

尽管20世纪80年代以来关于比较政治学发展方向的争论持续进行，但很少讨论是建立在对该领域实际研究实践进行系统考察这一基础之上的。蒙克和斯奈德的分析有助于平衡当前的这样一种趋势，即讨论比较政治学应当做什么，但缺乏关于比较政治学是什么的有效的经验理解。通过对该领域主要期刊在过去15年中发表文献的分析，蒙克和斯奈德为学科发展方向的争论提供了急需的经验基础。

蒙克和斯奈德的主要结论如下：在研究范围、目标和方法方面，比较政治学(1)研究很多人类的重要问题，如世界所有地区的政治秩序、政治体制、社会力量、民主和国家制度、经济进程、国家外进程等。(2)研究的经验分析导向要远大于理论化的导向；(3)试图生产描述性知识和因果性知识的尽量大体平衡；(4)并不意图提供和公共政策直接相关的知识；(5)主要通过归纳创建理论；(6)很大程度上依赖于质性方法的经验分析。比较政治学是一个丰富多样的研究领域，单纯依据一个维度无法精确地描述它的特征，只是用简单的语言也很难去概括它。

蒙克和斯奈德的分析表明，学界存在着用新旧路径截然两分去框定学科方向的趋势，而这种观点的基础——关于比较政治学实际研究实践的假设是站不住脚的。首先，经过两轮激烈批评——20世纪50年代来自行为主义者的批评以及90年代来自许多研究阵营的批评——区域研究仍是比较政治学研究中的主导形式。绝大多数比较研究只关注世界上的某一个地区。此外，尽管区域研究和非区域研究在研究目标和方法方面存在一些差异，但区域研究并不构成一个独特的研究路径，把非理论性与"仅仅是描述性的"作为对区域研究特点的统一归纳也是具有误导性的。不管是对区域研究衰落的哀叹，还是针对它开展的广泛批评，都不符合实际的比较研究实践。第二，关于仿效经济学有什么优缺点，学界近年来的讨论异常热烈，但并没有证据表明比较政治学实际上已经发生了经济学转向。形式的演绎的方法在比较研究理论化中很少被运用，而演绎方法在理论化中被实际使用时往往是软性的、半形式化或非形式化的。也没有证据表明，像理性选择理论和形式方法的批评者指责的那样，使用演绎的、形式化的方法与狭窄的研究问题相关。或者更宽泛地说，没有证据说明方法选择和问题选择之间存在强关系。采用各种理论和方法的学者都从事政治学中重大问题的探索。

蒙克和斯奈德关于比较政治学发展方向争论的关键结论是，该领域应当超越对现在被广泛承认的研究路径之间的对抗，参与争论者都抱持关于对手的错误的假设。比较政治的学者们应转向处理主要的研究方法问题。正如蒙克和斯奈德所分析的，这些方法问题广泛存在于现有研究当中，严重阻碍了知识生产。特别需要关注五个紧迫的方法上的问题：(1)理论化和理论检验的数据应是不同的；(2)理论检验中运用的数据和理论化中使用的概念紧密联系；(3)形成的假设要明确指明因果模型中所使用的变量以及它们之间的关系；(4)对数据的分析由对所有分析变量和单元的赋值构成；(5)对观察的分析样本足够大，足以进行理论评估。应对这些方法上的挑战将为全世界的政治学知识生产提供更加坚强有力的基础。

【参考文献】

Almond, Gabriel A., *A discipline divided. Schools and sects in political science*, Newbury Park, CA: Sage, 1990.

Almond, Gabriel A., & James S. Coleman (eds.), *The politics of the developing areas*, Princeton, NJ: Princeton University Press, 1960.

Bates, Robert H., Letter from the president: area studies and the discipline, *APSA-CP: Newsletter of the APSA Organized Section in Comparative Politics*, Vol. 7, No. 11, 1996, pp. 1-2.

Brady, Henry E., & David Collier (eds.), *Rethinking social inquiry: Diverse tools shared standards*, Lanham, MD: Rowman & Littlefield, Berkeley Public Policy, 2004.

Brady, Henry E., David Collier, & Jason Seawright, "Refocusing the discussion of methodology", in Brady, Henry E., & David Collier (eds.), *Rethinking social inquiry: Diverse tools shared standards*, Lanham, MD: Rowman & Littlefield, Berkeley Public Policy, 2004, pp. 3 – 20.

Collier, David, Henry E. Brady, & J. Seawright, "Sources leverage in causal inference: Toward an alternative view of methodology", in Brady, Henry E., & David Collier, (eds.), *Rethinking social inquiry: Diverse tools shared standards*, Lanham, MD: Rowman & Littlefield, Berkeley Public Policy, 2004, pp. 229 – 266.

Geddes, Barbara, "How the cases you choose affected the answers you get: Selection bias in comparative politics", in James A. Stimson (ed.), *Political analysis*, Vol. 2, 1990, Ann Arbor: University of Michigan Press, 1991, pp. 131 – 149.

Geddes, Barbara, *Paradigms and sand castles: Theory Building and Research Design in Comparative Politics*, Ann Arbor: University of Michigan Press, 2003.

Green, Donald, & Ian Shapiro, *Pathologies of Rational Choice, A Critique in Applications in Political Science*, New Haven, CT: Yale University Press, 1994.

Huber, Evelyne, & Michelle Dion, "Revolution or contribution? Rational choice approaches in study of Latin American politics", *Latin American Politics and Society*, Vol. 44, No. 3, 2002, pp. 1 – 28.

King, Gary, Robert O. Keohane, & Sidney Verba, *Designing Social Inquiry, Scientific Inference in Qualitative Research*, Princeton, NY: Princeton University Press, 1994.

Laitin, David D., "Comparative politics: the state of the subdiscipline", in Ira Katznelson & Helen V. Milner (eds.), *Political Science: the State of Discipline*, New York: Norton, 2002, pp. 630 – 659.

Laitin, David D., "The perestroikan challenge to social science", *Politics and Society*, Vol. 31, No. 1, 2004, pp. 163–184.

Laitin, David D., "The political science discipline", in Edward Mansfield & Richard Sisson (eds.), T*he Evolution of Political Knowledge*: *Democracy, Autonomy, and Conflict in Comparative and International Politics*, Columbus: Ohio State University Press, 2004, pp. 11–40.

Levi, Margaret, "A model, A method, and a map: Rational choice in comparative and historical analysis", in Mark I., Lichbach, & Alan S. Zuckerman (eds.), *Comparative Politics*: *Rationality, Culture and Structure*, New York: Cambridge University Press, 1997, pp. 19–41.

Levi, Margaret, "The economic turn in comparative politics", *Comparative Political Studies*, Vol. 33, No. 6/7, 2000, pp. 822–884.

Lijphart, Arend, "Comparative politics and the comparative method", *American Political Science Review*, Vol. 65, September, 1971, pp. 682–693.

Lustick, Ian S., Rational choice as a hegemonic project, and the capture of comparative politics, *APSA-CP. Newsletter of the APSA Organized Section in Comparative Politics*, Vol. 5, No. 2, 1994, pp. 7, 31.

Macridis, Roy, & Richard Cox, "Research in comparative politics, seminar report", *American Political Science Review*, Vol. 47, No. 3, 1953, pp. 641–657.

Munck, Gerardo L., & Richard Snyder, What has comparative politics accomplished? *APSA-CP. Newsletter of the APSA Organized Section in Comparative Politics*, Vol. 15, No. 2, 2004, pp. 26–31.

Munck, Gerardo L., & Richard Snyder, *Passion, Craft and Method in Comparative Politics*, Baltimore, MD: Johns Hopkins University Press, 2007.

Munck, Gerardo L., & Richard Snyder, "Who publishes in comparative politics? Studying the world from the United States", *PS*: *Political Science & Politics*, 2007.

Pierson, Paul, & Theda Skocpol, "Historical institutionalism in contemporary political science", in Ira Katznelson & Helen V. Milner (eds.), *Politi-*

cal Science: the State of Discipline, New York: Norton, 2002, pp. 693 – 721.

Portes, Alejandro, "Sociology in the hemisphere: Past covergencies and a new middle-range agenda", in Charles H. Wood & Bryan R. Roberts (eds.), *Rethinking Development in Latin American*, University Park: Pennsylvania State University Press, 2005, pp. 27 – 52.

Sartori, Giovanni., "Where is political science is going?", *PS: Political Science & Politics*, Vol. 37, No. 4, 2004, pp. 785 – 786.

Schmitter, Philippe C., Comparative politics, in Joel Krieger (ed.), *The Oxford Companion to the Politics of the World*, New York: Oxford University Press, 1993, pp. 171 – 177.

Weingast, Barry R., "Rational choice institutionalism", in Ira Katznelson & Helen V. Milner (eds.), *Political science: The State of the Discipline*, New York: Norton, 2002, pp. 660 – 692.

（译者单位：华东政法大学政治学研究所）

使比较政治学中的方法适应本体

〔美〕彼得·霍尔 著

罗 俊 编译

彼得·A. 霍尔（Peter A. Hall）是哈佛大学欧洲研究中心教授，主要研究领域为欧洲政治和比较政治经济学。霍尔这篇刊载在《社会科学中的比较历史分析》（詹姆斯·马洪尼、迪特里希·鲁施迈耶主编）一书中的文章针对当前比较政治领域中研究方法与研究本体之间的不相适应现象及解决之道提出了自己的看法。① 这篇文章的精要版本也出现在美国政治学会政治经济学分会 2003 年冬季的内部通讯上。该文的主要内容如下：

霍尔认为，在比较政治学和比较政治经济学领域，它们所包含的方法（methodologies）与构成它们理论基础的本体（ontologies）之间，逐渐出现了一道惊人的鸿沟。如果说"方法"是由某些技术构成的，而这些技术正是学者们用来观察世界并得出因果推论的话，那么"本体"这个术语指的就是对世间万物之间的因果关系的本质所作的某些基本假

---

① 参见 Peter A. Hall, "Adapting Methodology to Ontology in Comparative Politics", *Newsletter of the Section on Political Economy*, *American Political Science Association*, Vol. 11, No. 1, Winter 2003。

设，而这恰恰是构建学术理论的前提。比较政治学就像是一条有着很多支流的河流，但是正如阿伦·利帕特（Arend Lijphart）几年前所指出的（Lijphart，1975：165），比较政治学中存在着一种"战后趋势"（a post-war trend in comparative politics），即越来越趋近统计方法，而很显然统计方法正是以"标准回归模型"（standard regression model）为基础（cf. Abbott，1988）。这种研究路径被现在一些很有影响力的文章采用，同时很多学者还开始批判其他的方法（Geddes，1990；King，Keohane and Verba，1994；Goldthorpe，1997）。

在现代化理论流行的年代，那些被批判的方法是特别适用的。那时政治结果通常被视为是社会经济发展的产物，而社会经济的发展又可以被概念化为几个关键的自变量。然而，最近几年来，比较政治学的诸多理论转入了一个完全不同的方向，很多观点逐渐倾向于认为政治结果是路径依赖或是策略互动过程的产物，这实际上暗含着一种与之前差异很大的本体论，而这种本体论是用完全迥异的术语体系来研究政治领域的基本因果关系的（eg. Pierson，2000；Bates et al. ，1998）。这一点很重要，因为每一种方法都是假设被研究案例的因果关系呈现某种独特的形式。结果，那些构成当代政治学诸多理论基础的本体，与那些对于因果结构的假设之间正在产生分歧，而如果标准回归技术（standard regression techniques）或传统意义上的比较方法能提供有效的因果推论的话，那么这种分歧就会成为现实。比较政治学的本体实质上已然与方法相脱离。

在本文中，霍尔对目前本体与方法间的背离进行了更细致的考察，并对我们该采取什么样的应对进行了思索。面对这种困境，霍尔认为应该重新考量小样本研究设计（small-n research designs）的价值，这些设计以过程追踪法（process tracing）的变体为基础，他称之为"系统过程分析法"（systematic process analysis），可以用来修正我们对于案例研究法和比较方法二者的理解。

目前的困境

在适用因果结构的领域中，只有当其符合一组严密假设时，传统意义上的标准回归分析方法和比较方法——正如利帕特等人所定义的——才能为因果推论提供坚实的支撑（Lijphart, 1971）。这两种方法都暗含着特定的本体论。比较方法的本体论要求尤为严苛。只有在下列两种情况下比较方法才能提供有效的检验，一是符合休谟本体论（Humean ontology）的领域，休谟本体论认为因果关系是一种恒常结合（constant conjunction）；二是所寻求的原因变量是产生某项结果的必要原因，也就是说，只有当这些原因变量都必须存在时，才能产生该项结果（see Braumoeller, 2000）。

相比之下，回归分析法则更为灵活。它与预设或然性因果关系的本体论适应良好。同时，在案例足够多的情况下，回归分析法还能解决交互作用效应（interaction effects）问题（cf. Jackson, 1996）。不过，只有当学者研究的因果关系符合一组严密假设时，比较政治学研究中最常用的那些回归分析，才能为因果推论提供有效支撑。一般来讲，回归分析法假设研究单位具有同质性，也就是说，在其他条件相同的情况下，所有案例中原因变量 x 的数值变化会引起结果变量 y 的数值产生相应的变化，而二者的变化幅度是一样的。回归分析法假设回归分析中包括的原因变量与被剔除的原因变量之间并没有系统相关性。回归分析法假设回归中的交互作用术语捕捉到了所有原因变量之间的交互作用。回归分析法假设案例是完全独立的，因此，某一案例中原因变量的数值不会受到其他案例中原因变量或结果变量的数值的影响。尽管有时回归分析可能会用到工具变量[①]（instrumental variables），但是大多数回归分析还是假

[①] 也有人将"instrumental variables"译为"辅助变量法"，本文统一译为"工具变量"。——译者注

设互为因果关系（reciprocal causation）并不存在，也就是说，原因变量不受因变量的影响。

但问题在于也许世上并不存在这种因果结构。一些人认为，即使在标准回归模式兴起的时候，这种因果结构也并不存在（Macridis, 1968; Wolin, 1969; Richter, 1970）。但是，近几年来，在比较政治学和比较政治经济学采用的模型中，越来越多的模型违背了上文霍尔所阐述的那些关于因果结构的假设。想一想现在那些已经开始用来解释民主转型的复杂模型，与早前的论著中视社会经济状况为稳定民主之基础的那种简要概括之间有多大的差别吧。

在"多重并发因果关系"（multiple conjunctural causation）这一问题上，查尔斯·C. 拉金（Charles C. Ragin）所做的开创性研究界定了许多因果关系的复杂性问题（Ragin, 1987; see also Lieberson, 1985）。聚焦于界定一组对结果（y）产生一致因果效应的自变量（$x_1…x_n$）的传统研究方法，已逐渐忽略了以下几种类型的因果关系：

1. 在一些案例中 x（经济发展水平）值的增加会导致 y（民主化运动）值的增加，但在其他一些案例中却没有出现这一情况，而这些案例中的 y 是由一组完全不同的变量 w 导致的。

2. 在一些案例中某一时间点 t_1 时 x（社会民主管理）值的上升与 y（社会支出）值的上升有关，但在另一个时间点 t_2 时两者却不是这样。

3. 在一些案例中 x（社会抗议）值的增加会导致结果 y（政权颠覆）值的增加，但在其他一些案例中 x 值的增加却会导致一个完全不同的结果（被镇压）。

4. 在一些案例中一项结果 y（成功的薪资协商）的值取决于其他很多变量如 v（工会参与）、w（社会民主治理）和 x（社会政策体制）等的数值，而这些变量每一个又反过来取决于对方。

5. 在一些案例中 x（支持民主）值的增加会使得 y（民主稳固）值增加，同时 y 值的增加也会使得 x 值增加。

在大多数此类案例中，因果变量或情境变量（contextual variables）之间的交互效应造成了一些问题，而如果我们了解这些变量或是有充分的自由权，那么就能对它们进行建模，但是标准分析法也倾向于假设这些变量并不存在，并且还假设完全能够捕捉到这些变量的回归分析几乎没有。如果此类因果结构很少见，为了能够集中在那些被评估的较简单的关系上，那么也许就可以把这些变量划入不可知的范围。不过越来越多的学者认为这些因果结构是政治领域的共同特征。在此情况下，出现了两条鲜明且颇有说服力的理论化路线。

第一条理论化路线认为政治结果是行为体之间战略互动的产物，也是通常能够用非合作博弈论（non-cooperative game theory）来建模的产物。现在，许多问题运用这种路线，这种视角认为政治结果是行为体所作的一系列选择的产物，其中每个行为体都通过交互作用的重叠往复（iterated rounds of interaction）来互相做出反应。在每一个时间点上，行为体的选择可能受特定类型的制度的影响，但后者却很少设定了一个唯一均衡。因此，政治结果通常取决于一系列更深层次的条件——社会的、经济的、文化的条件——这些条件可能是复杂的，也可能是微乎其微的。在呈现出扩展式特征的博弈树状图中，存在着很多分支。在某个关键时刻，构成策略选择基础的条件的变化可能对后来的结果造成根本性影响。因此，尽管这些理论中的某些要素可以用标准比较分析法（standard comparative analysis）来检验，但是想要把这些理论预设的因果关系链压缩为一组简单的自变量还是很困难的（cf. Knight and Sened, 1995; Milner, 1998; Bates et. al., 1998）。

第二条理论路径是在一部很有影响力的有关路径依赖的著作中提出来的（Collier and Collier, 1991; Thelen, 1999, 2000; Pierson, 2000; Mahoney, 2000a）。对于应该如何界定路径依赖以及是什么因素促使某一单位沿袭着特定路径的问题，尽管分析家们的观点各不相同，但采用这种视角的学者基本都同意以下两个观点。首先，他们认为，对于最终结果极为重要的因果关系发展（causal developments），发生在产生最终结果的长长的因果链的早期，甚或是在很遥远的过去。假如所有相关案例中的后续发展都是同质性的，那么这一观察对于传统方法来讲就不再是主要难题：反映早期发展的变量可能包括在了标准回归分析之中。但是，支持路径依赖理论的学者通常会提出第二个论点。他们认为，在遥远过去发生的重大选择或决定性事件会深刻影响案例，以至于改变了后续发展的结果，而这些后续发展又依次改变了紧随其后的那些选择或事件，这推翻了新发展 x 被认为会对跨案例产生相同影响的假设。实际上，这意味着，随着时间而累积的交互效应会给案例引入各种不同的路径，因此假设现在发生的 x 在所有环境下都会产生相同的结果 y 是不合理的。

简而言之，策略互动理论和路径依赖理论都不是把世界看成是一个以永恒因果规律的运转为标志的领域，而是把世界看成是一棵有诸多分叉的树（branching tree），树的顶端表示了随着时间推移而逐渐显露出来的事件结果（cf. Sewell, 1996）。如果真是这样的话，那么某次发展的时机对其所导致的结果有着重大影响。发展发生的顺序对于它所导致的结果来说尤为重要（Pierson, 2000; Thelen, 2000; cf. Binder et. al., 1971）。一个典型的观点就是事件 x 的影响力取决于它发生在事件 w 之前还是之后。比如工业化的影响力就取决于它是发生在 18 世纪晚期还是 19 世纪（Gerschenkron, 1966）。首要前提就是至关重要的情景：x 的影响很可能受到其他变量（如 u、v、w）的数值的影响，并且情景的同质性（contextual homogeneity）是随时间推移而发生的事件而变化。因此，如果简单地把过去的发展看作自变量，路径依赖和策略互动理论就会对回归分析产生不利影响，因为这些发展的因果影响可能取决于它们在历史链（the historical chain）中所处的位置。

尽管此类主张对主流分析带来了重大挑战，但其中很多主张看起来都是似是而非的。在 20 世纪 30 年代，社会民主党执政六年会对政策体制产生持续的影响，但在 20 世纪 80 年代，社会民主党执政六年却几乎肯定不会产生相同的影响。此外，由于社会民主党执政的影响可能受其他因素的制约，因此，甚至是在同一时间点，不同案例间的影响也是不同的。例如，彼得·温奇（Peter G. Winch）认为，通过观察以前英国工党政府的作为，瑞典社会民主党人所得出的结论深刻地影响了他们的经济政策（Winch, 1989）。当在大量案例中的一些变量的影响很强并且可以测量的时候，回归分析法便能评估一些交互效应。不过，实际上，交互效应通常很复杂并且数据又很有限,因此回归分析无法检验相关的命题。很多分析家只是简单地假设它们并不存在。

那些以策略互动或路径依赖为基础的新理论也告诉我们,何为恰当的解释。很多学者把解释看成是重视一组因果变量的问题,而这组因果变量被视作是一个既定结果的连续性预言。把政治领域看成是由一些不变的因果力量——通常本质上是社会经济状况所支配的领域的本体,通常会得出这样的观点。基于回归分析和传统形式的比较方法则强化了这一立场,因为正是它们导致了此类结果。但是,如果重要政治结果不能通过参考一些社会经济条件来作出解释,而是依赖于策略互动的复杂链条的话,除了参考那条"链",否则就无法解释这些结果了。假如现在的结果取决于历史发展的一棵分叉树,那么单单提及一两个因果变量就很难充分解释历史发展。因此,简约性就不能作为评判解释的标准,而且在"何为可接受的解释模式"这一问题上,人们的看法也发生了变化(cf. Shiveley,1974;King et al.,1994;Bates et al.,1998)。

总而言之,霍尔认为,我们的本体已经超出了方法和传统的解释概念。现在很多重大问题似乎都涉及了互为因果,这使得区分自变量与因变量变得很困难。学者们假设的交互效应太过复杂,以致无法在回归中完全建立模型。有人认为,因果变量的影响通常取决于情境(context-dependent),以至于假设研究单位具有同质性并没什么意义,而且多重因果是如此重要以至于我们不应该只专注于分析单个变量的影响(cf. Ragin,1987;2000)。

最近的一些建议

近些年来,针对这些困境,学者们提出了各种各样的建议。

有人建议改变研究的切入点,不要开展对宏观政治结果做出直接解释的研究,即曾经的"宏大理论"(grand theory,如革命、政体变迁等)所研究的那些对象,转为开展适度的针对微观过程的研究,而这样的微观过程有助于产生这类结果而且会在其中反复出现（Tilly，1995）。他们认为，分析家们应当专注于寻找"社会机制"（social mechanism），即个体或集体行动反复发生的形式，而个体或集体行为是导致重要政治结果的因果关系链的组成部分（Elster，1998；Hedstrom and Swedberg，1998；cf. Mahoney，2001）。前提是这些机制要有足够的出现频率，才能成为归纳的潜在对象，并且这些机制要拥有足够的因果重要性才能引起学者的兴趣。这一新切入点确保了对集体行动的有效分析，但不开展对最重要政治结果做出直接解释的研究，要毫无遗憾地接受这一点还是有些困难的（cf. McAdam et al.，2001；Katznelson，1997）。

其他一些人则主张使用更为复杂的统计技术，以此解决困扰标准回归程序的问题。例如，有人探索出了新的方法来判断交互效应，即使用结构方程模型（structural equation models）来克服内生性（endogeneity）问题（Jackson，1997；Franzese，2001）。还有人建议从更宽泛的统计学领域中寻找方法，充分使用判别分析法（discriminant analysis）或基于代理人的建模法（agent-based modeling，Braumoeller，2000；Cederman，2000）。有人认为统计分析法应该始终与以下几点相结合：对案例的深度调查、对样本在列表分析中如何分布到相应单元的仔细关注以及在解释残差值（residuals）上付出更大努力（Shalev，1998）。如果注意到了上述问题，统计分析一定会有助于理解因果复杂性问题。

第三种通往本文界定的本体论问题的路径是由拉金设计的，他尤其关注"多重并发因果关系"，也就是指一种可能性，即导致某个结果的原因可能不是在所有案例中起作用的独立于其他变量的同一两个变量，而是由于不同因素的结合，某些案例中的每个因素都会起作用（Ragin，1987）。他还指出，回归模型的参数估算不能正常地界定这些结果，因此他找出了一些方法来详细说明对特定结果的出现构成必要和/或充分条件的众多因素的结合。根据所有案例在兴趣点结果和潜在解释变量上的价值，拉金把它们划分为不同的集合，同时通过解释变量的特殊组合与某个给定结果相结合的方法确定了频率，在这里他用布尔代数（Boolean algebra）将这类比较简化成了一些可控摘要。近期的一项研究提升了包含在这些分析法中的信息水平，这是通过采用"模糊集"（fuzzy set）方法来构造容纳了具有持久价值的变量的范畴（Ragin, 2000）。这种路径对于揭示各因素的哪些组合构成了结果的必要或充分条件特别有效。拉金的方法介于传统比较方法和回归分析法之间，吸取了二者的优点。

从根本上来讲，拉金设计的路径排斥因果变量的概念，但支持将社会科学看作一项通过给这些共性存在于分组的案例设立账户（account）的事业，并归纳到各个代表不同因果轨迹的集合来比较这些案例。以此为取向的变化将本领域带回到了以"规训的、形构分析"（disciplined, configurative analysis）为特征的20世纪60年代。有些人批评这一年代的研究"只是描述性的"，但霍尔认为这些批评者们失去了分析的概括性力量，而这种概括性分析能界定新型政治现象并创造出跨国的概念。

当然，有些学者甚至走得更远，从根本上对实证主义进行批判，他们认为，研究跨国设定中的具有持久因果力量的变量是无用功。受到"批判实在论"（critical realism）或是"建构主义者"（constructivist）路径的影响，许多学者开始怀疑政治分析中使用的范畴，他们意识到了分析对象是如何影响范畴的，而且他们对专注于解释行为体开拓自身领域的解释更感兴趣了（cf. Abbott, 2001; Wendt, 1999; Archer et al., 1998; Somers, 1996）。从这些观点中我们能学到很多东西。

这些简要的研究表明，在当今比较政治学所用的方法问题上，并不存在轻易的共识。深藏在表面之下的问题又再次显现出来，在一定程度上这是因为新的本体论开始崭露头角。与其只是得出一个关于困境的陈述，霍尔更希望采取一些行动来解决问题。

超越传统的比较方法

面对着评估现象解释的需要，而现象的因果结构包含了一段很长或很复杂的因果链，分析家们可以有效地运用小样本比较法。但是，为了看到此类研究设计的有效性,我们必须超越"比较方法"的传统概念,因为这种传统概念根据纯粹的相互作用术语,将比较方法看成统计方法的一个"弱化"的变体,也就是说,是一种从案例中得出的唯一重要观察表达了因变量和几个解释变量的数值的方法(cf. Lijphart,1971,1975)。在这些语境下研究的话,小样本比较就很少会得出相关的观察;而且分析者缺乏自由去思考不止一两个的解释变量;而且相对于统计分析法,因果推论方法的作用明显有限。

那些把这种视角引入单一"个案研究"(case - study)的学者还认为,个案研究在因果推论中无足轻重。毕竟,假如某个案例在结果和解释变量上只产生单一观察值,那么它就几乎无法为因果推论提供依据。哈利·埃克斯坦(Harry Eckstein)认为,单一案例可以用来证伪理论,即通过确定一个"关键案例"(crucial case),假如某个理论在任何地方都有效的话,那么在这个案例中也"极可能"是有效的,然而观察发现它其实并没有在其中起作用(Eckstein,1975)。不过其他学者指出,这种方法只有在原因是决定性而不是或然性,或是在需要验证的观点是关于"必要"原因的时候才切实可行(Lieberson,1992:117)。很多提倡案例研究的人已经回到了这样的观点,即借助于丰富的归纳,这类方法对于产生新的假设和优化理论方面上很有用。尽管学者们对于单一案例研究的兴趣日趋浓厚,但他们还是普遍怀疑单一案例研究的价值(cf. Ragin and Becker,1992)。

但是,我们并不需要专门用这些术语来看待单一案例研究、小样本比较法或是"比较方法"(comparative method)。我们来区分一下案例(case)和观察值(observation)这两个概念,案例被认为是一个在单元层(unit - level)中被研究的那些结果各异的单一单元,而观察值被理解为一条从涉及因果理论的单元中所提取的数据(cf. King et al.,1994)。单一单元也许对于令人感兴趣的重要结果只能提供一项观察值,但它可以产生一系列不同的涉及验证因果理论的其他观察值。

简而言之,如果我们在看待社会科学的核心事业时,不是把它看作寻找某个结果和几个自变量之间相互关系的过程,而是看作更加重要的设计和验证因果理论的过程的话,小样本比较法和单一案例研究就可以成为可行的研究设计,并在因果推论中起到重要作用。

尽管这点经常被忽视,但几年前唐纳德·坎贝尔（Donald Campbell）就成功做到了这一点,他指出,对一两个个案研究的详细考察通常优于用来验证因果推论的统计方法,因为它顾及到了更为细致的测量以及因果过程的追踪（Campbell, 1975）。我们不应把小样本比较法首先看作将几个自变量和一个因变量联系起来的尝试,相反,我们应该将比较方法理解为一项能够在一组案例中对因果过程进行严密验证的技术,在这些案例中各种不同的观察值被用来评估因果理论的准确性,而这些因果理论正是设计用来解释那些过程和其结果的。用这些术语重构概念后,比较方法就不是作为统计分析法的劣质替代品而出现,而是成为了一条提供了比大多数统计研究所允许的还要丰富得多的一系列观察值的独特路径。在这样的术语下,它是一种特别适合近些年里比较政治学的本体的方法。

系统过程分析

从这个意义上来讲,个案研究和小样本研究设计的价值就在于,为霍尔称之为"系统过程分析"的方法的应用提供了空间。它与坎贝尔提出的"模式匹配法"（pattern matching）、亚历山大·乔治（Alexander George）和蒂莫西·麦基翁（Timothy McKeown）提出的"过程追踪法"（process tracing）具有很大的相似性（Campbell, 1975; George and McKeown, 1985; Collier, 1991: 23; Mahoney, 2000; Bennett and George, 2005）。这种方法远不是什么新方法,如果不需要精确数字的话,有很多学者长期使用这种方法（cf. Moore, 1969; Skocpol, 1979; Collier and Collier, 1991）。但是在我们这个着迷于标准回归分析的领域,这种方法的价值被低估了,而现在标准回归分析的缺陷越来越明显。

系统过程分析法是研究的一种实证主义形式,它将社会科学的首要研究目标视为是在验证社会学和政治学领域中的因果理论。但是主流的实证主义并不意味着,只有涉及验证某个因果理论的观察值是依赖于结果(或称为因变量)的数值的,或是依赖于该结果的最终"原因"(通常叫做自变量)所指定的一组变量。这类观察值是有价值的,但是有效的理论会设定与这些变量运行有关的一系列因果过程;同时,从这种因果过程的概念出发,可能会得出一系列预测,即在该理论是对的或是错的时候,案例应该分别呈现出什么状况。然后可以将那些预测与观察值进行比较,这些观察值涉及手头案例的很多方面,包括发生了什么类型的中间事件、这些事件的顺序、参与者们的行为以及他们所作的公开的和私下的言论。

基本观点应该是很清楚的。系统过程分析法势必促进因果理论的发展,而从其中得出预测,包括如果因果过程的假设存在于案例之中的话应该观察到些什么,而且它还需要对于那些案例中得出的一系列不同观察值的考察,这是为了评估那些预测是否得到了证实。案例中出现的观察值体现了因果过程的形态,验证了理论,这种验证至少跟验证一小组因果变量的数值和因变量之间的一致性观察值时同样严谨并且密切相关,即使是在主要目标就是要确定这样一小组"因果变量"(casual variables)时也是如此。不过,考虑到比较政治学趋向于设想了多重交互作用效应的因果理论的变化,这种方法开始变得尤为有效。评估路径依赖和策略互动论述的正确性,通常只能通过对手头案例中有关因果过程的预测与观察值进行比较来实现。

罗伯特·贝茨(Robert Bates)等人提出过类似的观点,但霍尔所讲的系统过程分析法更加强调同时评估几个理论的优长(Bates et al., 1998)。正如托马斯·库恩(Thomas Kuhn)曾经提醒过的,由于任何数据的相关性总是在一定程度上由手头边的理论所设定的,因此当我们只考察其中部分数据时,就不能保证理论验证的严密性(Kuhn, 1969)。由于这里的目标是验证理论(不是仅仅寻找一些因果变量),以及一个理论只有在与其他理论对比时才能评估其可行性,因此这一方法要求我们将理论与源于案例中的观察进行比较。在只找到某个理论的有限证据时，这种方法才能拒绝宣称该理论为有效的那种诱惑，而且针对形成那些理论中任何一个的判断的标准，它还提供了一个扎根于替代理论的标准。

总而言之，系统过程分析法既考察了手头案例逐渐显露出来的过程，也考察了这些案例中的结果。针对所包含的对于事件将如何展开的各种预测，这些需要验证的因果关系理论会接受质疑。也就是将这些预测与从手头案例中得出的观察值进行比较。相对于观察值和其他理论，理论应该尽可能被渲染的"脆弱"，也就是说，理论应该产生一些可以被现有数据证明是错误的预测，以及区别于对立理论之预测的预测。像往常一样，分析家们应该寻找尽可能多并且不同的预测，包括各类行为体被预期的特定行为、可能会表明参与者动机的语句以及行为发生的顺序。

因此，采用系统过程分析法的研究者通过经验案例而得出观察，这些观察不仅仅和主要因果变量的值有关，还与把这些变量与结果联结起来的过程有关。经过了数量众多且类型不同的观察验证的理论，可能比经受数量少且同质性强的观察所验证的理论更为正确（King et al., 1994）。由于每种理论都会对其他理论进行验证，因此研究者应该特别注意各种理论的预测产生分歧这一现象。这不仅仅是在寻找"中介"变量（"intervening" variables）。关键是要看因果过程中的每一阶段行为体的众多行为和陈述，是不是与每个理论所蕴含的领域保持一致。

在研究的最后阶段，源于案例的观察会被拿来与理论的预测作比较，从而得出某一理论优于其他理论的判断，而这在很大程度上是依据预测和观察的一致性。假如我们有充分的理由质疑数据的恰当性，或高度重视似乎是禁忌的理论，我们就能从被考察的现有案例或新案例中得出更深层的观察，从而改善我们的判断。

结论

　　很多人认为霍尔在文中阐述的方法，近些年来学者们已经在使用。而霍尔希望说清楚的是，为什么这种方法对于得出因果推论是有效的、有价值的，而且特别是在因果过程很复杂或很难通过量化手段来概括变量的时候，为什么它相对于标准统计方法有着独特优势。霍尔并不是要贬低统计分析法，而是要指出基于小样本分析的研究比许多知识更有用。

　　从某种意义上来说，社会科学与自然科学没什么不同。如果生物学家只考察宏观层面上的最终结果和几个因果关系因素之间的相关性的话，那么就不会有多少生物学家会认为他们的理论经得起充分地检验。在不能应用实验方法的时候，自然科学家通常会寻找大量的与他们研究的因果过程相关的观察。社会科学家也应该这么做。

　　学者们何时该运用系统过程分析法？何时该运用回归分析法？在很多情况下，这取决于需要检验的理论的特点以及它们所包含的本体。在以下情况中标准回归法特别有效：可用案例数量很多而且相互之间是真正独立的；相关结果非常依赖于一组相互高度独立的因果变量，同时这些结果的作用非常之大以至于它们能够产生跨案例间持续性影响；还有就是相关的交互效应非常有限以至于能够在现有条件下进行建模。在很多研究中，统计技术可能只对于评价某一理论所设定的因果关系中的一些方面是有效的，而此时系统过程分析法就可以用来验证这些因果关系的其他方面了。

　　不过，就像安德鲁·艾伯特（Andrew Abbott）所注意到的那样，有效回归分析的条件通常很难满足（Abbott，1988）。在这样的背景下，系统过程分析法就有独特价值。它使学者们能够评估更为复杂的因果关系过程，并且超越那些基于统计显著性系数的解释，不过相对薄弱的因果理论现在趋向于容纳更多的关于因果过程的现实规范，而正是这些规范推动了社会、经济、政治领域的发展（cf. Archer et al., 1998；Mahoney, 2001）。而在其他领域的这些方面，基于系统过程分析的小样本比较法很有可能解决方法论困境，而其正是当前政治科学中日益常见的新本体所导致的。

【参考文献】

Abbott, Andrew. "Transcending General Linear Reality", *Sociological Theory*, Vol. 6, 1988, pp. 169–186.

Abbott, Andrew. *Chaos of Disciplines*. Chicago: University of Chicago Press, 2001.

Archer, Margaret, RoyBhaskar, Andrew Collier, Tony Lawson, and Alan Norrie, eds. *Critical Realism: Essential Readings*. London: Routledge, 1998.

Bates, Robert, Avner Greif, Margaret Levi, Jean-Laurent Rosenthal, and Barry Weingast. *Analytical Narkratives*. Princeton, NJ: Princeton University Press, 1998.

Bennett, Andrew and Alexander George. "Case Studies and Process Tracing in History and Political Science: Similar Strokes for Different Foci", Unpublished manuscript. in press. *Case Studies and Theory Development*. Cambridge, MA: MIT Press, 2001.

Binder, Leonard, James S. Coleman, JosephLaPalombara, Lucian W. Pye, Sidney Verba, and Myron Weiner. *Crises and Sequences in Political Development*. Princeton, NJ: Princeton University Press, 1971.

Braumoeller, Bear. "Modeling Multiple Causal Paths: Logic, Derivation and Implementation", Unpublished manuscript, 2000.

Campbell, Donald T. "Degrees of Freedom and the Case Study", *Comparative Political Studies*, Vol. 8, 1975, pp. 178–193.

Cederman, Lars-Enik. *Emergent Actors in World Politics*. Princeton, NJ: Princeton University Press, 1997.

Collier, David. "The Comparative Method: Two Decades of Change", in *Comparative Political Dynamics*, edited by Dankwart Rustow and Kenneth Erickson. New York: Harper Collins, 1991, pp. 7 – 31.

Collier, RuthBerins and David Collier. *Shaping the Political Arena*. Princeton, NJ: Princeton University Press, 1991.

Eckstein, Harry. "Case Study and Theory in Macro-Politics", in *Handbook of Political Science I*, edited by Fred Greenstein and Nelson Polsby. Reading, MA: Addison-Wesley, 1975, pp. 79 – 139.

Elster, Jon. "A Plea for Mechanisms", in *Social Mechanisms: An Analytical Approach to Social Theory*, edited by Peter Hedström and Richard Swedberg. New York: Cambridge University Press, 1998, pp. 45 – 73.

Franzese, Robert. J., Jr. *Macroeconomic Policies of Developed Democracies*. New York: Cambridge University Press, 2001.

Geddes, Barbara. "How the Cases You Choose Affect the Answers You Get", *Political Analysis*, Vol. 2, 1990, pp. 131 – 149.

George, Alexander. "Case Studies and Theory: The Method of Structured, Focused Comparison", in *Diplomacy: New Approaches to History, Theory and Policy*, edited by Paul Larson. New York: Free Press, 1990, pp. 43 – 68.

Gerschenkron, Alexander. *Economic Backwardness in Historical Perspective*. Cambridge, MA: Harvard University Press, 1962.

Goldthorpe, John A. 1997. "Current Issues in Comparative Macrosociology: A Debate on Methodological Issues", *Comparative Social Research*, Vol. 16, 1997, pp. 1 – 26.

Hedström, Peter and Richard Swedberg, eds. *Social Mechanisms: An Analytical Approach to Social Theory*. New York: Cambridge University Press, 1998.

Jackson, John E. "Political Methodology: An Overview", in *A New Handbook of Political Science*, edited by Robert Goodin and Hans-Dieter Klingemann. Oxford: Oxford University Press, 1996, pp. 717 – 748.

Katznelson, Ita. "Structure and Configuration in Comparative Politics", Pp. 81 – 112 in *Comparative Politics: Rationality, Culture, and Structure*, edited by Mark Lichbach and Alan Zuckerman. New York: Cambridge University Press, 1997.

King, Gary, Robert Keohane, and Sidney Verba. *Designing Social Inquiry*. Princeton, NJ: Princeton University Press, 1994.

Knight, Jack andItai Sened, eds. *Explaining Social Institutions*. Ann Arbor: University of Michigan Press, 1995.

Kuhn, Thomas. *The Structure of Scientific Revolutions*. Chicago: University of Chicago Press, 1970.

Lieberson, Stanley. *Making It Count: The Improvement of Social Research and Theory*. Berkeley: University of California Press, 1985.

Lieberson, Stanley. "Small Ns and Big Conclusions", in *What Is a Case*, edited by Charles C. Ragin and Howard S. Becker. New York: Cambridge University Press, 1992, pp. 105 – 118.

Lijphart, Arend. "Comparative Politics and the Comparative Method", *American Political Science Review*, Vol. 64, 1971, pp. 682 – 693.

Lijphart, Arend. "The Comparable-Cases Strategy in Comparative Research", *Comparative Political Studies*, Vol. 8, 1975, pp. 158 – 177.

Macridis, Roy. "Comparative Politics and the Study of Governments: The Search for Focus." *Comparative Politics*, Vol. 1, 1968, pp. 79 – 90.

Mahoney, James. "Path Dependence in Historical Sociology", *Theory and Society*, Vol. 29, 2000a, pp. 507 – 518.

Mahoney, James. "Strategies of Causal Inference in Small-TV Analysis", *Sociological Methods and Research*, Vol. 28, 2000b, pp. 387 – 424.

Mahoney, James. "Beyond Correlational Analysis: Recent Innovations in Theory and Method." *Sociological Forum*, Vol. 16, 2001, pp. 575 – 593.

Milner, Helen. *Interests, Institutions and Information*. Princeton, NJ: Princeton University Press, 1998.

Pierson, Paul. "Increasing Returns, Path Dependence and the Study of Politics", *American Political Science Review*, Vol. 94, 2000a, pp. 251 – 267.

Pierson, Paul. "Not Just What but *When*: Timing and Sequence in Political Development", *Studies in American Political Development*, Vol. 14, 2000b, pp. 72 – 92.

Ragin, Charles C. *The Comparative Method*. Berkeley: University of California Press, 1987.

Ragin, Charles C. *Fuzzy-Set Social Science*. Chicago: University of Chicago Press, 2000.

Ragin, Charles C. and Howard S. Becker, eds. *What Is a Case? Exploring the Foundations of Social Inquiry*. New York: Cambridge University Press, 1992.

Richter, Melvin. *Essays in Theory and History: An Approach to the Social Sciences*. Cambridge, MA: Harvard University Press, 1970.

Sewell, William. "Three Temporalities: Toward an Eventful Sociology", in *The Historic Turn in the Human Sciences*, edited by Terrence J. McDonald. Ann Arbor: University of Michigan Press, 1996, pp. 245 – 280.

Shalev, Michael. "Limits of and Alternatives to Multiple Regression in Macro-Comparative Research", Paper presented at a conference on "The Welfare State at the Crossroads," Stockholm, 1998.

Shively, W. Phillips. *The Craft of Political Research*. Englewood Cliffs, NJ: Prentice-Hall, 1974.

Skocpol, Theda. *States and Social Revolutions*. New York: Cambridge University Press, 1979.

Somers, Margaret R. "Where Is Sociology after the Historic Turn? Knowledge, Cultures, Narrativity, and Historical Epistemologies", in *The Historic Turn in the Human Sciences*, edited by Terrence J. McDonald. Ann Arbor: University of Michigan Press, 1996, pp. 53 – 90.

Thelen, Kathleen. "Historical Institutionalism in Comparative Politics", *Annual Review of Political Science*, Vol. 2, 1999, pp. 369 – 404.

Thelen, Kathleen. "Time and Temporality in the Analysis of Institutional Evolution and Change", *Studies in American Political Development*, Vol. 14, 2000, pp. 102 – 109.

Tilly, Charles. "To Explain Political Processes", *American Journal of Sociology*, Vol. 100, 1995, pp. 1594 – 1610.

Wendt, Alexander. *Social Theory of International Politics*. New York: Cambridge University Press, 1999.

Winch, Donald. "Keynes, Keynesianism and State Intervention", pp. 107 – 128 in *The Political Power of Economic Ideas*, edited by Peter A. Hall. Princeton, NJ: Princeton University Press, 1989.

Wolin, Sheldon. "Political Theory as a Vocation", *American Political Science Review*, Vol. 63, 1969, pp. 1062 – 1082.

（译者单位：华东政法大学政治学与公共管理学院）

质性方法论与比较政治*

〔美〕詹姆斯·马洪尼（James Mahoney）** 著
高奇琦 编译

从20世纪90年代开始，比较政治领域出现了一波关于质性研究和小样本方法研究文章的发表浪潮（Bennett & Elman, 2006a; Munck, 1998）。这些研究以19世纪70年代开始的比较方法论为基础（如 Lipjhart, 1971, 1975; Przeworski & Teune, 1970; Smelser, 1973, 1976），但又与此不完全相同。早期比较工作将质性方法看成是其他方法（如统计方法）很难奏效时不得不诉诸的一个不完美的替代，而20世纪90年代之后的研究则强调质性方法在比较研究中的独特优势。这一新的强调反映在研究实践当中。当比较政治领域的学生们认识到质性方法对于一些问题本质的把握有非常重要的意义时，他们很多都完全转向了质性研究，而不是仅仅把质性研究与其他方法结合起来使用。

---

* 原文出处：James Mahoney, "Qualitative Methodology and Comparative Politics", *Comparative Political Studies*, Vol. 40, No. 2, 2007, pp. 122 – 144。

** 作者简介：詹姆斯·马洪尼（James Mahoney），美国西北大学政治学系和社会学系教授、经济史费茨杰拉德讲座教授。马洪尼是美国比较政治研究方法第二代学者中最年轻的领军人物。马洪尼在社会科学的跨学科研究方法方面有非常大的成绩，其成果在《美国社会学评论》《美国政治科学》《比较政治研究》等国外政治学和社会学的顶级期刊上屡有发表。

比较研究的质性方法
质性方法论与比较政治

今天，比较政治领域的学者们已经使用质性方法来讨论几乎所有的实质性议题。例如，在这一领域的任何一个核心议题上，我们都可以指出一些有影响的作品：民主与权威主义（如 Collier，1999；Haggard & Kaufman，1995；Huntington，1991；Linz & Stepan，1996；Rueschemeyer，Stephens & Stephens，1992）；经济发展（如 Amsden，2003；Evans，1995；Kohli，2004；Wade，1990；Waterbury，1993）；市场导向的改革和管制（如 Ekiert & Hanson，2003；Haggard & Kaufman，1992；Hall & Soskice，2001；Kitschelt，1994；Nelson，1990；Vogel，1996；Weyland，2002）；国家建设（如 Downing，1992；Ertman，1997；Tilly，1990；Waldner，1999）；民族主义和族群性（如 Brubaker，1992；Haas，1997；Lustick，1993；Marx，1998；Varshney，2002；Yashar，2005）；暴力和国家失败（如 Boone，2003；Reno，1998）；社会革命和变迁（如 Colburn，1994；Goodwin，2001；Parsa，2000）；社会运动（如 Goldstone，2003；McAdam，Tarrow，& Tilly，2001；Tarrow，1994）；选举与政党体制（如 Collier & Collier，1991；Kitschelt，Masfeldova，Markowski，& Tóka，1999；Mainwaring & Scully，1995）和社会政策（如 Esping-Andersen，1990；Hacker，2002；Hicks，1999；Immergut，1992；Pierson，1994；Skocpol，1992）。虽然这样的罗列仅能触及到大量文献的一个表面，但是它确实也在一定程度上表明了目前质性方法在比较政治研究中的重要地位。

在一些与其他方法结合使用的研究中，我们同样可以看出质性方法的独特优势。譬如，理性选择研究经常使用质性方法来生成和验证假设。研究者经常用非数学的方式去生成一些可以在小样本中得到检验的理性行为假设（如 Bates，1981；Geddes，2003；Laitin，1999；Munck，2001）。实际上，最近发展的"分析性叙事"（analytic narratives）便是一个将理性选择理论与质性研究方法结合在一起的绝佳例证（Bates，Greif，Levi，Rosenthal & Weingast，1998）。同时，比较政治中的统计分析也越来越将质性的案例分析作为因果推理的一个补充模式（Huber & Stephens，2001；Kalyvas，2006；Lieberman，2003；Posner，2005；Swank，2002；Wilkinson，2004；Lieberman，2005）。实际上，在一些多方法的研究中，质性的案例研究是最主要的因果推理方式。

对质性方法的日益强调激发了一系列讨论相关比较方法的优秀论文（如 Bennett & Elman, 2006b；Collier, 1993；Munck, 1998；Ragin, Berg-Schlosser, & de Muer, 1996）。同时，这一领域在过去的 5 年中出版了不少于 10 本的质性方法著作，这一点让比较政治领域的研究者很难跟得上这些新近的发展（Abbott, 2001；Brady & Collier, 2004；Geddes, 2003；George & Bennett, 2005；Gerring, 2001, 2006；Goertz, 2006；Mahoney & Rueschemeyer, 2003；Pierson, 2004；Ragin, 2000）。本文把近期比较政治领域中关于质性方法的新发展以及主要争论集中在一起进行讨论。本文从以下两个方面展开述评：理论发展（theory development）和理论检验（theory testing）。

理论发展

在政治学的一些其他分支领域中，研究者可以在一些普遍研究程式（general research programs）的框架下展开研究工作，这些研究程式为可供检验理论的形成提供了一些基本层面的假设。例如，国际关系领域中的研究经常围绕诸如新现实主义、自由主义和建构主义这些研究程式展开（Elman & Elman, 2003）。但是，在比较政治领域中，分析者还不能围绕类似的同心圆式的研究程式展开研究。比较政治的研究者往往在多个面向的路径（战略选择模型、国家中心路径、代理人—庇护者模式、国际依赖理论，以及更多）中找到理论的灵感。这些路径强调特定的、关键性原因，但是却缺乏一种与研究程式或理论范式相联系的普遍性。比较分析者——无论是理性选择理论家、结构主义者或文化主义者（Lichbach & Zuckerman, 1997）——通常将不同的研究倾向的不同要素结合起来以形成自己的理论。

由于比较分析者在单一且宏观的理论程式之外去展开研究，所以他们在研究之前很容易缺乏那些成熟的、可验证的假设。因此，对于那些试图从研究专题（research topic）转为具体命题（specific proposition）的比较主义者而言，发展可验证假设的方法论工具是非常有价值的。量化方法在提出那些分析者可以遵循并形成一组构成可验证理论的假设方面是相对无力的，虽然一些具体的量化研究也在努力实现某种解释性的研究。相对而言，质性方法为构设研究问题和形成可检验假设等提供了多种工具。

新假设的生成

可能没有人会否认，多年以来质性研究者已经在比较政治领域贡献了许多有趣的假设。我们仅仅需要回顾几个最能激发讨论或最被认可的假设就可以证明这一点。这些假设如罗伯特·米歇尔斯（Robert Michels）的铁律所指出的"组织就意味着寡头统治"（Michels, 1911/1999）、巴林顿·摩尔（Barrington Moore）的"没有资产阶级，就没有民主"（Moore, 1966）、西达·斯考切波（Theda Skocpol）的结构性观点"革命不是制造的，革命是来临的"（Skocpol, 1979）等等。[①] 然而，质性数据收集（如访谈、参与式观察、二手资料的消化以及文献研究等）在新假设生成中的作用却经常被忽视。例如，在其名著《弱者的武器》中，詹姆斯·斯科特（James Scott）发展了他对"虚假意识"（false consciousness）的葛兰西式假设的批评，并形成了一个农民反抗的日常形式的替代性理论。这些研究成果都是斯科特在对马来西亚的一个村庄（名为赛达卡）进行了两年的田野调查（通过近距离透视和参与）之后总结出来的。正如斯科特多次指明的，该书最主要的概念创新来自对这一村庄的观察和参与（Scott, 1985, pp. xvii – xix）。实际上，如果没有这些关于现实中村民的案例的密集性知识（case-intensive knowledge），斯科特不可能发现那些非公开反抗的农民认识到自己的客观利益并为之采取行为的具体方式。这本书可以说是戴维·科利尔（David Collier）

---

① 斯考切波在发表这一观点时引用了温德尔·菲利普斯（Wendell Phillips）（Skocpol, 1979: 17）。

提出的"近距离提取新观点"（extracting new ideas at close range）的最佳例证（Collier, 1999）。

一些关于质性方法的论述——无论是新的还是旧的——都采取了一些与产生新假设相关的、将研究程序系统化的具体步骤。可能目前讨论最多的技术是"变异型案例研究"（deviant case study）在形成新假设中的运用（（Eckstein, 1975; Emigh, 1997; George & Bennett, 2005; Lijphart, 1971）。变异型案例是指那些结果与理论预测不一致的观察。质性研究者经常深入地研究这些案例并试图去理解这些案例挑战常规理论的原因。这些研究都是在试图发现那些被证明更具普遍性的新假设的过程中完成的。比较政治中的质性变异型案例包括那些非常有名的、理论创新的作品，如西蒙·马丁·李普赛特（Seymour Martin Lipset）等人的《工会民主》（Lipset, Tow & Coleman, 1956）、阿伦·利帕特（Arend Lijphart）的《适应政治》（Lijphart, 1968）、查默斯·约翰逊（Chalmers Johnson）的《通产省与日本奇迹》（Johnson, 1982）、斯考切波的《保卫士兵与母亲》（Skocpol, 1992）等。虽然变异型案例总是与近距离的质性观察联系在一起，但是它同样可以创造性地与量化研究结合起来使用。特别是，回归分析可以被用来确认那些之前经常被质性方法来评估的边缘案例（相关讨论和例子，参见 Coppedge, 2001; Lieberman, 2005）。

第二种形成理论的技术则涉及运用比较来生成新的假设。质性分析者把不同案例的各种不同特征放在一起进行比较，包括那些在研究过程中发现的特征（Campbell, 1975; Ragin, 1987）。这样，作为一种情境性比较（contextualized comparison）的不可避免的副产品，一些新的概念和解释性假设在质性分析中发展起来。相比而言，虽然统计方法会系统地对案例的某些方面进行比较，但统计方法却缺乏一个明显的、通过考察新变量来生成新假设的机制。正如亚历山大·乔治（Alexander L. George）和安德鲁·本耐特（Andrew Bennett）指出的，"除非统计的使用者从事文献工作、访谈、或面对面使用开放性问题的调查，否则他们在确定相关变量时便缺乏有效的归纳机制"（George & Bennett, 2005, p. 21）。换言之，除非统计方法的操作者求助于某些质性方法，否则他们就只能对那些从研究一开始就存在的那些变量进行总结。

最后，质性研究在比较政治的假设生成方面处于优势地位，还因为其为历时性数据的研究提供了便利，以及对历时过程多有关注。特别是在比较历史分析这一领域中，研究者认真观察跨时段展开的事件，并通过强调时间交叉（temporal intersection）或变量持续（duration of variables）对结果的决定性影响来提出新的假设（（Mahoney & Rueschemeyer, 2003; see also Abbott, 2001; Pierson, 2004）。质性研究者还会用一些成熟的技术来分析关键性时刻（critical junctures）和变迁的路径依赖的过程（Bennett & Elman, 2006a; Collier & Collier, 1991; Lipset & Rokkan, 1968; Mahoney, 2000; Pierson, 2004; Thelen, 2003）。反过来，这些技术又在这一领域中激发出一些关于长时段政治变迁的理论，如鲁斯·科利尔（Ruth B. Collier）和戴维·科利尔关于劳工社团化的过程对拉美选举动力的影响（Collier & Collier, 1991），如安东尼·马克斯（Anthony Marx）关于美国内战和南非的布尔战争对之后几十年保守的种族秩序的影响（Marx, 1998），再如凯瑟琳·特伦（Kathleen Thelen）关于1897年德国手工业者保护法的长时期演变对当代德国职业训练系统的重要影响等（Thelen, 2004）。

简言之，虽然理论发展部分地是被某种创造性或学术上的想象力所驱动的（Munck & Snyder, 2007），但是理论的产生更主要扎根于那些在质性研究中实践的技术性方法之中，如对变异型案例的近距离观察、情境性比较、长时段分析或时间过程分析等等。

概念和测量

概念对于理论创新是非常关键的。一种新解释的发现或者一种新理论的发展往往与概念的界定与再界定联系在一起。在比较政治领域中，质性研究者可能是最关心这一领域中核心概念的定义（与量化研究的操作化相对应）的学者群体。例如，我们可以通过罗列质性分析者关于特定概念的相关论文来观察这一点：法团主义（D. Collier, 1999）、民主（D. Collier & Levitsky, 1997; Schmitter & Karl, 1991）、意识形态（Gerring, 1997)、制度化（Levitsky, 1998）、农民（Kurtz, 2000）、政治文化（Gerring, 2003）、革命（Kotowski, 1984）和结构（Sewell, 1992）。并且，通过类型分析（Elman, 2005；George & Bennett, 2005），质性研究者会对不同概念的特征进行更为清楚的界定，而这一点对比较政治领域中的理论发展又起到了一个重要的推动作用。这些类型学分析包括如下（当然仅能列举非常少的一部分）：胡安·林茨（Juan J. Linz）和阿尔弗莱德·斯蒂潘（Alfred Stepan）将政体类型分为民主政体、权威政体和极权政体（Linz & Stepan, 1996）；古斯塔·艾斯平 – 安德森（Gøsta Esping-Andersen）将福利国家分为基督教福利国家、自由福利国家和社会民主主义福利国家（Esping-Andersen, 1990）；彼得·伊文斯（Peter Evans）将国家分为掠夺型国家、发展型国家和中介型国家（Evans, 1995）。

关于方法论的许多成果都在讨论为什么质性研究与概念发展之间具有某种亲缘关系。一种解释是质性研究者用案例中精致的证据与概念的背景信息相配对（Adcock & Collier, 2001；Ragin, 1987）。这种通过多轮重复验证的配对过程（process of matching）可以激发出一些对概念的新理解。例如，吉列尔莫·奥唐奈尔（Guillermo A. O'Donnell）在多年的研究中创了一系列新的概念，如官僚 – 权威主义（bureaucratic-authoritarianism）、委任式民主（delegative democracy）、横向责任（horizontal accountability）、灰色地带（brown areas）等（O'Donnell, 1973, 1979, 1994），这些概念的提出都与对实际案例的近距离质性观察紧密联系在一起。为了捕捉拉美地区不断变化的政治现实，奥唐奈尔发现创造这些新的概念是非常必要的——创造这些概念与为现存概念设计某些新的量化测量标准是不太一样的。

关于概念的方法论文献越来越强调概念创新在质性研究中的作用。这一类文献的起点是乔万尼·萨托利（Giovanni Sartori）的工作。萨托利通过清单式的界定来分析概念的形成。这种清单式的界定把概念的某些单个特征看成是概念的必要条件，同时把特征的组合体看成是概念的充分条件（Sartori, 1970, 1984）。萨托利认为概念的内涵和外延之间存在一种逆向的相关关系（inverse relationship），这一观点为之后的"概念延展"（conceptual stretching）讨论，以及更宽意义上的概念的语义学讨论奠定了基础。之后，戴维·科利尔和他的合作者们（Collier & Levitsky, 1997; Collier & Mahon, 1993）运用认知科学和语言哲学中的一些观点对概念的家族相似性路径（family resemblance approach）和分析激进概念（radical concepts）的某些工具进行了讨论（Lakoff, 1987）。其他的一些概念分析路径包括约翰·吉尔林（John Gerring）的"最小—最大策略"（min-max strategy）和加里·格尔茨（Gary Goertz）关于必要条件和充分条件的分析（Gerring, 2003; Goertz, 2006）。

　　质性研究中对案例的近距离观察可以帮助比较研究者减少测量误差，这是一个政治科学所有领域中的学者都共同追求的一个目标。在更为基本的层面上，质性研究对一个好的测量是非常关键的。正如亨利·布拉迪（Henry Brady）指出的，"质性比较是每一种测量路径的基础构件"（Brady, 2004: 63）。而且，操作性定义和指标需要在具体的案例知识中得以界定，这样，测量的质量才会提高（Adcock & Collier, 2001）。例如，在其著名的关于中国和印度的饥荒和贫困比较中，吉恩·德瑞兹（Jean Dreze）和阿马蒂亚·森（Amartya Sen）运用案例分析来质疑人均国民生产总值的统计测量——这一测量认为中国在1980年之前的经济发展速度远高于印度。他们对人均国民生产总值的替代性测量反驳了如下观点：中国较佳的社会绩效源自于高增长（Dreze & Sen, 1989: 207 - 208）。这个例子表明，质性研究者有能力在不同的情境中评估具体指标的意义。再举一个例子，一位质性研究者对美国早期的一些社会救济项目进行调查后，会对"美国在社会支出方面滞后"这一判断提出挑战（Skocpol, 1992）。

　　最后，质性研究者可能会发现他们的研究不太会被"数据引致的测量误差"（data-induced measurement error）所困扰。这种测量偏差问题主要是指不正确的、不全面的、误导性的二手数据所导致的一种对变量的错误编码（Bowman, Lehoucq, & Mahoney, 2005）。这其中的原因主要是质性研究在本质上是案例导向的。通过对每一个案例的深入理解，质性研究者可以避免那些在大样本统计分析中容易出现的简单编码误差。

样本群与案例选择

几乎所有的社会科学理论都只能在某些案例中具有解释力。社会科学理论往往被一定的范围条件（scope conditions）所限制，这一点会限制社会科学理论的普遍适用性。明确理论所应用的范围被看成是理论发展的一个重要部分。近年来，质性方法论者已经发展了一套比较研究者可以遵循的研究规程（Collier & Mahoney，1996；Mahoney & Goertz，2004，2006；Ragin，2000）。

目前方法论方面的一些进展都在回应那些关于小样本研究中案例选择的批评。因此，在讨论质性方法的积极方面之前，有必要对这些批评进行回顾。克里斯托弗·阿琛（Christopher Achen）、杜肯·斯尼达尔（Duncan Snidal）、芭芭拉·盖迪斯（Barbara Geddes）、加里·金（Gary King）、罗伯特·基欧汉（Robert Keohane）和西德尼·维巴（Sidney Verba）的研究都指出，小样本研究会产生严重的选择偏误（selection bias）问题，而这一问题可以在大样本的量化研究中得以避免（Achen & Snidal，1989；Geddes，2003；King, Keohane, and Verba，1994）。这些批评主要指向一个问题：质性研究总是"基于因变量进行选择"（select on the dependent variable），而不是基于相关变量的完整变化进行样本采集。实际上，质性研究有时会仅仅选择与因变量等值的案例，有时会选择极端值的案例（例如，特别是在高增长率的研究中），因此，从主流统计分析的视角来看，这种研究并不能通过区分某些案例的赋值来确认那些因果变量。如盖迪斯指出的，在经济发展、社会革命和通货膨胀等方面的一些非常有影响的研究都存在较为严重的"基于因变量选择案例"的问题（Johnson，1987；Skocpol，1979；Hirschman，1973）。

质性研究者对这类问题的一种回应是，强调案例内分析（within-case analysis）——一种在后文将详细讨论的原因评估技术——在选择案例方面的表现并不比大样本的回归分析逊色（Collier, Mahoney & Seawright，2004）。同时，质性方法论者还会强调说，因变量缺乏变化对于分析必要原因的研究而言并不是方法上的弱点（Braumoeller & Goertz，2000；Dion，1998）。这些回应表明，许多对质性研究中选择偏误的批评，可能是回归分析中的某些观点在质性研究中的误用。

另一种回应（在当前的情境下可能更为相关）涉及质性研究者确定其样本群和建立其理论应用范围的方式。从更基础的意义上讲，质性分析者认为，从大样本群中抽取出的个体样本往往是异质的，这一点与大样本分析所追求的一致性理论相冲突。因此，质性研究者会去选择相对小的样本群。这种小的样本群因为具备充足的相似性，所以其个体之间的相互比较变得非常有意义。特别要提及的是，质性研究者在选择样本群时力图使原因和概念的同质性保持一致，而这种同质性假定是社会科学中因果推理的绝大多数模型都要求的（Goertz & Mahoney，2005；Ragin，2000）。

同质性的缺乏（例如异质性）会在因果推理中产生不稳定性，而且这种不稳定性还会以不同的方式产生。在初始情境之外的样本中，一些不可知的或不可分析的变量是存在的，也会产生一些不稳定的因果推理。同时，在横跨不同情境的样本分析中，对核心变量的测量也存在不稳定性。实际上，某一单元（例如国家）在被分析时的意义也可能会随着时间或空间情境的变化而变化，这些变化会产生异质性，也会产生对因果效应的不稳定的评估结果。

为某一理论选择一个合适的领域，其关键在于避免诸如变量选择偏误、自变量间不正确的关系界定以及不同单元和不同变量的不稳定测量等一系列问题（Goertz & Mahoney，2005）。虽然质性研究中的案例密集型知识并不能完全解决这些问题，但是它看起来却是有帮助的。例如，如前所述，案例密集型知识帮助分析者在不同的单元间实现一种测量的稳定性，这也使得他们在界定同质性样本群的边界时做出较佳的决策。同时，通过考察关于每一个案例的情境性知识，质性研究者也不太可能将核心变量排除出去，或将变量间的关系搞错。在这个意义上，需要特别指出的是，一些复杂的因果理论——如路径依赖理论（Pierson，2004）、双层理论（Goertz & Mahoney，2005）、多因果理论（Ragin，

1987）——在质性研究中是相对常见的，同时在量化研究中却相对少见（Coppedge，1999；Hall，2003）。因为质性研究者对他们的案例了解深入，所以他们对这些案例中因果关系的复杂性有充分的认识。譬如，如果斯考切波对法国、俄罗斯和中国的历史知识缺乏深度的理解，她不可能提出一个关于"国际压力、支配性阶级的政治优势以及农业滞后加总起来会产生国家崩溃"的复杂原因解释（Skocpol，1979）。同样，如果科利尔及其同事对拉美国家的现代历史了解不充分的话，他们没法提出一个关于拉美的劳工法团化与政党系统之间的路径依赖联系的解释（Collier & Collier，1991）。

对上述这些考虑的总结是，质性研究者有充分的方法论理由将小样本的案例作为其试图去进行归纳分析的全部的样本群。假如在这一样本群之外扩展讨论的话，那将会引入原因异质性的风险，那倒还不如保持原来的小样本。而且，当他们觉得有必要将其原因性的理论扩展到其他案例时，质性研究者往往会强烈建议一种应用的调整。例如，斯考切波建议，如果在法国、俄罗斯和中国之外应用他的社会革命理论，则需要考虑殖民遗产的复杂性和经济依赖的效应等因素。然而，她又强调，她的结构主义路径——其强调国家组织、国际压力和下层阶级行为之间的共同体团结网络——对于分析仍然是非常有效的（Skocpol，1979）。

理论验证

质性研究所针对的理论可以在相对较小的样本中得到发展和检验。从量化研究方法论的视角来看，这一实践看似违反了科学推理的基本规范：同样的案例不能被同时用来发展和检验理论。虽然我们可以讨论科学研究的目的是否在于用特定的案例解释特定的结果，并以此质疑这一规范的合理性，但我们没有必要在这里讨论这一问题。对于质性研究者而言，这一规范可以调整为，同样的观察不能被同时用来发展和检验理论（Mahoney & Goertz，2006）。质性研究者可以把对某一案例的研究切割为不同的观察过程。一些被用来发展理论，而另一些则用来验证理论。因此，与其讨论那些数据污染（data contamination）的问题，还不如讨论一些在质性研究中被经常使用的理论检验方法。

案例内分析

案例内分析是研究者用案例的不同特征来检验假设的一种因果推理模式。这种技术在质性方法领域中已有多年讨论（Barton & Lazarsfeld, 1969; Campbell, 1975; George & McKeown, 1985）。近年来对这种研究方法的具体程序的讨论有进一步热化的趋势。在科利尔关于"原因—过程的观察"的讨论中，这种方法被定义为"一种提供情境或机制信息的视野或数据处理方法"（Collier, 2004: 252）。同时，乔治和本耐特在过程追踪分析（process-tracing）的讨论中指出，这种技术被用来"认定在自变量和因变量之间的中介性原因过程（intervening causal process）——原因链或原因机制"（George & Bennett, 2005: 206）。尽管不同分析者使用不同的标签来指称案例内分析，但是这些研究者基本都将这一概念看成是通过研究中介性过程以及某些观点的可观察性暗示（obervable implications）来评估假设的一种技术。

将质性研究者和刑事侦探进行类比，对于阐明案例内分析这一方法是有帮助的。就像一个侦探在调查一个案件，质性比较研究者使用详细的事实收集和因果推理的知识来解释结果（Goldstone, 1997; McKeown, 1999）。不是所有的证据都同等重要。一些证据如"冒烟的枪"等会有力地证明某一理论是正确的，而另一些证据如"完美的辩辞"（air-tight alibis）等则可以证明某一理论可能是不正确的。对于质性研究者而言，一个理论往往有一个避免被错误理解的核心观察（key observation）。而且，质性研究者经常会找到一些可以证明其提出的理论不是虚假理论的证据。

在比较政治领域中，学者们经常使用案例内分析来定位那些将假定的解释性变量与结果联系在一起的中介性机制。这些机制的识别过程会帮助研究者避免把虚假相关看成是原因相关，即便是在单个的案例或少数案例的分析中也可以做到这一点。假如在假定的解释性变量与结果变量之间的联系机制非常明显，那两者之间的因果关系便是明显的。反之亦然。

例如，格雷戈里·鲁伯特（Gregory M. Luebbert）运用过程追踪法来反驳"摩尔-格申克龙观点"（Moore - Gerschenkron thesis）。这一观点认为法西斯政权产生的根源是压迫劳动力的土地精英的存在（这些土地精英能够从下层农村获得对法西斯主义有力的支持）。虽然在欧洲的案例中确实有压迫性的土地贵族和法西斯主义同时存在的情况，但是鲁伯特指出，"土地精英的存在导致法西斯的产生"这一论点在历史事实中缺乏中介性机制的支撑。关键的是，在那些土地精英占主导地位的地区中，下层农村对法西斯主义的支持是不存在的。同时，有证据表明，可以获得大量选民支持的土地精英通常也不支持法西斯主义（Luebbert, 1991: 308 - 309）。简言之，尽管这些宏观因素之间形成了某种配对关系，但是鲁伯特仍然有力地反驳了"摩尔-格申克龙假设"，因为这一假设在过程追踪中并没有得到支持。

在中介性过程分析之外，质性研究者还使用其他的一些案例内分析方法。例如，一个给定的假设往往暗示一些可以得到检验的辅助性假设。同时，如果某一个给定的假设是正确的话，那么这一假设也往往暗示出一些具体的证据。这些证据可以对理论形成决定性的支撑。金、基欧汉和维巴主编的《社会研究设计：质性研究中的科学推理》中对陨星碰撞导致恐龙灭绝的理论讨论可以帮助说明这一点（King et al., 1994: 11 - 12）。① 这一理论可被观察的一个证据是在特定的地表层中存在铱元素。在这里，铱元素并不是一个将陨星碰撞和恐龙灭绝联系在一起的中介性因素。然而，它却是一个让我们有信心去相信陨星碰撞确实发生过（当我们假设陨星碰撞发生时）的一个独立事实。这是多个可以用来验证理论的、可观察性暗示中的一个。这一理论的另一个可观察事

---

① 金、基欧汉和维巴对这一理论是如何被验证的论述是错误的（See Waldner, in press），但是他们的方法论价值却是存在的。

实是一个巨型陨星坠落坑的存在。这些在发挥作用的可观察性暗示是对其他一些应该存在的结果的预测：它们不是中间性过程的因素，但是它们会演绎出一些可以证明给定假设合理性的事实。即便这些证据的数量可能非常少，但它们有时也可以极大地增强我们对特定理论有效性的信心。

在比较政治研究中，这方面的一个重要案例是马克斯关于美国、南非和巴西种族秩序的研究。马克斯试图去解释，为什么美国和南非经历了非常严重的种族压迫，而巴西却表现为一种非常显著的种族宽容？他的跨案例的观点强调白人内部分裂在其中的作用。在白人分裂的地方，如内战后的美国和布尔战争后的南非，民族主义的忠诚和白人的一致性会通过一种系统排斥黑人的种族支配体制建构起来。在白人内部分裂不严重的地方，如巴西，白人不会通过排斥来实现一种整合，这样，一种更高程度的种族和谐就可以得到发展（Marx, 1998）。

马克斯使用案例内的证据来支持这一结论。一些证据涉及检测中介性机制，并通过前面讨论的过程追踪法来展开证明。而另一些证据则表现为确认某些暗示的或明示的可推断性事实。一旦某一观点成立，那相应地会存在一些延伸的推论，而这些推论应该可以得到某些事实的支撑。例如，马克斯指出，假如白人内部的冲突是决定性的，那么提高黑人地位的努力就会进一步激化白人间的冲突。这种冲突在美国表现为南北之间的断裂，在南非则表现为英国白人和非洲白人的冲突。相比而言，渐进的种族改革在巴西却没有产生类似的白人内部冲突。马克斯的历史叙述支撑了他提出的观点。同时，假如白人内部的分野确实是关键的话，马克斯指出，我们应该可以看到一些"改良主义倾向的白人派别把政治稳定看得比种族平等更重要"的证据，之后，马克斯为这一观点找到了支撑性的证据。总之，马克斯认为，支撑其观点的那些辅助性事实并不是简单随机出现的，相反，他认为，这些事实都是一个有效论点的表征（symptom）。

跨案例分析

在质性研究中,假设经常通过跨案例的比较来得以检验。关于跨案例技术的早期讨论集中在约翰·斯图尔特·密尔(John Stuart Mill)的求同法和求异法或者亚当·普沃斯基(Adam Przeworski)和亨利·图纳(Henry Teune)的最具相似性和最具差异性的研究设计上。多年以来,许多比较研究都在这些技术的基础上来描述它们的研究方法(Charrad, 2001; Collier & Collier, 1991; Orloff, 1993; Skocpol, 1979)。

近一段时期,关于跨案例方法的讨论出现了三个新兴的趋势。首先,对案例内分析的关注实际上在某种程度上减弱了对跨案例分析重要性的认知。例如,科利尔主编的《重新设计社会研究》便将案例内分析——而不是跨案例分析——作为质性研究中因果推理的特殊来源(Collier, et. 2004)。其次,对密尔共变法(method of concomitant variation)的再发现及其在比较政治中的应用使得质性研究者尝试使用一种可以被看成是直觉性回归(intuitive regression)的跨案例定序比较(DeFelice, 1986; Mahoney, 1999)。一些研究试图去探讨与大样本比较相联系的小样本比较如何可以实现一种直觉性回归的质性研究(例如Coppedge, 1999; Lieberman, 2005)。最后,求同法和求异法等技术被其他一些新方法如必要充分条件法、布尔代数(Boolean algebra)和模糊集合(fuzzy-set)等极大地扩展和取代(例如Goertz & Starr, 2003; Ragin, 1987, 2000)。后面的这些跨案例技术与统计分析中使用的程序是完全不同的,我在这里将讨论这些技术在未来比较政治研究中的应用前景。

比较方法论者重塑了密尔的求同法和求异法,并用这些方法消除潜在的必要原因和充分原因(Dion, 1998; George & Bennett, 2005; Mahoney, 1999)。具体而言,求同法可以被用来消除潜在的必要原因,而求异法则被用来消除潜在的充分原因。因为对某一假设的必要或充分原因的单一背离(single deviation)对于消除一个给定的解释性因素而言是充分的,所以这些方法可以说是决定主义的。因为其决定主义的特征,所以这一方法在某些学者看来是值得商榷的。尽管如此,这一方法还是为系统地消除竞争性假设（在少量案例的情境下）提供了一个基础。

质性研究中那些对跨案例方法的批评往往对必要和充分原因所提出的相关方法论议题缺乏足够的理解（例如 Goldthorpe, 1997; Lieberson, 1991）。而且，他们没有认识到，在查尔斯·拉金（Charles Ragin）的质性比较分析（Qualitative Comparative Politics, QCA）中使用的布尔代数法可以规避密尔方法中存在的一些困难。与密尔方法仅仅关注个体原因不同，QCA 允许分析者把变量的几个不同组合看成是导致结果发生的原因（Ragin, 1987）。需要特别强调的是，这种方法论为认定导致结果发生的组合式充分原因提供了一个逻辑基础。① 因为每一种原因组合都可能是某一结果的充分原因，所以这种方法为同一结果的多种路径提供了解释性框架（这种原因也可以被称为等效原因或多重原因）。

可以举例来更好地说明这一方法。亚历山大·希克斯（Alexander Hicks）等人关于巩固的福利国家的起源分析便是一个很好的例子。他们考察了 15 个发达国家，其中的 8 个在二十世纪二十年代就成为巩固的福利国家。为了解释福利国家的巩固，以下五个自变量需要被考察：自由政府（liberal government, LIB）、天主教政府（Catholic government, GATH）、父权制国家（patriarchal state, PAT）、一元民主（unitary democracy, UNI）、工人阶级动员（working-class mobilization, WORK）。通过布尔分析，作者总结出三条福利国家早期巩固的路径：①俾斯麦式路径（a Bismarckian route）；②自由—劳工路径（a liberal-labor route）；③天主教父权路径（a Catholic paternalistic route）（Hicks, Misra and Nah Ng, 1995: 344）。可以用前面提出的五个自变量来描述这三种路径：① cath * PAT * UNI * WORK；② LIB * cath * UNI * WORK；③ lib * CATH * PAT * UNI * WORK。② 这三种路径分别是不同因素的组合，同时每一个组合又分别是早期福利国家巩固的充分条件（大写字母表明这

---

① 组合式充分原因就是多组原因加总在一起构成某一结果的充分原因。——译者注
② "*"表示几种因素同时起作用。——译者注

一因素存在，而小写字母则表明这一因素不存在。)

虽然许多分析的结果并不一定以布尔代数的编码方式表现出来，但是这种因果分析方式实际上在质性研究中经常会被隐性地使用。这种分析的目标是找到必要原因或导致某种结果发生的组合式充分原因。例如，在希克斯等人的研究中，一元民主和工人阶级动员便是福利国家巩固的必要原因，这两个因素与其他因素结合起来产生出福利国家巩固这一结果。就目前的这些结果而言，讨论某些变量的一般效应可能是困难的。例如，以天主教政府对福利国家发展的效应为例，在俾斯麦路径和自由—劳工路径中，天主教政府的因素是不存在的，而在天主教父权路径中，这一因素又是必须存在的。因此，在不谈及具体情境的情况下（例如在其他变量存在的情况下），一个研究者不能随便下结论说，天主教政府帮助或阻挠福利国家的发展。关于天主教政府一般效应的讨论是没有意义的，也是无趣的。

更晚近的是，拉金在研究中引入了模糊集合，并将其作为一种关于某些情况对所属类别的隶属程度进行连续编码的工具。模糊集合的测量对于必要原因和充分原因的分析（包括对不同程度的必要和充分原因进行概率性假设的分析）是非常有用的。为了使用这一技术，分析者必须对所有的变量作为模糊集合进行从 0 到 1 的编码。原因可以通过潜在原因变量的值（包括变量的组合）与结果变量的值两者的比较得以评估。在一个必要原因中，结果的模糊隶属度分值（fuzzy-membership scores on the outcome）会低于或者等于原因的模糊隶属度分值（fuzzy-membership scores on the cause）。相比而言，在一个充分原因中，原因的模糊隶属度分值会低于或者等于结果的模糊隶属度分值。在模糊集合分析中，概率性的基准（probabilistic benchmarks）和显著性测试（significance test）会更多地得到运用，同时一个可以进行数学操作的免费软件包也是可以被使用的（Ragin & Drass, 1999）。

在比较政治领域，越来越多的研究使用布尔代数和模糊集合技术来验证必要和充分原因的假设。在主流社会科学杂志中出现的相关质性比较分析包括：埃德温·阿蒙塔（Edwin Amenta）关于罗斯福新政的社会花费的分析（Amenta，1996）；德克·博格-斯考瑟尔（Dirk Berg-Schlosser）等关于一战与二战间欧洲的民主分析（Berg-Schlosser and De-Meur，1994）；艾弗林·胡博（Evelyne Huber）等关于福利国家的分析（Huber，Ragin，and Stephen，1993）；拉里·格里芬（Larry Griffin）等关于工会增长和衰落的分析（Griffin，Botsko，Wahl，and Isaac，1991）；马洪尼关于拉美长时段发展的分析（Mahoney，2003）；蒂莫西·维克汉姆-克罗利（Timothy Wickham-Crowley）关于游击队和革命的分析（Wickham-Crowley，1991）。这些研究都力图找到原因的复杂模式，而且还会讨论统计方法是否可以以及如何被整合进这些分析模式（Bennett & Elman，2006a；Braumoeller，2003；Clark，Gilligan，& Golder，2006）。

这些已发表的、讨论实证问题的质性比较分析成果使得运用这一技术的学者们面临一种挑战：需要在质性比较分析的技术与案例导向的研究之间达成某种平衡。在一篇文章的篇幅中，既充分使用质性比较分析的技术又不以牺牲深入的案例分析为代价，这是很困难的。相比而言，一本书的篇幅看起来可以更自然地将质性比较研究的两个方面都结合起来（例如 Foran，2005；Hicks，1999；Wickham-Crowley，1992）。类似的情况在案例内分析中也是存在的：如果研究者希望有空间去充分地追踪过程并讨论为什么特定的观察可以为一个理论提供关键性的支持或反对，那么一本书的篇幅可能更容易实现这一目标。

结论

在比较政治中发展和使用质性方法的研究前景看起来还是比较乐观的。质性方法论者和研究者有机会在顶级的出版社和杂志中发表自己的成果。书籍出版商也越来越看重质性分析的成果，部分原因是由于学术共同体经常期望书籍可以收集和处理新的数据，而这一要求使得质性研究成为必须。虽然顶级出版社的编辑们可能目前仍然倾向于出版使用形式模型或统计方法的作品，但是在比较政治领域中出版优秀质性研究成果的需求同样很强劲。在这里，需要提醒的是，仅仅是描述某一国家当代政治的案例研究专论在出版的畅销性上可能也存在些问题。尽管这些书籍对我们理解特定国家的多数基本信息帮助很大，但是除非它们糅合了某些理论或者是新的研究方法，否则它们很难在顶级出版社出版。

就期刊而言，在《美国政治科学评论》（*American Political Science Review*）、《政治视野》（*Perspective on Politics*）、《世界政治》（*World Politics*）等杂志上都出现了一些有利于质性研究的变化。这些期刊都似乎希望为比较政治领域的质性研究者和方法论者提供更多更好的发表机会。① 在专业性的期刊中，《比较政治》（*Comparative Politics*）发表的论文中有较高比例的小样本质性研究成果。另一本被认为是比较政治领域的标志性刊物——《比较政治研究》（*Comparative Political Studies*）发表了许多使用多种方法的研究成果，包括一些质性研究的论文。作为比较政治领域目前新兴的一个标志性刊物，《比较国际发展研究》（*Studies in Comparative International Development*）同样发表了大量优秀的质性方法论文。总而言之，这些发表机会意味着，质性研究将在比较政治可预见的未来中将持续发挥主导性的角色。

【参考文献】

Abbott, A. (2001). *Time Matters: On Theory and Method*. Chicago: University of Chicago Press.

Achen, C. H., & Snidal, D. (1989). Rational Deterrence Theory and Comparative Case Studies. *World Politics*, 41, 143–169.

Adcock, R., & Collier, D. (2001). Measurement Validity: A Shared Standard for Qualitative and Quantitative Research. *American Political Science*

---

① 《美国政治科学杂志》（*American Journal of Political Science*）和《政治杂志》（*Journal of Politics*）——经常被认为是声望很高的学科性杂志——在比较政治领域中基本上不发表质性研究的文章。

Review, 95, 529 – 546.

Amenta, E. (1996). Social Politics in Context: The Institutional Politics Theory and Social Spending at the End of the New Deal. *Social Forces*, 75, 33 – 60.

Amsden, A. (2003). *The Rise of the "Rest": Challenges to the West From Late-industrializing Countries*. Oxford, UK: Oxford University Press.

Barton, A. H., & Lazarsfeld, P. F. (1969). SomeFunctions of Qualitative Analysis in Social Research. In G. J. McCall & J. L. Simmons (Eds.), *Issues in Participant Observation* (pp. 216 – 228). Reading, MA: Addison-Wesley.

Bates, R. H. (1981). *States andMarkets in Tropical Africa: The Political Basis of Agricultural Policy*. Berkeley: University of California Press.

Bates, R. H., Greif, A., Levi, M., Rosenthal, J., & Weingast, B. (1998). *AnalyticNarratives*. Princeton, NJ: Princeton University Press.

Bennett, A., & Elman, C. (2006a). ComplexCausal Relations and Case Study Methods: The Example of Path Dependence. *Political Analysis*, 14, 250 – 267.

Bennett, A., & Elman, C. (2006b). QualitativeResearch: Recent Developments in Case Study Methods. *Annual Review of Political Science*, 9, 455 – 476.

Bennett, A., & Elman, C. (2007). CaseStudy Methods in the International Relations Subfield. *Comparative Political Studies*, 40, 170 – 195.

Berg-Schlosser, D., & DeMeur, G. (1994). Conditions ofDemocracy in Interwar Europe: A Boolean Test of Major Hypotheses. *Comparative Politics*, 26, 253 – 279.

Boone, C. (2003). *PoliticalTopographies of the African State: Territorial Authority and Institutional Choice*. Cambridge, UK: Cambridge University Press.

Bowman, K., Lehoucq, F., & Mahoney, J. (2005). MeasuringPolitical Democracy: Case Expertise, Data Adequacy, and Central America. *Comparative Political Studies*, 38, 939 – 970.

Brady, H. E. (2004). DoingGood and Doing Better: How Far Does the Quantitative Template Get Us? In H. E. Brady & D. Collier (Eds.), *Rethinking Social Inquiry: Diverse Tools, Shared Standards* (pp. 53 – 67). Lanham, MD: Rowman & Littlefield.

Brady, H. E., & Collier, D. (Eds.). (2004). *Rethinking Social Inquiry: Diverse Tools, Shared Standards*. Lanham, MD: Rowman & Littlefield.

Braumoeller, B. F. (2003). CausalComplexity and the Study of Politics. *Political Analysis*, 11, 209 – 233.

Braumoeller, B. F., & Goertz, G. (2000). TheMethodology of Necessary Conditions. *American Journal of Political Science*, 44, 844 – 658.

Brubaker, R. (1992). *Citizenship andNationhood in France and Germany*. Cambridge, MA: Harvard University Press.

Campbell, D. T. (1975). "Degrees of freedom" and theCase Study. *Comparative Political Studies*, 8, 178 – 193.

Charrad, M. M. (2001). *States and Women's Rights: The Making of Postcolonial Tunisia, Algeria, and Morocco*. Berkeley: University of California Press.

Clark, W. R., Gilligan, M. J., & Golder, M. (2006). ASimple Multivariate Test for Asymmetric Hypotheses. *Political Analysis*, 14, 311 – 331.

Colburn, F. D. (1994). *The Vogue of Revolution in Poor Countries*. Princeton, NJ: Princeton University Press.

Collier, D. (1993). The Comparative Method. In A. Finifter (Ed.), *Political Science: The State of the Discipline II* (pp. 105 – 119). Washington, DC: American Political Science Association.

Collier, D. (1999). Data, Field Work, and Extracting New Ideas at Close Range. *APSA – CP: Newsletter of the Organized Section in Comparative Politics of the American Political Science Association*, 10, 1 – 6.

Collier, D., & Levitsky, S. (1997). Democracy withAdjectives: Conceptual Innovation in Comparative Research. *World Politics*, 49, 430 – 451.

Collier, D., & Mahon, J. E. (1993). Conceptual "Stretching" Revisited: Adapting Categories in Comparative Analysis. *American Political Science Review*, 87, 845 – 855.

Collier, D., & Mahoney, J. (1996). Insights andPitfalls: Selection Bias in Qualitative Research. *World Politics*, 49, 56 – 91.

Collier, D., Mahoney, J., & Seawright, J. (2004). Claiming Too Much: Warnings About Selection Bias. In H. E. Brady & D. Collier (Eds.), *Rethinking Social Inquiry: Diverse Tools, Shared Standards* (pp. 85 – 102). Lanham, MD: Rowman & Littlefield.

Collier, R. B. (1999). *Paths toward democracy*. New York: Cambridge University Press.

Collier, R. B., & Collier, D. (1991). *Shaping thePolitical Arena: Critical Junctures, the Labor Movement, and Regime Dynamics in Latin America*. Princeton, NJ: Princeton University Press.

Coppedge, M. (1999). Thickening Thin Concepts and Theories: Combining Large N and Small in Comparative Politics. *Comparative Politics*, 31, 465 – 476.

Coppedge, M. (2001, September). *Explaining Democratic Deterioration in Venezuela Through Nested Induction*. Paper Presented as the Annual Meeting of the American Political Science Association, San Francisco.

DeFelice, E. G. (1986). CausalInference and Comparative Methods. *Comparative Political Studies*, 19, 415 – 437.

Dion, D. (1998). Evidence andInference in the Comparative Case Study. *Comparative Politics*, 30, 127 – 146.

Downing, B. M. (1992). *TheMilitary Revolution and Political Change: Origins of Democracy and Autocracy in Early Modern Europe*. Princeton, NJ: Princeton University Press.

Dreze, J., & Sen, A. (1989). *Hunger and Public Action*. Oxford, UK: Clarendon.

Eckstein, H. (1975). Case Studies and Theory in Political Science. In F. Greenstein & N. W. Polsby (Eds.), *Handbook of Political Science 7* (pp. 79 – 137). Reading, MA: Addison – Wesley.

Ekiert, G., & Hanson, S. E. (2003). *Capitalism and Democracy in Central and Eastern Europe: Assessing the Legacy of Communist Rule*. Cambridge, UK: Cambridge University Press.

Elman, C. (2005). Explanatory Typologies in Qualitative Studies of International Politics. *International Organization*, 59, 293 – 326.

Elman, C., & Elman, M. F. (Eds.). (2003). *Progress inInternational Relations Theory: Appraising the Field*. Cambridge, MA: MIT Press.

Emigh, R. (1997). The Power of Negative Thinking: The Use of Negative Case Methodology in the Development of Sociological Theory. *Theory and Society*, 26, 649 – 684.

Ertman, T. (1997). *Birth of the Leviathan: Building States and Regimes in Medieval and Early Modern Europe*. Cambridge, UK: Cambridge University Press.

Esping – Andersen, G. (1990). *Three Worlds of Welfare Capitalism*. Cambridge, UK: Polity.

Evans, P. (1995). *Embedded Autonomy: States and Industrial Transformation*. Princeton, NJ: Princeton University Press.

Foran, J. (2005). *Taking Power: On the Origins of Third World Revolutions*. Cambridge, UK: Cambridge University Press.

Geddes, B. (2003). *Paradigms and Sand Castles: Theory Building in Comparative Politics*. Ann Arbor: University of Michigan Press.

George, A. L., & Bennett, A. (2005). *Case Studies and Theory Development in the Social Sciences*. Cambridge, MA: MIT Press.

George, A. L., & McKeown, T. J. (1985). Case Studies and Theories of

Organizational Decision Making. *Advances in Information Processing in Organizations*, 2, 21 – 58.

Gerring, J. (1997). Ideology: A Definitional Analysis. *Political Research Quarterly*, 50, 957 – 994.

Gerring, J. (2001). *Social Science Methodology: A Criterial Framework*. Cambridge, UK: Cambridge University Press.

Gerring, J. (2003). Putting Ordinary Language to Work: A Min-max Strategy of Concept Formation in the Social Sciences. *Journal of Theoretical Politics*, 15, 201 – 232.

Gerring, J. (2006). *Case Study Research: Principles and Practices*. Cambridge, UK: Cambridge University Press.

Goertz, G. (2006). *Social Science Concepts: A User's Guide*. Princeton, NJ: Princeton University Press.

Goertz, G., & Mahoney, J. (2005). Two-level Theories and Fuzzy-set Analysis. *Sociological Methods and Research*, 33, 497 – 538.

Goertz, G., & Starr, H. (Eds.). (2003). *Necessary Conditions: Theory, Methodology, and Applications*. Lanham, MD: Rowman & Littlefield.

Goldstone, J. A. (1997). Methodological Issues in Comparative Macrosociology. In *Comparative Social Research* (Vol. 16, pp. 107 – 120). Greenwich, CT: JAI.

Goldstone, J. A. (Ed.). (2003). *States, Parties, and Social Movements*. New York: Cambridge University Press.

Goldthorpe, J. H. (1997). CurrentIssues in Comparative Macrosociology: A Debate on Methodological Issues. *Comparative Social Research*, 16, 1 – 26.

Goodwin, J. (2001). *No Other Way Out: States and Revolutionary Movements*, 1945 – 1991. Cambridge, UK: Cambridge University Press.

Griffin, L. J., Botsko, C., Wahl, A., & Isaac, L. (1991). Theoretical-Generality, Case Particularity: Qualitative Comparative Analysis of Union Growth and Decline. *International Journal of Comparative Sociology*, 32,

110 – 136.

Haas, E. B. (1997). *Nationalism, Liberalism, and Progress: The Rise and Decline of Nationalism*. Ithaca, NY: Cornell University Press.

Hacker, J. (2002). *The Divided Welfare State: The Battle of Public and Private Benefits in the United States*. Cambridge, UK: Cambridge University Press.

Haggard, S., & Kaufman, R. R. (1992). *The Politics of Economic Adjustment*. Princeton, NJ: Princeton University Press.

Haggard, S., & Kaufman, R. R. (1995). *The Political Economy of Democratic Transitions*. Princeton, NJ: Princeton University Press.

Hall, P. A. (2003). Alligning Ontology and Methodology in Comparative Politics. In J. Mahoney & D. Rueschemeyer (Eds.), *Comparative Historical Analysis in the Social Sciences* (pp. 373 – 406). Cambridge, UK: Cambridge University Press.

Hall, P. A., & Soskice, D. (Eds.). (2001). *Varieties of Capitalism: The Institutional Foundations of Comparative Advantage*. Oxford, UK: Oxford University Press.

Hicks, A. (1999). *Social Democracy and Welfare Capitalism: A Century of Income Security Politics*. Ithaca, NY: Cornell University Press.

Hicks A. M., Misra, J., & Nah Ng, T. (1995). The Programmatic Emergence of the Social Security State. *American Sociological Review*, 60, 329 – 350.

Hirschman, A. (1973). *Journeys Toward Progress: Studies of Economic Policy Making in Latin America*. New York: Norton.

Huber, E., Ragin, C. C., & Stephens, J. D. (1993). SocialDemocracy, Christian Democracy, Constitutional Structure, and the Welfare State. *American Journal of Sociology*, 99, 711 – 749.

Huber, E., & Stephens, J. D. (2001). *Development and Crisis of the Welfare State: Parties and Politics in Global Markets*. Chicago: University of

Chicago Press.

Huntington, S. P. (1991). *The Third Wave: Democratization in the Late Twentieth Century*. Norman: University of Oklahoma Press.

Immergut, E. M. (1992). *Health Politics: Interests and Institutions in Western Europe*. Cambridge, UK: Cambridge University Press.

Johnson, C. (1982). *MITI and the JapaneseMiracle*. Stanford, CA: Stanford University Press.

Johnson, C. (1987). Political Institutions and Economic Performance: The Government-business Relationship in Japan, South Korea, and Taiwan. In F. Deyo (Ed.), *The Political Economy of the New Asian Industrialism* (pp. 136 – 164). Ithaca, NY: Cornell University Press.

Kalyvas, S. (2006). *The Logic of Violence in Civil War*. New York: Cambridge University Press.

King, G., Keohane, R. O., & Verba, S. (1994). *Designing Social Inquiry: Scientific Inference in Qualitative Research*. Princeton, NJ: Princeton University Press.

Kitschelt, H. (1994). *The Transformation of European Social Democracy*. New York: Cambridge University Press.

Kitschelt, H., Mansfeldova, Z., Markowski, R., & Tóka, G. (1999). *Post-communistParty Systems: Competition, Representation, and Inter-party Cooperation*. Cambridge, UK: Cambridge University Press.

Kohli, A. (2004). *State-directed Development: Political Power and Industrialization in the Global Periphery*. Cambridge, UK: Cambridge University Press.

Kotowski, C. (1984). Revolution. In G. Sartori (Ed.), *Social Science Concepts: A Systematic Analysis* (pp. 403 – 451). Beverly Hills, CA: Sage.

Kurtz, M. (2000). Understanding Peasant Revolution: From Concept to Theory and Case. *Theory and Society*, 29, 93 – 124.

Laitin, D. (1999). National Revivals and Violence. In J. R. Bowen & R.

Peterson (Eds.), *Critical Comparisons in Politics and Culture* (pp. 21 – 60). Cambridge, UK: Cambridge University Press.

Lakoff, G. (1987). *Women, Fire, and Dangerous Things: What Categories Reveal About the Mind*. Chicago: University of Chicago Press.

Levitsky, S. (1998). Peronism andInstitutionalization: The Case, the Concept, and the Case for Unpacking the Concept. *Party Politics*, 4, 77 – 92.

Lichbach, M. I., & Zuckerman, A. S. (Eds.). (1997). *Comparative Politics: Rationality, Culture, and Structure*. Cambridge, UK: Cambridge University Press.

Lieberman, E. S. (2003). *Race and Regionalism in the Politics of Taxation in Brazil and South Africa*. New York: Cambridge University Press.

Lieberman, E. S. (2005). Nested Analysis As a Mixed-method Strategy for Comparative Research. *American Political Science Review*, 99, 435 – 452.

Lieberson, S. (1991). SmallN's and Big Conclusions: An Examination of the Reasoning in Comparative Studies Based on a Small Number of Cases. *Social Forces*, 70, 307 – 320.

Lijphart, A. (1968). *The Politics of Accommodation: Pluralism and Democracy in the Netherlands*. Berkeley: University of California Press.

Lijphart, A. (1971). Comparative Politics and the Comparative Method. *American Political Science Review*, 65, 682 – 693.

Linz, J., & Stepan, A. (1996). *Problems of Democratic Transition and Consolidation: Southern Europe, South America, and Post-communist Europe*. Baltimore: Johns Hopkins University Press.

Lipset, S. M., & Rokkan, S. (Eds.). (1968). *Party System Alignments: Cross-national Perspectives*. New York: Free Press.

Lipset, S. M., Trow, M., & Coleman, J. (1956). *Union Democracy: The Inside Politics of the International Typographical union*. New York: Free Press.

Luebbert, G. M. (1991). *Liberalism, Fascism, or Social Democracy: Social Classes and the Political Origins of Regimes in Interwar Europe*. New York: Oxford University Press.

Lustick, I. S. (1993). *UnsettledStates, Disputed Lands*. Ithaca, NY: Cornell University Press.

Mahoney, J. (1999). Nominal, Ordinal, and Narrative Appraisal in Macrocausal Analysis. *American Journal of Sociology*, 104, 1154 – 1196

Mahoney, J. (2000). PathDependence in Historical Sociology. *Theory and Society*, 29, 507 – 548.

Mahoney, J. (2003). Long-run Development and the Legacy of Colonialism in Spanish America. *American Journal of Sociology*, 109, 50 – 106.

Mahoney, J., & Goertz, G. (2004). The Possibility Principle: Choosing Negative Cases in Comparative Research. *American Political Science Review*, 98, 653 – 669.

Mahoney, J., & Goertz, G. (2006). A Tale of Two Cultures: Contrasting Quantitative and Qualitative Research. *Political Analysis*, 14, 227 – 249.

Mahoney, J., & Rueschemeyer, D. (Eds.). (2003). *Comparative Historical Analysis in the Social Sciences*. Cambridge, UK: Cambridge University Press.

Mainwaring, S., & Scully, T. (Ed.). (1995). *Building Democratic Institutions: Party Systems in Latin America*. Stanford, CA: Stanford University Press.

Marx, A. W. (1998). *Making Race and Nation: A Comparison of South Africa, the United States, and Brazil*. Cambridge, UK: Cambridge University Press.

McAdam, D., Tarrow, S., & Tilly, C. (2001). *Dynamics of Contention*. Cambridge, UK: Cambridge University Press.

McKeown, T. J. (1999). Case Studies and the Statistical Worldview: Review of King, Keohane, and Verba's Designing Social Inquiry. *Interna-*

tional Organization, 53, 161 – 190.

Michels, R. (1999). *Political Parties: A Sociological Study of the Oligarchical Tendencies of Modern Democracy*. New Brunswick: Transaction. (Original work published 1911)

Moore, B. (1966). *Social Origins of Dictatorship and Democracy: Lord and Peasant in the Making of the Modern World*. Boston: Beacon.

Munck, G. L. (1998). Canons of Research Design in Qualitative Analysis. *Studies in Comparative International Development*, 33, 18 – 45.

Munck, G. L. (2001). Game Theory and Comparative Politics: New Perspectives and Old Concerns. *World Politics*, 53, 173 – 204.

Munck, G. L., & Snyder, R. (Eds.). (2007). *Passion, Craft, and Method in Comparative Politics*. Baltimore: Johns Hopkins University Press.

Nelson, J. M. (Ed.). (1990). *The Politics of Adjustment in the Third World*. Princeton, NJ: Princeton University Press.

O'Donnell, G. (1973). *Modernization and Bureaucratic-authoritarianism: Studies in South American Politics*. Berkeley, CA: Institute of International Studies.

O'Donnell, G. (1979). Tensions in the Bureaucratic-authoritarian State and the Question of Democracy. In D. Collier (Ed.), *The New Authoritarianism in Latin America* (pp. 285 – 318). Princeton, NJ: Princeton University Press.

O'Donnell, G. (1994). The State, Democratization, and Some Conceptual Problems (a Latin American View with Glances at Some Post-communist Countries). In W. C. Smith, C. H. Acu a, & E. A. Gamarra (Eds.), *Latin American Political Economy in the Age of Neoliberal Reform* (pp. 157 – 179). New Brunswick: Transaction.

Orloff, A. S. (1993). *The Politics of Pensions: A Comparative Analysis of Britain, Canada, and the United States, 1880 – 1940*. Madison: University of Wisconsin Press.

Parsa, M. (2000). *States, Ideologies, and Social Revolutions*. Cambridge, UK: Cambridge University Press.

Pierson, P. (1994). *Dismantling the Welfare State: Reagan, Thatcher, and the Politics of Retrenchment*. Cambridge, UK: Cambridge University Press.

Pierson, P. (2004). *Politics in Time: History, Institutions, and Social Analysis*. Princeton, NJ: Princeton University Press.

Posner, D. N. (2005). *Institutions and Ethnic Politics in Africa*. New York: Cambridge University Press.

Przeworski, A., & Teune, H. (1970). *The Logic of Comparative Social Inquiry*. New York: John Wiley.

Ragin, C. C. (1987). *The Comparative Method: Moving Beyond Qualitative and Quantitative Strategies*. Berkeley: University of California Press.

Ragin, C. C. (2000). *Fuzzy-set Social Science*. Chicago: University of Chicago Press.

Ragin, C. C., Berg-Schlosser, D., & de Meur, G. (1996). Political Methodology: Qualitative Methods. In R. E. Goodin & H. Klingemann (Eds.), *A New Handbook of Political Science* (pp. 749–768). New York: Oxford University Press.

Ragin, C. C., & Drass, K. A. (1999). *Fuzzy-set Qualitative Comparative Analysis 0.963*. Tucson: University of Arizona, Department of Sociology.

Reno, W. (1998). *Warlord Politics and African States*. Boulder, CO: Lynne Rienner.

Rueschemeyer, D. (2003). Can One or a Few Cases Yield Theoretical Gains? In J. Mahoney & D. Rueschemeyer (Eds.), *Comparative Historical Analysis in the Social Sciences* (pp. 305–336). Cambridge, UK: Cambridge University Press.

Rueschemeyer, D., Stephens, E. H., & Stephens, J. D. (1992). *Capitalist Development and Democracy*. Chicago: University of Chicago Press.

Sartori, G. (1970). Concept Misformation in Comparative Politics. *American Political Science Review*, 64, 1033–1053.

Sartori, G. (Ed.). (1984). *Social Science Concepts: A Systematic Analysis*. Beverley Hills, CA: Sage.

Schmitter, P., & Karl, T. (1991). What Democracy is..., & is not. *Journal of Democracy*, 2, 75–83.

Scott, J. C. (1985). *Weapons of the Weak: Everyday Forms of Peasant Resistance*. New Haven, CT: Yale University Press.

Sewell, W. H. (1992). A Theory of Structure: Duality, Agency, and Transformation. *American Journal of Sociology*, 98, 1–29.

Skocpol, T. (1979). *States and Social Revolutions: A Comparative Analysis of France, Russia, and China*. Cambridge, UK: Cambridge University Press.

Skocpol, T. (1992). *Protecting Soldiers and Mothers: The Political Origins of Social Policy in the United States*. Cambridge, MA: Harvard University Press.

Skocpol, T., & Somers, M. (1980). The Uses of Comparative History in Macrosocial Inquiry. *Comparative Studies in Society and History*, 22, 174–197.

Swank, D. (2002). *Global Capital, Political Institutions, and Policy Change in Developed Welfare States*. Cambridge, UK: Cambridge University Press.

Tarrow, S. G. (1994). *Power in Movement: Social Movements, Collective Actions, and Politics*. New York: Cambridge University Press.

Thelen, K. (2003). How Institutions Evolve: Insights From Comparative Historical Analysis. In J. Mahoney & D. Rueschemeyer (Eds.), *Comparative Historical Analysis in the Social Sciences* (pp. 305–336). Cambridge, UK: Cambridge University Press.

Thelen, K. (2004). *HowInstitutions Evolve: The Political Economy of Skills in Germany, Britain, the United States, and Japan. Cambridge, UK: Cambridge University Press.

Tilly, C. (1990). *Coercion, Capital, and the European States, 990 – 1990 A. D.* Cambridge, MA: Blackwell.

Varshney, A. (2002). *Ethnic Conflict and Civic life: Hindus and Muslims in India.* New Haven, CT: Yale University Press.

Vogel, S. K. (1996). *Freer Markets, More Rules: Regulatory Reform in Advanced Industrial Countries.* Ithaca, NY: Cornell University Press.

Wade, R. (1990). *Governing the Market: Economic Theory and the Role of Government in East Asian Industrialization.* Princeton, NJ: Princeton University Press.

Waldner, D. (1999). *State-building and Late Development.* Ithaca, NY: Cornell University Press.

Waldner, D. (in press). Inferences and Explanations at the k/t Boundary..., & Beyond. In N. Lebow & M. Lichback (Eds.), *Social Inquiry and Political knowledge.* New York: Palgrave-MacMillan.

Waterbury, J. (1993). *Exposed to Innumerable Delusions: Public Enterprise and State Power in Egypt, India, Mexico, and Turkey.* Cambridge, UK: Cambridge University Press.

Weyland, K. (2002). *The Politics of Market Reform in Fragile Democracies: Argentina, Brazil, Peru, and Venezuela.* Princeton, NJ: Princeton University Press.

Wickham-Crowley, T. (1991). A Qualitative Comparative Approach to Latin American Revolutions. *International Journal of Comparative Sociology*, 32, 82 – 109.

Wickham-Crowley, T. (1992). *Guerrillas and Revolution in Latin America: A comparative Study of Insurgents and Regimes Since 1956.* Princeton, NJ: Princeton University Press.

Wilkinson, S. I. (2004). *Votes and Violence: Electoral Competition and Eth-*

nic Riots in India. New York: Cambridge University Press.

Yashar, D. J. (2005). *Contesting Citizenship in Latin America: The Rise of Indigenous Movements and the Postliberal Challenge*. Cambridge, UK: Cambridge University Press.

(译者单位:华东政法大学政治学研究所)

质性研究方法的过时观点及其发展

〔美〕戴维·科利尔、亨利·布拉迪、贾森·西赖特 著

章 远 编译

  戴维·科利尔（David Collier）和亨利·E. 布雷迪（Henry Brady）是美国加州大学伯克利分校政治学系教授，贾森·西赖特（Jason Seawright）是西北大学政治学系副教授。科利尔等人发表在2010年9月《政治分析》杂志上的这篇文章是针对当前质性研究中的一些"过时观点"所进行的批判。[①] 该文主要内容如下：

一、导言

  进行合理可靠的因果推论是政治学的持久目标，科利尔、布拉迪和西赖特认为联合质性和研究方法能够有助于达到这一目标。纳撒尼尔·贝克（Nathaniel Beck）反对上述观点，这只能证明他对质性方法论的理

---

① 参见 Davie Collier, Henry E. Brady, and Jason Seawright, "Outdated Views of Qualitative Methods: Time to Move On", *Political Analysis*, Vol. 18, 2010, pp. 506–513。

解是过时的，应该向前发展了（Beck，2010）。①

贝克质疑科利尔等人对因果过程观察（causal process observations，简称 CPOs）的看法，认为其有矛盾之处毫无逻辑可言。在贝克看来，根本不可能准确了解什么是"因果过程观察"。当探讨通过检验理论的实证意义来验证理论这一基本思想之时，贝克质疑并且也不愿接受科利尔等人的因果过程观察研究方法。之后，利用类似话语，贝克声称："好的研究设计是根本。我无法理解好的研究设计与质性分析方法有什么联系。"②

在贝克看来因果过程观察和数据集合观察（data set observations，简称 DSOs）的结合根本是"空想"。③ 贝克的确意识到"没有人否认了解世界如何运作是一件坏事"，并且他承认质性证据能够对此有所贡献。但是依他的观点，这个证据并不能与分析联合因此无法强化因果推论。贝克对自己在量化分析方法上的理解的执念如此强烈以至于在以下三点上，他辩称如果质性工具能够配合量化方法有效运作，那么前者必然会对后者构成挑战。

为与贝克的观点进行争辩，科利尔等人首先讨论同等化的竞争环境。贝克否认因果过程观察是因果推论的一个基础，而坚持数据集合观察是更可信的研究方法。这一观点需要重新平衡。第二，科利尔等人提出在他们看来可以证明质性和量化缝隙能够切实联合的例证：因果过程观察可以帮助学者建构更为坚实的统计模型，这个模型继而加强了基于数据集合观察的分析。最后，科利尔等人考察了贝克提出因果过程观察无助于因果推论的五个案例：一个是严格的质性研究（坦娜瓦尔德的研

---

① 双方之前的交锋参见 Beck（2006）和 Brady, Collier and Seawright（BCS, 2006）

② 因果过程观察可被定义为论据的诊断片段（diagnostic pieces），由此可以获得因果联系和机制的洞见，同时提供了裁定备择假设（alternative hypotheses）的杠杆。因果过程观察并非常规意义上的数据集合，研究人员是否运用特定的因果过程观察取决于他们的理论框架、假设和实务知识（substantive knowledge），以及相应地仰仗当评估具体解释要求时对是否具有强有力的证明价值（probative value）的判断。参见 Brady and Collier（2004, 252 - 264）hereafter BCS（2004），BCS（2006），Freedman（2008, 300 - 301, 312 - 313），Bennett（2008），和 Mahoney（2010, 123 - 131）

③ 就是分析观测，组织以矩形数据集合。

究），三个涉及回归分析变体（利伯曼、斯托克斯和布拉迪的研究），一个自然实验（斯诺对霍乱的研究）。这些案例一致证明质性分析的贡献。

二、同等化竞争环境

贝克关于因果过程观察与数据集合观察无法联合的论点的核心是他认为因果过程观察无助于因果推论，他用一个又一个的例证反复证明自己的观点。① 但是，他并没有充分注意到基于数据集合观察方法的那些显著的弱点。②

用质性方法论主导，对以回归为基础的因果推论提出尖锐的批评，这向贝克的立场提出了挑战。这些学者认为用给定的统计模型进行实证分析事实上并没有验证这个模型；模型规范中的一点细微变化都可能戏剧化地改变结果；增加更多的控制变量会恶化而不是强化因果推论；在不同的回归应用之中，因果推论可能是最无效的。（Freedman，1991，2008；Diaconis，1998；Heckman，2000；Achen，2002；R. Berk，2004；Schrodt，2006；Seawright，2010）。

回归的进一步细化（advanced refinements）有可能为跳出窘境开辟了一条大道，然而他们也可能是无效甚至有负面效应的。珀西·迪亚科尼斯（Persi Diaconis）认为这些"铃铛和哨子"只能"导向无意义"。弗里德曼评论说"技术修复只有当模型几近正确时才变得相关"，理查德·伯克（Richard Berk）对回归诊断和规范测试表示担忧，克里斯托弗·温希普（Christopher Winship）和罗伯特·梅尔（Robert D. Mare）现在正挑战赫克曼修正模型（Heckman correction models）（Diaconis,

---

① 显然，这里这个问题并不是这两种数据形式是否能够按照字面意思融合，因为这两个格式根本就是不同的。这里讨论的是他们是否能够在因果推论过程中一道起作用。

② 贝克的结论的确强调了自然实验相对于回归设计的优越性。他也注意到作为不良研究设计的洛特双差法回归分析（Lott's difference-in-difference），但是他没有讨论基于回归推论更广泛的内在局限性来讨论这个问题。

1998：797；Freedman，1991：305；Winship and Mare，1992）。对稳健的评估值（robust estimators）、广义最小二乘法（generalized least squares）和倾向评分（propensity scores）的平行关注已经出现（Freedman，1991：305；Berk and Freedman，2008）。契合的设计同样并不规避统计模型的陷阱（Sekhon，2009）。

自然实验可能是可替换的脱身之途。尽管只有不多的自然实验为因果推论提供令人印象深刻的强有力的论证，比如斯洛对霍乱的研究，但大多数并不能够起到这样的作用。在邓宁（Thad Dunning）看来，这一整套技术——包括断点回归（regression discontinuity）和工具变量设计——对那些希望超越标准量化工具的学者来说并不是万能的（Dunning，2010）。首先，对这些设计而言，基本的类似随机分配假设（as-if random assignment essential）往往并不令人满意。其次，使用统计调整再次出现了模型问题。第三，在有限真实世界中，这些可行的设计可能大幅度地缩小实质利益和其成就的范围。因此损害它们的贡献。所有上述三方面考虑中，第二和第三同样适用于众多随机实验。

总之，基于数据集合观察的量化技术的光谱广度受限于实质限制。考虑到这个结论，科利尔等人提出问题：因果过程观察和数据集合观察有可能一起加强因果推论吗？

三、作为成功联合的模型规范

因果过程观察和数据集合观察可以被有效联合，比如当质性证据有助于特定统计模型。这包括决定在模型中应用哪些变量以及变量之间关系假定。上述关系包括因果异质性（causal heterogeneity）、功能形式和时间序列。

统计模型如果是正确的，则建立起固定的实证关系。实证分析也许可以测试模型的一些方面，比如线性，但是这些有限的测试有效性取决于模型未测试部分的正确性。

因此，挑战不仅在于统计学上估计模型参数，还要在建构模型时做出好的决策，并且证明这个假设。科利尔等人的观点是因果过程观察可以对这些决策有贡献，而这个贡献的基础（basis）应当是严格和明确的。

他们举例来进行说明。质性证据可以带来造成因果异质性的时间不连贯，而因果异质性体现在统计模型中。比如理查德·约翰斯顿（Richard Johnston）等人对1988年加拿大选举的研究中使用选前四周政党领袖关于加拿大－美国自由贸易协定戏剧化对抗的资料（Johnston et al.，1992）。对以上对抗的简单质性观察定位了之后被证明在科利尔等人的量化分析中至关重要的折射点（temporal inflection point）。

相似的例证出现在邓宁对非洲的外国发展援助研究之中。邓宁认为"尽管众多质性研究指出冷战的终结是非洲援助的政治分水岭"，量化研究却没有把这个潜在的源头纳入因果异质性的考量（Dunning，2004：410）。通过划分冷战和后冷战时代的量化分析来细化提炼他的统计模型，邓宁解决了这种异质性，并且得到了更精妙的统计结果。

质性证据也可以有助于做出有关变量的决策，这很关键，因为增加不属于之前因果结构的变量会损害因果推论。利伯曼（Evan Lieberman）对巴西和南非的密集案例研究是关注国家政治共同体的定义如何塑造国家能力来提取税收（Lieberman，2003）。他的研究显示了一个变量如何后来添加入他的回归分析。在埃里森·波斯特（Alison Post）关于私有化协议成功抑或失败的条件的研究中，阿根廷的细粒度案例研究得到了一个对塑造这些结果的因素的简化理解，反过来又有助于列举适用于更广量化测试的相对简洁的统计模型（Post，2010）。丹尼尔·伊达尔戈（Daniel Hidalgo）等人考察巴西农村土地入侵，评估了相反的经济冲突和土地征收之间的因果联系。针对农村冲突原因采用案例研究证据，科利尔等人增加了一个关键变量：土地分配中的不平等（Post，2010：509－510）。

模型规范因此是因果过程观察和数据集合观察有效合作的一个关键。

四、因果过程观察事实上提供推论杠杆（Inferential Leverage）：再论贝克的案例

科利尔等人又转到案例——涉及质性研究、回归分析和自然实验——贝克坚信它们都论证了因果过程观察对因果推论没有贡献。然而科利尔等人认为，正相反，这些案例都说明因果过程观察切实地提供了推论杠杆。

1. 质性研究里的因果推论（坦娜瓦尔德）

贝克对妮娜·坦娜瓦尔德（Nina Tannenwald）二战后国际危机研究的讨论揭示了贝克对因果推论的狭隘视角，也显露了他根本不愿意考虑质性证据（Tannenwald, 1999）。坦娜瓦尔德评估美国不使用核武器的关键解释——源于二战中使用核武器后恐怖回应而产生的"核禁忌"。她的四个案例组成一个小样本 N，因变量没有变化。因此，用这些案例作为矩阵数据集合的一部分毫无意义，而坦娜瓦尔德转向因果过程观察和过程追踪，专注于参与者对他们决策的解释。

贝克否定坦娜瓦尔德的分析，宣称政策制定者对自己决策的解释也许有些价值，"但是这与美国二战后使用还是不使用核武器的原因研究是不同的研究"。

科利尔等人指出，有两件事情令人印象深刻。第一，仅仅因为核武器没有在一个给定时期内使用就声称不可能研究不使用核武器问题，这是不对的。否则方法论就只能是自欺欺人了。

第二，贝克不接受政策制定者的解释："有时候他们讲述我们喜欢的故事，我们高兴，但有时候则不。"然而回归系数也是如此：有时让我们高兴，有时则不，这并不是因果推论的可靠依据。贝克对坦娜瓦尔德的批评也可以平等地适用于量化方法。

2. 以回归分析结合因果过程观察（利伯曼、斯托克斯和布拉迪）

贝克反对科利尔等人对利伯曼的分析，认为将其纳入讨论，是延伸了联合的观念（Lieberman, 2003）。然而因果过程观察和数据集合观察事实上在此合作了。正如前述，利伯曼的案例研究帮助他制作出他的回归模型，在这里科利尔等人认为是质性证据对量化研究起到了基础作用。

苏珊·斯托克斯（Susan Stokes）专注于拉美新选总统们谁以反新自由主义承诺来参与竞选，而在选后转移到新自由主义政策上来（Stokes, 2001）。她用质性案例结合跨国量化分析来评估转化的原因。这里贝克再一次拒绝轻信基于质性分析的因果推论。然而人们可以同样怀疑斯托克斯在她量化分析中使用赫克曼选择模型（比如95-99页），而对赫克曼选择模型一些学者有着严重疑虑。为什么贝克坚持是斯托克斯分析中质性部分，而不是量化/赫克曼部分，产生了不令人信服的推论？

最后，贝克对亨利·布拉迪（Henry Brady）的观点让科利尔等人非常困惑（Brady, 2004）。贝克试着说明因果过程观察的推论力量，然而贝克坚持认为布拉迪的观点都在标准量化分析工具箱里。贝克不接受布拉迪分析因果过程观察的事实。

实质性问题如下（参见 BCS, 2004: 267-271）。对于2000年在佛罗里达选区的总统竞选来说，洛特推测早期媒体报道——不正确地宣布戈尔胜利——强力地影响了布什在狭长地带（Panhandle）的投票情况。狭长地带（不同于佛罗里达州其他地区）使用中部时间，所以许多选民可能已经在民意调查关闭前听到了媒体报道。使用双差法回归分析，洛特总结布什至少在狭长地带损失一万选票。

相反，布拉迪研究的假设是早期媒体报道作用甚微或者干脆没有起到任何影响。他构建了一个基于因果过程观察的测试序列以评估有多少选民可能已经被过早的报道影响到了。考虑到大因果效应是可信的说法，这些评估必须具有高值。相反，布拉迪发现这些值是小的。布拉迪的分析没有基于数据集合观察。它涉及的一系列的猜测和关于这个特定案例证据片段，而不是这个案例在关系系统里的得分，比如与其他佛罗里达州地区的关系。基于这些测试，布拉迪总结道，早期报道不可能帮助抑制布什选票。

这个例证由于三个理由而非常有价值。它提醒，除了作为常规和适当的质性方法，因果过程观察也可以涉及数值数据（参见 Freedman，2008：300 - 301）。不同之处在于，数值并不被作为矩阵数据集合的组成部分进行分析。这个区别对于科利尔等人不同意贝克认为的布拉迪只使用标准量化分析的说法，至关重要。

布拉迪的研究还表明因果过程观察的诊断能力可以通过量化研究得来的背景信息来得到增强。这是标准和适当的阐明因果过程观察所处环境的方法，并且它也并没有使研究变得量化。因此依照科利尔等人迥异于贝克的观点，布拉迪分析是一个出色的特别依赖因果过程观察的因果推论的例证。

最后，贝克认为，因果过程观察应当与数据集合观察联接来解决选票流失争议，毫无意义。很明显这里联接的形式与其他案例不同，这里两个观察类型在同一个研究中被同一位研究者使用，并且也只有一个研究设计。在这场佛罗里达分析里，通过比对，因果过程观察被用于批判一个基于数据集合观察的推理，而后者是其他学者提出的。这是一个独特的联接模式，然而仍然是个联接的例证。

3. 以自然实验结合因果过程观察：斯诺对霍乱的研究

贝克提出了如下问题"谁需要约翰·斯诺（John Snow）？"——这指的是那位发现霍乱是水源性疾病的出色的流行病专家。贝克引用斯诺来论证他因果过程观察和量化分析无法共同合作进行因果推论的论点。科利尔等人认为贝克又错了，正如弗里德曼的结论一样，斯诺的研究还是因果过程观察有贡献的例证（Freedman，2008）。

科利尔等人同意贝克的是，斯诺的自然实验（贝克称之为准实验）

非常卓越。① 邓宁得到了同样的结论，但是也指出许多类似的设计却远远谈不上成功（Dunning，2010）。考虑到斯诺的研究的确是个例外，它可能是支持贝克主要论点的特定例证。既然设计如此强大，为什么质性证据还很重要？

科利尔等人认为贝克从斯诺那里获得了错误经验。尽管贝克认识到某些质性信息有助于斯诺的研究，但他辩称这些并不是调查的核心。贝克相信斯诺的工作"只是出色的量化分析，完全没有显示出任何对量化分析的挑战"，在科利尔等人眼中，贝克显露出了防御姿态。作为回应，科利尔等人提问：如果质性证据被证明重要，它真的非要挑战量化方法吗？他们表示不理解为什么。质性方法将为强化而不是挑战量化分析开辟一条路径。

戴维·弗里德曼（David Freedman）是将斯诺引入社会科学方法论之辩的人（Freedman，1991，2008）。弗里德曼提供了根本不同于贝克的解释。特别是使用了因果过程观察语言，弗里德曼认为斯诺的研究成果（与其他几个主要使用数据集合观察研究设计的突破性流行病研究）依赖加入量化方法和质性方法提供的杠杆（Freedman，2008：301，313）。弗里德曼试图说明"通过更普遍的质性原因"在创新性研究里"因果过程观察所扮演的角色"。斯诺的分析证明了"案例研究的力量"（Freedman，2008：305）。的确，质性证据的使用值得被视为"科学探索的一个类型"（Freedman，2008：301）。

进步取决于如果传统观念错了就反驳，发展更好的新观念，以及像测试旧观念一样测试新观念。例证表明质性方法可以在三个任务中扮演关键角色（Freedman，2008：312）。

---

① 贝克在提到斯诺时一贯使用"准实验"作为表述。我们不支持他这一表述，我们更偏好直接使用自然实验。自然实验这一表述可以被置于技术家族里加以理解。技术运用了似是分配假设，也因此包含了回归不连续性和工具变量设计。准实验这一表述是由坎贝尔和斯坦利（Campbell and Ross，1963）以及罗斯（Campbell and Ross，1968）普及起来的，意思是中断时间序列设计。这里，关键的似是分配假设并不恰当。在坎贝尔后期学术生涯里他本人也对他提高了准实验理念表示遗憾，因为准实验这一术语制造了实验性精确的假象（BCS 2004，230 - 231）。

弗里德曼因此断言，因果过程观察贯穿了整个推论任务过程。很可惜，贝克把质性和量化工具的团队合作视为对量化方法的挑战。科利尔等人却认为这恰恰就是：团队合作。

斯诺研究的细节在这里非常重要。早些时候，他放弃建立霍乱通过"瘴气"（也就是有毒气味，尤其是腐烂的有机物质产生的气味）蔓延的解释（Freedman 2008, 304）。取而代之的是，斯诺转而认为霍乱通过人类接触传播，是水源性的。斯诺观察后发现霍乱沿着商业线传递。他看到伦敦的第一个病人是个刚刚从汉堡回来的水手，而那里正在发生霍乱疫情。第二个病例是第一个病例的同屋室友。

斯诺因为他自己的医学实践而非常熟悉布罗德街区（疫情中心），这对精确推断特定居民区、工作场所和家庭霍乱发病率很有助益。斯诺也考察了这个区域的两家水公司，其中一家水受到污染，另一家没有。斯诺发现这两家公司供水的家庭混居在同条街上。这些见解为推断受污染水的随机似是分配假设提供了基础，因此证明了这个自然实验。对科利尔等人的观点而言，斯诺在实验之前已经得到了后来被实验证明的那些见解，这非常关键（Freedman, 2008：306）。

毫无疑义，斯诺的自然实验取得了他主要假设的不寻常的决定性确认（Freedman, 2008：306）。然而贝克没有意识到斯诺研究的建构大大依赖因果过程观察。

斯诺的研究显示了如何犹如建构一个统计模型一样用多种方法建构一个自然实验。在两个例证里，质性证据和因果过程观察都在强化数据集合观察。科利尔等人因此绝对"需要约翰·斯诺"来支持他们对质性和方法联接的立场。

五、结论

在贝克的结论中他试图建立起与科利尔等人的共同基础（一致之处），这一点他们非常鼓励。然而科利尔等人质疑他的共同之处。他尖锐地不理会因果过程观察，也不认可因果过程观察和数据集合观察可以一起合作的可行性，这只能再次证明科利尔等人的观点：他对质性方法的理解过时了。

依照贝克的看法，与科利尔等人的分歧仅仅只是关于"术语"（nomenclature）的问题，他建议科利尔等人只需要抛弃质性的表述。有时候科利尔等人也会认为这些术语有些束缚手脚，但是他们仍坚持因果过程观察和数据集合观察提供了独特的推论杠杆。这不仅仅是名字和标签的事儿。

贝克和科利尔等人一样尊重斯诺的自然实验，然而他对斯诺的评价却从主要问题中分岔了。贝克明显忽视了科利尔等人提及的论点——被弗里德曼强烈支持的——质性证据是斯诺研究设计构架的关键。此外，邓宁对自然实验的综合评价更大地强调质性证据在规划这样设计过程中的中心地位。这是一个有关连接的故事。

科利尔等人再次重申，感谢贝克建立共同基础的努力。然而，建立共同基础的可能性仰仗质性和分析的团队合作。当然归根结底还是要认识到质性和分析是可以联合起来一同加强因果推论的。

【参考文献】

Achen, Christopher H., "Toward a new political methodology: Microfoundations and ART", *Annual Review of Political Science*, 2002, Vol. 5, pp. 423 – 450.

Beck, Nathaniel, "Is causal – process observation an oxymoron?", *Political Analysis*, 2006, Vol. 14, pp. 347 – 352.

Beck, Nathaniel, "Causal process 'observation': Oxymoron or (fine) old wine?" *Political Analysis*, 2010, Vol. 18, No. 4, pp. 499 – 505.

Bennett, Andrew, "Process tracing: A Bayesian perspective", in J. Box-Steffensmeier, H. E. Brady, and D. Collier eds. *Oxford Handbook of Political Methodology*, Oxford: Oxford University Press, 2008, pp. 702 – 721.

Berk, Richard, A., *Regression analysis: A constructive critique*, Thousand

Oaks, CA: Sage Publications, 2004.

Berk, Richard A., and David A. Freedman, "On weighting regressions by propensity scores", *Evaluation Review*, 2008, Vol. 32, pp. 392 – 409.

Brady, Henry E., "Data-set observations versus causal-process observations: The 2000 U. S. presidential election", in H. E. Brady and D. Collier eds., *Rethinking Social Inquiry: Diverse Tools, Shared Standards*, Lanham, MD: Rowman & Littlefield, 2004, pp. 267 – 71.

Brady, H. E. and D. Collier eds., *Rethinking Social Inquiry: Diverse Tools, Shared Standards*, Lanham, MD: Rowman & Littlefield, 2004, Given Jason Seawright's coauthorship of many chapters, the in-text reference is BCS 2004.

Brady, Henry E., David Collier, and JasonSeawright, "Toward a pluralistic vision of methodology", *Political Analysis*, 2006, Vol. 14, pp. 353 – 68.

Campbell, Donald T., and H. Laurence Ross, "Connecticut crackdown on speeding: Time-series data in quasi-experimental analysis", *Law and Society Review*, 1968, Vol. 3, No. 1, pp. 33 – 53.

Campbell, Donald T., and Julian C. Stanley, *Experimental and quasi-experimental designs for research*, Chicago: Rand McNally, 1963.

Diaconis, Persi, "A place for philosophy? The rise of modeling in statistical science", *Quarterly of Applied Mathematics*, 1998, Vol. 56, pp. 797 – 805.

Dunning, Thad, "Conditioning the effects of aid: Cold War politics, donor credibility, and democracy in Africa", *International Organization*, 2004, Vol. 58, pp. 409 – 423.

Dunning, Thad., "Design-based inference: Beyond the pitfalls of regression analysis?", in H. E. Brady and D. Collier eds., *Rethinking Social Inquiry: Diverse Tools, Shared Standards*, 2nd ed., Lanham, MD: Rowman & Littlefield, 2010, pp. 273 – 311.

Freedman, David A., "Statistical models and shoe leather", *Sociological*

Methodology, 1991, Vol. 21, pp. 291 – 313.

Freedman, David A., "On types of scientific inquiry: The role of qualitative reasoning", in J. Box-Steffensmeier, H. E. Brady, and D. Collier eds. *Oxford Handbook of Political Methodology*, Oxford: Oxford University Press, 2008, pp. 300 – 318.

Heckman, James J., "Causal parameters and policy analysis in economics: A twentieth century retrospective", *Quarterly Journal of Economics*, 2000. Vol. 115, pp. 45 – 97.

Hidalgo, F. Daniel, Suresh Naidu, Simeon Nichter, and Neal Richardson, "Economic determinants of land invasions", *Review of Economics and Statistics*, 2010, Vol. 92, No. 3, pp. 505 – 523.

Johnston, Richard, AndréBlais, Henry E. Brady, and Jean Crête, *Letting The People Decide: Dynamics of A Canadian Election.*, Stanford, CA: Stanford University Press, 1992.

Lieberman, Evan S, *Race and Regionalism in the Politics of Taxation in Brazil and South Africa*, New York: Cambridge University Press, 2003.

Mahoney, James, "After KKV: The new methodology of qualitative research", *World Politics*, 2010, Vol. 62, No. 1, pp. 120 – 147.

Post, Alison, *Liquid Assets and Fluid Contracts: Explaining the Uneven Effects of Water and Sanitation Privatization*, Berkeley, CA: Department of Political Science, University of California, 2010.

Schrodt, Philip, "Beyond the linear frequentist orthodoxy", *Political Analysis* 2006, Vol. 14, pp. 335 – 339.

Seawright, Jason, "Regression-based inference: A case-study in failed causal assessment", in H. E. Brady and D. Collier eds., *Rethinking Social Inquiry: Diverse Tools, Shared Standards*, 2nd ed., Lanham, MD: Rowman & Littlefield, 2010, pp. 247 – 271.

Sekhon, Jasjeet, "Opiates for the matches: Matching methods for causal inference", *Annual Review of Political Science*, 2009, Vol. 12, pp. 487 – 508.

Stokes, Susan, *Mandates and Democracy: Neoliberalism by Surprise in Latin America*, New York: Cambridge University Press, 2001.

Tannenwald, Nina, "The nuclear taboo: The United States and the normative basis for nuclear non-use", *International Organization*, 1999, Vol. 53, pp. 433 – 468.

Winship, Christopher, and Robert D. Mare, "Models for sample selection bias", *Annual Review of Sociology*, 1992, Vol. 18, pp. 327 – 350.

（译者单位：华东政法大学政治学研究所）

洞察和陷阱
——质性研究中的选择偏误

〔美〕戴维·科利尔、詹姆斯·马洪尼 著
花 勇 编译

戴维·科利尔（David Collier）是美国加州大学伯克利分校政治学系教授，詹姆斯·马洪尼（James Mahoney）是美国西北大学政治学系和社会学系教授、经济史费茨杰拉德讲座教授。两人发表在《世界政治》杂志2007年第1期上的这篇文章讨论了质性研究中的"选择偏误"问题，并指出看似"选择偏误"看似简化了研究过程，但实际上却大大阻碍了研究者们得出高质量、可信的研究结论。[①] 该文主要内容如下：

所谓选择偏误（selection bias），指的是学者们将注意力放在特殊案例上，或者仅分析狭窄的变化范围，也就是只关注具体结果是高分值或低分值的案例，以便找到与研究结果尽可能相似的案例。在方法论学者看来，这容易使学者们犯严重的系统性错误。加里·金（Gary King）、

---

① 参见 David Collier and James Mahoney, "Insights and Pitfalls: Selection Bias in Qualitative Research", *World Politics*, Vol. 49, No. 1, 2007, pp. 56–91.

罗伯特·基欧汉（Robert Keohane）、西德尼·维巴（Sidney Verba）将此视为重大研究风险（King, Keohone, Verba, 1994：116），芭芭拉·盖迪思（Barbara Geddes）认为选择偏误会阻碍比较政治和国际关系研究（Geddes, 1991：131），克里斯托弗·阿什（Christopher Achen）和邓肯·斯奈德（Duncan Snidal）认为选择偏误犯了推论重罪，有着破坏性的影响（Achen and Snidal, 1989：160, 161）。

科利尔和马洪尼认为，尽管存在上述问题，但批判者提出的建议，对比较政治益处不大。罗纳德·罗戈夫斯基（Ronald Rogowski）也认为，虽然一些有影响力的比较政治研究犯了选择偏误的毛病，但提供了有价值的发现（Rogowski, 1995：468 – 470）。

选择因变量极值（extreme values）的案例：问题是什么？

选择偏误可能来自个体自我选择进入到自变量的某种分类中。比如，考虑到取消种族隔离学校的出勤率，可能来自自我选择或者父母亲的选择评价，通过种族隔离是否取消来考察教育绩效，就会出现偏误。选择偏误也会出现在下面这种情况下，就是自变量数值在先前某一时刻就受到因变量的影响。这种情况经常出现在国际关系和比较政治研究中。在分析民主政体和专制政体对经济增长的影响时，亚当·普沃斯基（Adam Przeworski）和费尔南多·利蒙吉（Fernandop Limongi）认为，经济是否增长使得国家被选进不同的制度类型，这造成的结果就是，经济绩效可能是制度类型的原因，也可能是制度类型的后果。就评价制度类型如何影响经济增长来说，这就造成了偏误（Przeworski and Limongi, 1993：62 – 64）。

目前讨论的选择偏误主要来自挑选因变量是极值的案例，这种情况通常发生在战争、制度崩溃、经济增长的研究上。样本截断（truncation）最为典型，所谓样本截断是指只选择在整个因变量分布的特殊数值之上或之下的案例。

基本的问题

样本截断后果的讨论有助于解释选择偏误问题。通常，观察范围的选择限制了自变量的变化，这往往降低了由回归分析得出的斜率。但是，自变量选择上的同等方式不会出现这个问题。以双变量案例为例，自变量 Y 变化的频谱范围是全程的。如果在案例选择上实行截断，选择 Y 的数值在 120 或以上。自变量 X 的任一数值，因变量 Y 不能随意取一个数值，Y 的数值往往会在回归线之上。在这种情况下，Y 的数值在 120 或之上，多数案例都是位于回归线之上，只有两个位于之下。这就把原初的斜率大大拉平了。

样本截断的突出特征是，所选择的案例，在一个或多个变量上的极值，造成了因变量的更高数值。如果研究者没有找到其他遗漏的变量，这个极值范围内的案例子集的双变量因果关系，比在更大的案例集中所得出的结论要弱得多。

如果选择偏向于因变量变化谱系的低端，同样会发生低估自变量因果效应的问题。相比之下，如果选择偏向自变量的高端或低端，就任何给定的自变量数值来说，因变量可以自由取任一值。因此，就自变量的选择来说，只要我们能处理好线性关系，斜率的值就不会发生变化。

上述自变量和因变量的不对称，提醒要防范"选择因变量"的风险。一旦去除自变量的因果效应，研究者往往选择因变量数值上更高或更低的案例。与此相同的另外一种方式是，选择机制与潜在回归模式中的偏误项有关。如果这种相关性存在，因果推论就是有偏误的。具体案例中，设计程序来挑选样本，包含了因变量的整个变化范围，这种选择程序就不会和偏误项有关，也不会造成偏误。

双变量情况下，选择偏误使得质性研究过低估计了因果效应的优点。多变量的情况下，也经常犯同样的错误。也就是说与真正的因果效应相比，是在一个"更低的范围内"，只是考察了狭窄变化范围的案例。

如果学者们不关心普遍化，会怎样？

通常讨论是从案例的全集开始的，观察的是截断样本中结果如何变化。如果研究者只关注更小的案例集，不关注在因变量更大变化的更大案例集，会出现什么问题？科利尔和马洪尼认为，学者们应该关注更大对比。

两位作者用罗伯特·帕特南（Robert Putnam）的例子来解释上述观点。评价政府绩效的研究者只关注绩效好的案例，这些案例的绩效是在120到200之间。在这个比较集中，政府A和政府B的绩效分值一个最低，另一个最高。如果学者们根据这些有限的案例去统计分析公民性（civicness）对政府绩效的因果效应，他们得出的结论是，公民性对解释A和B之间的差异是不重要的。

如果是从整个政府绩效变化的谱系来看待政府A和B，公民性就是一个非常重要的解释项。尽管A和B都位于回归线之上，但它们与回归线的距离是相等的，这就意味着A和B政府绩效上的差异，符合它们之间的实际差异。尽管需要其他变量来解释它们在回归线之上的距离，政府绩效差异的幅度，看起来是完全可以被公民性来解释的。相应的，较小案例集得出的关于公民性的结论，是有偏误的。

科利尔和马洪尼认为，关注小数量案例的学者们，也应该使用更广泛的比较，可以获得关于因果关系的新知识。分析更多具有因果同质性的案例，使用更广泛的比较所得出的结论更为可信。两位作者认为，如果造成学者们没有兴趣下普遍性的结论，这不是拒绝使用大数量案例的理由。而且，其他条件不变的情况下，更大的比较增大了自变量的变化范围，可以更好地发现小数量案例中潜在的因果模式，避免选择偏误。

将此观点延伸到质性研究中

选择偏误的讨论能给质性研究带来哪些洞见呢？主要表现在：对质性研究的整体意义；评价选择偏误的比较框架；比较框架和因果异质性的关系；案例内分析（within-case analysis）能否克服选择偏误；案例研究为基础的先前知识的复杂性问题。

整体意义

此文所说的质性研究不是使用数字性系数（numerical coefficient）来评价因果效应。不过，质性研究采用的各种因果评价形式确实提供了检验原因和结果之间共变性的工具。对共变性的检验，为因果推论提供了基础，在多个重要方面，和回归分析是并驾齐驱的。鉴于这些相似性，如果质性研究者去分析截断样本，量化研究中双变量关系的强度会急剧下降，这也会出现在质性研究中。尽管承认在质性研究中评价因果效应使用的方式不精确，但这一点是可信的，会发现相对较弱的因果效应，因此，就会产生选择偏误。

对质性研究来说，避免过高评价和过低评价选择偏误的重要性，都是有价值的。就过高评价来说，选择偏误仅是质性研究错误情形中的一种，这种错误在其他研究中也存在。关键是研究者能够避免的时候尽量避免它。

就过低估计来说，尽管具体研究偶尔得出的结论不是错误的，但是研究者必须谨记，偏误是意料之中会发生的错误。如果小数量案例分析做了一个成对比较，仅仅关注地方政府 A 和 B，无疑会得出这个结论，在公民性和政府绩效方面，鉴于政府 A 和 B 之间的巨大差异，公民性是一个非常重要的因果因素。然而，如果增大成对比较案例的数量，只能对公民性和绩效之间的关系提供较弱的支持。这是预料之中的。

选择偏误不仅仅是回归分析的问题。两位作者通过以下两个步骤来分析，首先，某种合理的成对比较中，质性研究者可以成功地评价案例间差异的程度。因此，鉴于截断样本和全样本在案例数量上的差异，全样本得出的结论显示变量之间更为强大的关系。其次，就因变量截断所产生的问题来说，对变量 X 的任意值来说，因变量 Y 不能随意取值，只能取 120 以上的值。限制 Y 可变性造成的后果就是，对任何一个成对比较来说，在截断样本的情况下，两个案例在变量 X 的特定差异，对应的是变量 Y 上的缩减差异。因此，截断样本导致过低估计了变量之间关系的强度。

此外，两位作者指出质性研究的另外一个问题——因果同质性。因果同质性认为扩大比较范围是合理的。这不是选择偏误的问题，而是合适比较框架的问题。

合适的比较框架

两位作者首先从阿伦·加芬克尔（Alan Garfinkel）的对比空间（contrast space）切入比较框架的讨论（Garfinkel, 1981: 22 - 24）。对比空间会有助于界定比较框架。例如，如果学者想去解释某些国家经济增长率高，对比空间应该包括增长率低的国家，这些国家作为负面案例，有助于弄清高增长率国家的特征。

加芬克尔对比空间的概念帮助学者考虑狭窄比较和广阔比较的意义。如果某研究的比较基础，比对比空间建议的要狭窄，那么这个比较没有反映出因变量的恰当变化范围，得出的结论必然是有偏误的。如果比对比空间建议的要大，更大的比较增加了样本的数量，有助于更全面地评价因果效应。更大的比较增大了因变量的变化，会更全面评价潜在因果关系。不过，这种选择会遇到因果异质性问题。

比较研究的质性方法
洞察和陷阱

比较框架和因果异质性

对质性研究来说，更广的比较包含了异质性因果关系，因此应缩小比较。质性研究关注因果关系的异质性，原因之一就是质疑量化研究的广泛比较。他们认为异质性会发生在因变量的不同层次：解释高政府绩效和特别高政府绩效之间差别的因素，可能不同于那些解释中等和中等以上绩效的因素。对因果异质性的担心会导致研究者集中于有限的变化范围，从选择偏误的角度来看，这造成了两难困境。

两位作者指出，质性研究和量化研究的关键差异，不在于对因果异质性的观念，而在于分析异质性的能力。近来对质性研究中选择偏误的警告，不是要把所有学者转变到量化研究，而是鼓励在质性研究中选择更恰当的比较框架。期望质性研究中的比较包含因果异质性的案例，是不现实的。对质性研究来说，更为恰当的是，集中研究同质性的案例，尽管会付出选择偏误的代价。

如何看待这种选择上的取舍？两位作者借用普沃斯基和亨利·图纳（Henry Teune）所说的普遍性与简约性、准确性、因果性之间的关系。若想得到更大的普遍性，就会丧失简约性、准确性和因果性。部分学者可能会加上概念有效性：更普遍化的理论在概念有效性上越脆弱，因为将理论延伸到更广泛的情境中，可能会导致概念延伸。

过去二十年，学者们处理普遍性与简约性、准确性、因果性、概念有效性的取舍主要有两个方向：一个方向是，高度普遍性层次上，实际上有可能提出有效的概念，这些概念嵌入的模型，如果被适当运用，是可以用来进行大样本比较，而且在简约性、准确性、因果性上表现良好。另一个方向是，致力于对自己的发现进行规范和情景化约束，明确对自己的研究范围施加限制。在这些学者看来，即使是重要的理论，有时只能运用到有限的领域。

案例内分析能够克服选择偏误吗?

质性方法论能提供工具帮助克服选择偏误吗？唐纳德·坎贝尔（Donald Campbell）认为案例内研究有可能（Campbell，1975：181-182）。案例内研究是质性研究中的因果推论工具，也被称为过程分析、模式匹配、过程追踪、因果描述。此方法在质性研究领域历史悠久。案例内研究依靠对单一对象的多面分析来检验假设。

双变量案例中，选择偏误的问题就是案例的过度代表问题，这种情况下，自变量之外其他因素的极值，对造成因变量更高的值有着重大影响。继续以帕特南的例子来说明，除了公民性之外的一个或多个自变量，在解释高水平政府绩效方面发挥着更大作用。这些其他变量包括经济现代化等。以案例内研究为基础的因果评价，无疑会对这些具体案例提供新的洞察，但是案例内研究不可能使这些变量像公民性一样在全样本中发挥如此大的解释作用。因此，两位作者认为，案例内研究是非常有价值的工具，但解决不了选择偏误。

以极值案例（extreme cases）为基础的复杂化

质性研究通过展示因果解释的多面特征，突出了案例研究和小样本分析在发现新假设和复杂化已有理解上的价值。如果质性研究者有非凡的工具来发现新解释，分析的案例展现出极端结果，那么他们确实提供了新发现，找到了独特极值的结合，来解释案例中的极端结果。从回归分析的学者们看来，质性研究可能发现了遗漏变量，这有助于解释因果效应中的偏误估计。

不过，两位作者认为，质性研究的这一优点，反过来使得案例研究和小样本研究易犯系统性错误的毛病。如果研究者忽视了他们正在处理的是一个截断样本，仍继续把新发现的解释普遍化到全样本，这种系统性错误就会发生。案例研究和小样本分析因其能把握特定主题上的细微差别和复杂性，而经常受到推崇，但科利尔和马洪尼对这两种研究普遍化的努力是持怀疑态度的。

两位作者最后总结到，对质性研究者来说，选择偏误最通常的风险是，过低估计了主要因果因素的重要性，这些因果因素和更大的比较框架是相关的。对量化研究来说，重大的风险在于过高估计了解释的重要性，这些解释是通过极值案例的观察发现的。

选择偏误与无变化问题（the no-variance problem）

接下来两位作者讨论了质性研究中选择偏误运用的陷阱问题。首先他们评价选择偏误和无变化问题。有时在质性研究中，所要解释的结果要么是二分变量的一个数值，如战争或革命，要么是连续变量的极值，如高增长率或低增长率。这在因变量上是没有变化的。

金、基欧汉、维巴，还有盖迪思，批评了因变量缺少变化的研究。这是四人讨论选择偏误的核心。这些学者提出无变化研究是重要的，但在很大程度上是一个孤立的议题。因此，他们认为采用这种设计的研究，如果不考虑自变量取其他值的其他案例，对因变量的原因的分析是一无所获的。这些学者认为，这一分析没有指出与特定结果匹配的因果因素是否会出现在结果不一样的其他案例，所以不可能去判定这些因素是否有因果关系。因此，这些学者建议抛弃无变化研究设计。

科利尔和马洪尼认为，以选择偏误为基础判定无变化设计是不合理的，这种观点多多少少是有误导作用的。近来关于选择偏误的警告，主要来自计量经济学和共变性分析。两位作者认为，无变化设计最好通过比较方法和小样本分析来评价。首先，传统的思考无变化设计的方法是密尔的求同法。相比较回归分析，求同法要弱得多，但作为排除法的一种，确实有助于因果评价。其次，无变化设计有助于产生新信息和发现新解释，从更大的研究循环来说，这为更广的比较提供了必不可少的数据，为比较研究提供了新假设。第三，无变化设计通常是和反事实分析结合在一起使用的，这种情况下，因变量缺少真正变化可以通过反事实推理来弥补。

综合考虑来看，两位作者提出，如果对给定结果知之甚少，集中分析一个或两个案例，比更广的研究更有效果。更广的研究关注正面案例和负面案例。这有可能得出有效性值得怀疑的结论。不过，不使用这种对比案例（contrast cases）检验提供的比较视角，研究者会丧失很多分析手段。总之，把对比植入研究设计中是有效的。但完全排除无变化设计是没有成效的。

因此两位作者提出应进一步观察无变化问题。关键变量缺少变化不单单发生在因变量上，也会发生在自变量缺少变化的案例研究中。如果研究者仅关注一个自变量数值，他们就会得出错误的结论，除非也考虑自变量上的其他数值。因此，选择偏误是一个非体系问题，只出现在因变量的选择上；无变化问题是体系性的，不仅出现在因变量上，也出现在自变量上。这就是进一步区分选择偏误和无变化问题的理由。

因变量和研究问题上的分歧

选择偏误的另一陷阱是由因变量的识别和因变量变化范围的分歧引起的。罗戈夫斯基与金、基欧汉、维巴争论于此。这些争论给我们的启发是，得出选择偏误的结论之前，需要认真思考引导研究设计的问题，以及针对研究问题的合适比较框架。

两位作者以工业竞争化和国际威慑来分析第二个陷阱。讨论的结果是，正在考察的研究确实是有变化的。就存在的问题来看，这不是缺少变化的问题，而是选择偏误。如此来看，关注无变化设计分散了选择偏误的注意力。

工业竞争力

　　金、基欧汉、维巴对米歇尔·波特（Michael E. Porter）工业竞争力观点（Porter, 1990）的批评（King, Keohone, Verba, 1994：134），过于迅速地对准了无变化问题，而不是聚焦于选择偏误。三位学者认为，波特选择的十个国家，在工业竞争力这个因变量上，拥有共同的结果，使得因变量几乎成为一个常量。所以他们认为波特会遇到因果推论的大麻烦。

　　与之相反，波特认为，国家竞争力是具体部门竞争力的累积结果，理解整个结果的方法是，将之分解成各个组成要素。因而，波特不断强调，他的核心目标是解释工业部门层次上的失败和成功，而非国家层次上的；为此，他考虑了成功和不成功的部门。因此，在波特的框架中，因变量确实是有变化的。

　　就一般理解的选择偏误来说，问题出现在案例选择的模式上。尽管在研究具体部门时，波特已经把竞争力失败的负面案例包括进来，但是，总体上，他的分析限制在有竞争力的国家，这十个国家要么已经拥有了高度的竞争力，要么就是在快速获取的进程中。因此，波特间接选择了因变量，其选择的样本只包括更高竞争力的国家。

　　尽管波特的发现是多面的，也不应该被过度简化，他的结论确实高度重视特殊自变量，他所提出改善竞争力的建议是根据各国具体情况进行的。如其在尾章开篇指出的，"每一个国家，和讨论这些国家的方式是一样的，都是独一无二的。每一个国家都有自己的历史、社会结构、制度，这些都会影响到国家的选择"。波特的设计及其得出的结论反映了聚焦极值案例的小样本分析的选择偏误问题。

　　在评价偏误问题时，始终要牢记上文论及的因果异质性的标准：如果波特认为，他分析的因果模式和这十个国家是密切联系的，从因果异质性的标准来看，追求更广的比较需要复杂的取舍权衡。即使是有限的比较框架造成了偏误，他也不应该期望去囊括其他额外的案例。然而，波特实际上主张他发现的模式是可以适应更大范围的。

针对波特的问题，两位作者提出两个方案。就波特关心因果同质性的更广比较来说，一种方案是选择十个国家，这十个国家反映了竞争力变化的整个频谱。如果波特只关注竞争力强的国家，另一种方案是选择自变量特殊值的国家，这些自变量和国家竞争力有着显著的相关性。尽管和因变量相关，但自变量是真正外在的，这种选择方法不会造成所担心的偏误，因为它和潜在的偏误项是没有关系的。

国际威慑

阿什和斯奈德以亚历山大·乔治（Alexander George）和理查德·斯莫克（Richard Smoke）的《美国外交政策中的威慑》为例（George and Smoke, 1974），认为在国际威慑研究中，案例选择是一个体系上的偏误，这部分是因为这些研究几乎关注的都是威慑失败案例（Achen and Snidal, 1989：161）。

针对阿什和斯奈德的批评，乔治和斯莫克反击道，他们不是在研究成功威慑和失败威慑之间的替代，而是希望解释威慑失败案例之间的差异。他们依据发起者的主动性提出了三种威慑失败模式：既成事实（fait accompli）、有限探查（limited probe）、可控压力（controlled pressure）。乔治和斯莫克通过以下因素解释这些模式：发起者对危险的感知；发起者对防御者承诺水平和能力水平的认知。这些模式确实在因变量上是有变化的。乔治和斯莫克致力于解释发起者行为的差异，威慑如何进行下去的差异。

或许有这样的观点认为，乔治和斯莫克把上述三个模式都归于威慑失败，他们寻求解释的变量，是处在阿什和斯奈德的因变量的高数值一端。不过，因为既成事实通常会导致战争，此模式可以被看作更完全的威慑失败，而有限探查和可控压力，被看作次完全失败。

科利尔和马洪尼认为，关键问题是对相似因果模式运行范围的不同理解。乔治和斯莫克认为，当代抽象的、通约的威慑理论对政策应用来说是不充分的，他们的分析才是对美国做出实际威慑行动时复杂性的讨论。他们希望研究的此种复杂性不是发生在整个全样本中，出现的因果模式不是同质的。因此，尽管乔治和斯莫克集中关注更大变量极值上的差异，付出了偏误的代价，但是期望他们放弃这种比较是不合理的。与之相反，阿什和斯奈德有着不同的研究问题。他们对一般的威慑演绎理论感兴趣，在这种理论框架中，设计了跨越更广案例范围的持续因果关系模式。他们十分恰当地看到了要对威慑成功进行持续的分析，也包括威慑失败。归纳来看，乔治和斯莫克的案例研究是对阿什和施耐德威慑理论的检测；在方法论上，乔治和斯莫克的极值案例研究，其分析结果是选择偏误的。

科利尔和马洪尼总结到，波特、乔治和斯莫克的例子提醒研究者，无变化问题比有时我们想象的，较少发生，但更为复杂。有些研究关注的案例在因变量是没有变化的，因果推论当然就会受限。不过，因为学术追求差异的本性，学者们有着强烈的取向，去发现主要后果上的差异。这些后果正是学者们努力要去解释的。重要的是，将选择差异的直觉和对差异的更强大意识联系起来，才有可能产生有用的、无偏误的研究。

通过比较更大案例集来评价选择偏误

如果大家认为某项研究患上了偏误的毛病，该如何评价结果？盖迪思提出可以通过比较初始案例集中的结论和额外案例集中的结论，来评价研究结果。她的分析是以发展出一套数据集为基础，展示选择偏误的影响。科利尔和马洪尼对盖迪思分析的四个案例进行了详细阐述。前两个案例，提出了案例选择的问题，以及偏误的预估方向问题。后两个案例是关于时间序列分析和选择偏误之间的关系。

革命

尽管斯考切波（Theda Skocpol）考察了社会革命没有发生的对比案例（Skocpol, 1979），但她根据因变量的数值有意选择了案例，使得她的观点比以更多案例为基础的观点影响小一些。盖迪思对 9 个拉美国家进行了纵向比较分析，发现在这些案例中，斯考切波找到的革命原因是存在的，但并没有发生革命。另外有些案例中，革命原因不存在，但社会革命发生了。盖迪思提出以这些新案例为基础的发现，质疑了斯考切波的观点。

范围的问题再次成为此处的中心议题。在国家和社会革命的导言和结论中，斯考切波说，她不是要提出一个普遍的革命理论，她的观点只是针对富裕的、政治上野心勃勃、没有经历过殖民统治的农业国家。这些条件之外，因果模式是不一样的。盖迪思所分析的拉美国家都不满足斯考切波对范围的具体界定。实际上，斯考切波明确排除了三个国家：墨西哥、玻利维亚、古巴。这三个国家包含在盖迪思的补充检测中。因此，盖迪思发现，斯考切波找到的因果模式在拉美国家没有出现，其实这个发现和斯考切波的观点是一致的。

对斯考切波的评价，两位作者得出两个结论，第一，质疑因果同质性范围特殊规定的恰当性，一直都是合理的。但是，盖迪思没有质疑斯考切波对范围的具体规定，因此没有确立她的更广泛比较对斯考切波原初观点的重要性。第二，如果延伸包括的案例是因果异质性的，由额外案例得出的发现，就不能归于选择偏误，而是因为不同因果模式。

新兴工业化国家

对新兴工业化国家的研究，涉及的是比较框架的作用问题。盖迪思

比较研究的质性方法
洞察和陷阱

所考察的,都是高增长率的国家(地区)如中国台湾、韩国、新加波、巴西、墨西哥,这些国家的高增长率是因为劳工镇压(labor repression)。盖迪思认为,因为案例是根据因变量来选择,也就是选择了高增长率的国家,因此不能说,劳工镇压和增长率之间的关系是所有发展中国家的共同特征。为了进一步探讨这个假设,盖迪思提出了劳工镇压的程度,就劳工镇压和经济增长之间的关系进行了一系列的多国家检验(Geddes, 1990: 134)。盖迪思的研究虽然是冒险的尝试,但得出的结果,科利尔和马洪尼认为值得认真思考,尽管这些结论不能完全令人信服。

盖迪思指出,关注东亚新兴工业化国家的学者,所选择的案例都是经济增长较为成功。事实上,这些学者是对因变量进行了选择,从而造成选择偏误。盖迪思发现了七个东亚国家中劳工镇压和经济增长之间的强大关系,但是这种强大关系,当她比较多个第三世界国家时就消失了。这些所比较的第三世界国家不是参照因变量进行选择的。因而,盖迪思的核心观点是,当案例选择不是根据因变量来进行的,就会有不同的发现。

这使得学者要更为仔细地看待比较框架是否适合新兴工业化国家的观点。首先从对比空间开始,对比空间指的是第三世界国家,这些国家在上世纪 60 年代到 80 年代经历了快速的工业扩张和经济增长。因此,首先观察的是和对比空间相关的负面案例,这些负面案例包括这一时段没有经历快速经济增长的国家。拒绝将非新兴工业化国家纳入分析,是不可持续的,因为没有这样的比较,分析就缺少最低的、可行的对比。

其次,除非区域研究专家有理由认为,跨越更大的案例集,因果关系就不是同质的。否则,区域研究专家就不该拒绝将比较扩展到自己研究的区域之外。科利尔和马洪尼认为,即使关注具体案例集的学者,也可以通过更广的比较来获得关于这些案例的新观点。

第三,新兴工业化国家文献的核心观点是劳工镇压和经济增长之间的因果关系,适应两类具体案例集:(1)经济发达的第三世界国家,这些国家正处于国内市场导向工业化提升时期;(2)经济增长各不相同的第三世界国家，正处于出口导向工业化。适合于第一类案例集的负面案例，是在更发达的第三世界国家中寻找，而对于第二类案例集来说，包括更广泛发展水平的国家。根据这个标准，科利尔和马洪尼认为，盖迪思对第三世界发达国家的更广的比较，遗漏了重要案例，排除了更低层次上的出口导向型工业化国家。尤其是从七个东亚案例中排除了泰国、印尼、菲律宾三个国家。

第四，在科利尔和马洪尼看来，寻找相关负面案例过程中，出现了复杂的排序问题。比如，强大的劳工动员造成了严重的社会经济危机，同时也造成了紧张的政治反应，包括持续的劳工镇压和持续的经济倒退。在横向研究中，这可能被看作高度劳工镇压和低增长的案例，这与先前的假设是相反的。从纵向比较来看，这可以被看作劳动动员的强度和低增长之间的重要关系，和先前假设是一致的。以第四个标准为基础，科利尔和马洪尼对第三世界国家的更广比较，是持保留意见的。

总体来看，盖迪思的评价可能包含着因果异质性问题，或者选择偏误的问题，或者两个问题皆有。不过，两位作者希望，盖迪思扩展新型工业化国家观点的努力能激起学者们进一步的反思，去探寻合适比较框架。

时间序列分析

最后两个例子，盖迪思考察了因变量选择的问题，此问题和选择结束时间点有关。盖迪思从下面的发现开始：

分析者会感到他们没有选择结束点，只是能获得信息的最近一年。不过，如果我们选择的案例是时间序列的结束点，实际上我们就是选择了因变量。如果得出的结论强烈依赖于最近的时间数据点，当获得更多的信息时，这些结论就会被证明是错误的。

处理这个问题，就是进一步应用盖迪思的核心观点——通过延长分析的时间来获取新观点。两位作者认为，选择结束时间点，这不是选择偏误的问题。

盖迪思时间序列分析的第一个例子是，保罗·普雷维什（Paul Prebisch）考察了19世纪末期到二战期间初级产品贸易条款的萎缩（Prebisch，1950）。盖迪思指出，普雷维什之后的研究使用了不同的结束时间点，都未能成功复制出他的结果（Geddes，1990：146）。在盖迪思看来，从选择偏误的角度来看，是可以理解的。不过，再仔细地考察，普雷维什的研究不是盖迪思所担心的选择模式的问题。在普雷维什的时间序列中，最近的两个数据时间点实际上表明了贸易条款的改进。因此，通过尝试解释时间序列中最后的数据时刻点，普雷维什得出正确的贸易条款萎缩的结论，因此这不是盖迪思提出的因变量选择的问题。

第二个例子是阿尔伯特·赫希曼（Albert Hirschman）对智利通货膨胀的分析（Hirschman，1973）。盖迪思认为，赫希曼的时间序列设计是想去论证，智利的通货膨胀逐渐受到控制……因为竞争性的政治团体认识到他们之间竞争的徒劳无用，政客们逐渐能更好地理解通货膨胀。盖迪思认为，赫希曼的发现是有偏误的，在他的书出版之前，最近获得的数据对应的是通货膨胀率低的年份，也就是1960和1961年。为了证明选择程序导致了偏误，盖迪思延伸了赫希曼的初始时间序列，得出了明显不同的结论。盖迪思发现，1960和1961年不正常的通货膨胀迅速回到更高的水平。因此，政治团体和领导者的学习是控制通货膨胀的原因，这个观点是不可信的（Geddes，1990：147，148）。在盖迪思看来，没有证据表明，政治团体已经认识到压制通货膨胀需求的徒劳无功，或者政治领导者们已经掌握了解决问题的方法。

在这个例子中，盖迪思延伸了时间序列。不过，这种延伸并没有对起初研究的结论表示怀疑。实际上，赫希曼谨慎地表达了他的观点，这个观点盖迪思也是赞成的。赫希曼提出行为体不会渐渐更好地理解问题，用赫希曼自己的话来说，没有解决什么。这在盖迪思的引文中遗漏了。考虑到赫希曼此处实际上所说的，他的研究应该被作为时间序列数据恰当仔细解释的典范。

通过这两个例子，两位作者主张，评价时间序列变动的问题是极其重要的，但不是如通常理解的选择偏误问题。其他学者以中断时间序列设计为基础，开始讨论此问题。这种方式的讨论更恰当。

总而言之，尽管科利尔和马洪尼质疑盖迪思选择偏误的观点，但是他们相信，检验早期更广比较框架为基础得出的结论，是必不可少的工具，有助于探究任何发现的普遍性和有效性。

结论

两位作者指出本文讨论的问题是复杂的，需要学者从多个视角来观察分析。本文的目标不是要解决这些问题，而是提出这些问题，帮助学者们思考选择偏误。文章最后，两位作者做了如下总结：

首先，选择偏误确实是普遍的、潜在危险的问题。即使学者们提出，他们没有兴趣研究因变量更大变化的更大案例集，选择偏误依然是一个问题，如果所研究的案例在所要解释的结果是存在全谱系变化的，但是研究者只选择极值的案例，选择偏误也会成为问题。尽管案例内分析是案例研究和小样本研究中重要的因果推论工具，它是不足以克服选择偏误的。

第二，选择偏误多多少少会引起其他问题，这些问题都聚焦在因变量的极值案例上。对量化研究者来说，分析这些案例的问题在于过低估计了正在研究的主要因果效应。相反，对案例研究和小样本分析来说，风险在于过高估计了极值案例研究中得出的解释的重要性，包括我们所谓的极值案例为基础的复杂化。然而，如果这些分析者承认极值案例所表现的与众不同，他们对复杂化的倾向会产生这些案例的有价值认识，以及对案例间关系的认识。

第三，评价选择偏误经常出现的问题是界定比较框架，比较框架是用来评价因变量的整个变化的。切入点是把握对比空间，对比空间有助于发现相关的负面案例，这些负面案例应该纳入比较之中。进一步的比较是将比较框架限制在同质性因果关系的范围内。从更广比较的优势和更狭窄比较的优势来看,这个标准是有意义的。更广比较的优势是包含了因变量上更大的变化,避免了选择偏误,更狭窄比较的优势是研究者仅关注同质性的案例,分析上更容易处理。这二者之间的取舍可以用普遍性与简约性、准确性、因果性、有效性之间的取舍来看待。学者们对这些取舍观点各异。无论学者们如何看待这些取舍,对他们来说,明确提出什么样的考虑使得他们选择某种比较框架,是非常有价值的。

第四,通过展现因变量更大变化的案例集,评价先前研究的发现,是一种非常有价值的方式,有助于探究选择偏误在先前研究中的作用,学者们应该对这种努力持开放态度。然而,这些努力会遭遇很多陷阱。刚刚讨论的比较范围提供的基本框架,会对这些努力有所帮助。

第五,通过研究设计的知情选择(informed choice),可以找到一些策略来避免选择偏误。不幸的是,在小样本分析中,随机抽样产生的问题比起所解决的问题还要多。另外一种方法是非随机抽样,有意制造一个案例,其在因变量上的变化和其在更大的案例集中的变化是相似的,如此提供一个相关的参照点。如果研究者对因变量数值高的案例特别感兴趣,另外一种方法是选择自变量极值的案例,这些自变量,和因变量是密切相关的。这样会产生一个因变量更高数值的案例集,如果自变量也被纳入分析中,选择偏误就不会发生,尽管会出现其他的偏误和错误。

最后,当选择偏误被作为标准来评价包含不同议题的研究类型时,会遇到另外的陷阱。因变量缺少变化的质性研究容易犯选择偏误的毛病,恰如以极值案例为基础的复杂化问题。然而,选择偏误不是评价如此设计的核心问题,不是摒弃无变化设计的理由。同样的,关注时间序列数据中结束点的一个或几个数值的研究,也容易犯错误,但不是选择偏误的错误。

除了这些总结之外,科利尔和马洪尼认为以下两个问题需要进一步探讨:

第一个问题是限制分析范围的因果同质性标准。对于将选择偏误的观点应用到质性研究的学者,核心是理解质性研究如何进行,与回归分析相联系的具体观点之间的相似性和差别。对质性研究来说，分析异质因果关系是非常困难的。不过，查尔斯·拉金（Charles Ragin）看法不同，在《比较方法》一文中，拉金从因果异质性出发，通过必要原因和充分原因的逻辑来分析这种异质性（Ragin，1987：15）。通过概率回归模式思考因果关系的学者，和拒绝必要原因和充分原因的学者，最好考虑由拉金的视角所提出的问题。

第二个未解决的问题是以极值案例为基础的复杂化的竞争性解释。这个问题出现在案例研究或小样本研究中，这些分析者选择因变量特殊的极值案例，声称发现了与众不同因的变量组合。对于这些极值案例，一种解释是，只要所研究的单元在因变量上有极值，这将是经常出现的情况；另外的解释是，这种发现实际上反映了真正的因果异质性。那就是说，就具体因变量的极值案例来说，自变量的改变实际上有着不同的因果效应。

【参考文献】

Achen, Christopher and Duncan Snidal, Rational Deterrence Theory and Comparative Case Studies, *World Politics*, Vol. 41, No. 2, 1989, pp. 143 – 169.

Campbell, Donald, Degrees of Freedom and the Case Study, *Comparative Political Studies*, Vol. 8, No. 1, 1975, pp. 49 – 67.

Collier, David, Translating Quantitative Methods for Qualitative Researchers: The Case of Selection Bias, *American Political Science Review*, Vol. 89, No. 2, 1995, pp. 461 – 466.

Garfinkel, Alan, *Forms of Explanation: Rethinking the Questions in Social Theory*, New Haven: Yale University Press, 1981.

Geddes, Barbara, How the Cases You Choose Affect the Answers You Get: Selection Bias in Comparative Politics, in James Stimson, ed., *Political Analysis*, Vol. 2, Ann Arbor: University of Michigan Press, 1990.

George, Alexander and Richard Smoke, *Deterrence in American Foreign Poli-*

cy: *Theory and Practice*, New York: Columbia University Press, 1974.

Hirschman, Albert, *Journeys toward Progress: Studies of Economic Policy-Making in Latin America*, New York: W. W. Norton, 1973.

King, Gary, Robert Keohane, and Sidney Verba, *Designing Social Inquiry: Scientific Inference in Qualitative Research*, Princeton: Princeton University Press, 1994.

Porter, Michael, *The Competitive Advantage of Nations*, New York: Free Press, 1990.

Prebisch, Raul, *The Economic Development of Latin America and Its Principal Problem*, New York: United Nations, 1950.

Przeworski, Adam and Fernando Limongi, Political Regimes and Economic Growth, *Journal of Economic Perspectives*, Vol. 7, No. 3, 1993, pp. 51 – 69.

Putnam, Robert, *Making Democracy Work: Civic Traditions in Modern Italy*, Princeton: Princeton University Press, 1993.

Rogowski, Ronald, The Role of Theory and Anomaly in Social-Scientific Inference, *American Political Science Review*, Vol. 89, No. 2, 1995, pp. 467 – 470.

Ragin, Charles, *The Comparative Method: Moving beyond Qualitative and Quantitative Strategies*, Berkley: University of California Press, 1987.

Skocpol, Theda, *States and Social Revolutions: A Comparative Analysis of France, Russia, and China*, Cambridge: Cambridge University Press, 1979.

(译者单位：华东政法大学科学研究院)

比较的必要性
——量化政治学中的理论证实

〔美〕加文·克拉克 著

张春满 编译

加文·克拉克（Kevin Clarke）是美国罗切斯特大学政治学系副教授。他是一个政治方法论者。他的研究兴趣包括量化理论比较、科学哲学和国际关系。他发表在《比较政治研究》杂志2007年第7期上的这篇文章向读者展示了量化方法在比较研究（主要是理论验证）中的优势，同时也指出只有当两个对立的理论被相互检验时，我们才能确信理论得到了明确的证实。[①] 该文主要内容如下：

最近一段时间，比较政治学对政治学中的推论进行了广泛的讨论。加里·金（Gary King）、罗伯特·基欧汉（Robert Koehane）和西德尼·维巴（Sidney Verba）在1994年开启了这场讨论。他们非常确定地声称，所有的社会研究都遵循了一个共同的推论逻辑。其他声誉卓著的比较学者迅速跟进了这个讨论。戴维·莱廷（David Laitin）、詹姆斯·卡普拉

[①] 参见 Kevin A. Clarke. "The Necessity of Being Comparative: Theory Confirmation in Quantitative Political Science", *Comparative Political Studies*, 2007, Vol. 40, No. 7: 886 – 908。

索（James Caporaso）、戴维·科利尔（David Collier）和罗纳德·罗戈夫斯基（Ronald Rogowski）都根据他们的偏好，形式各样地修正或者替代了上述推论的逻辑。亨利·布拉迪（Henry Brady）和戴维·科利尔在2004年重新掀起了这个讨论，他们尝试提出一种新的替代方法论（Collier, 2004: 264）。最近，詹姆斯·约翰逊（James Johnson）研究了当前盛行于政治学中的实证主义的恶果（Johnson, 2006: 224）。他开始提出一种以因果解释为中心的实用主义路径。

约翰逊指出，因果解释只是这种替代路径的一个核心部分而已（Johnson, 2006: 246）。克拉克的目的是讨论第二个核心部分——比较。一个有意义的理论证实不是关于一个理论与数据的关系，而是关于多个理论与数据的关系。很多政治学家当然很熟悉比较性的理论检验。那些对托马斯·库恩（Thomas Kuhn）、伊姆雷·拉卡托斯（Imre Lakatos）、拉里·劳丹（Larry Laudan）、理查德·米勒（Richard Miller）和杰弗里·利维（Geoffrey Levey）的哲学感兴趣的政治学家也能认识到比较的力量（Kuhn 1970; Lakatos 1970; Laudan 1977; Miller 1987; Levey 1996）。克拉克要论证的一个观点是，在政治学的标准实践中，当我们试图通过演绎的结果（deductive consequences）来确定一个理论的时候，我们必须进行比较才能对理论证实给出肯定的判断。[①]

为什么比较性的理论检验是必需的？毕竟按照实证主义的标准解释，一个理论与它的对立理论相比，可信度如何并不是一个问题（Miller, 1987: 7）。政治学中的理论检验，是通过考察演绎出来的衍生假设来实现的。一个研究者从一个理论中推论出一个假设，然后对它进行检验。如果这个假设被数据所支持，那么推论出这个假设的理论就能被肯定（或者"被证明"、"被支持"、"被验证"以及"获得可信度"）。如果该假设不被数据所支持，那么这个理论就不能被肯定或者是被证伪了。然而，就是这个演绎的结构阻止了这些结论被验证。克拉克的目的

[①] 需要澄清的是，克拉克认为的理论是包含一个解释的"对一个主体的一般性的系统的说明"（Boyd, Gasper, &Trout, 1993: 781）。假设是从理论中抽出来的论断。他们能够揭示一个或者多个自变量与因变量之间的特殊关系（Brady & Collier, 2004: 289）

就是要展示，作为政治学者，我们如何能成功地使用不同的统计检验和这个演绎的结构，来产生有意义的推论。

证伪主义（falsificationism），证实主义（confirmationism）和贝叶斯证实主义（Bayesian confirmationism）是政治学者检验理论时使用的三种主要的统计策略。为了说明比较的价值，克拉克要证明当一个理论只是单独被考虑的时候，不管使用上述哪种统计策略，理论证实在逻辑上都是不可能的。证伪主义的策略并不能帮助一个研究者从逻辑上来证伪一个理论。因此，一个理论并不能因为没被证伪就得到确定。证实主义的策略，无论是贝叶斯式的还是非贝叶斯式的，都不能帮助一个研究者从逻辑上证实一个理论。克拉克建立了一个必要充分条件来进行实证主义的理论证实。并且只有在两个对立的理论相互进行检验的时候，这个条件才能成立。最后，克拉克讨论两种进行比较性的理论检验的方法，从而说明比较不仅是必需的，而且也可以是简单和实用的。

有效的和无效的演绎论证

一个理论是通过演绎与一个假设联系起来的。① 假设才是实际上可以被检验的关于两个或者多个变量的论断。一个假设从理论中推论出来的方式，可以是正式的，也可以是非正式的。之后，这个假设才会被数据所检验。要想理解这个结构和统计检验之间的联系，我们需要理解两种论证：有效的和无效的。

有效的演绎论证采用否定式（modus tollens）。它构成了统计学中证伪主义和经典假设检验的基础（Howson and Urbach, 1993：171）。考虑下面的推论形式：

如果 x 是人类，那么 x 是会死亡的
x 是不会死亡的
$\vdash x$ 不是人类.

---

① 克拉克在讨论中使用了很多形式逻辑中的符号——编译者注。

很显然，人不会永远活着。所以，如果我们观察到一个东西是不死的，那么我们就可以非常肯定地下结论说，这不是人。更正式的说法是，T 是一个理论，H 是一个假设。这个否定式就可以写成 $T \rightarrow H, \neg H \vdash \neg T$。$\neg T$ 这个结论是能从上述两个前提（"如果 T 则 H"，"没有 H"）中有效地推导出来。无效的演绎论证在逻辑错误上被称为"肯定后件"（affirming the consequent）。考虑下面的推论形式：

如果 x 是人类，那么 x 是会死亡的
x 是会死亡的 $\Bigg\}$ $\nvdash x$ 是人类

很明显，并不是所有会死的生物都是人类。尽管 x 是会死的，我们却不能作结论说 x 就是人类。用符号来表示这个错误就是，$T \rightarrow H, H \nvdash T$。$T$ 这个结论不能从上述两个前提（"如果 T 则 H"，以及 H）中有效地推导出来。

肯定后件的问题在于，一个东西是会死的有多种情况。而人是会死的只是这些情况中的一种。在上面的例子中，x 可以是一只猫，一只狗，甚至是一棵蒲公英。因此，仅仅靠观察到 x 是会死的，是不能让我们确信到底是哪一种。

接下来，克拉克说明了这两种论证是如何体现在政治学中的理论证实中的，以及他们导致的问题是什么。我们会发现，唯一能克服这个问题的方法就是应用比较性的理论证实。

演绎法和理论证实

虽然比较静态分析从形式理论中分离出来之时，很容易在政治学中看到演绎的理论证实，但是在实际中，这种方法是非常流行的。举例来说，戴维·莱克（David Lake）和马修·鲍姆（Mattew Baum）研究了政体类型对公共服务提供的影响。他们把国家当作"企业，以提供公共服务来换取收入"。并且，他们是在"一个竞争性的市场中"提供公共服务（Lake and Baum, 2001：597）。在民主国家，政治家流动性很高，国家就会"以相对更低的价格提供相对更多的服务"。而在非民主国家，

政治家的流动性不高，国家就会"利用垄断权力，提供更少的公共服务，赚取更多的租金"（Lake and Baum，2001：590）。

从他们的理论中，莱克和鲍姆得到一个假设。那就是：民主国家应该提供更多数量的公共服务。两位作者非常清楚他们的理论与假设之间的关系。在文章中，他们写道，这个假设是遵从了"文章前面所提到的逻辑"（Lake and Baum，2001：597）。我们在这里把这个逻辑写出来：

国家提供公共服务来换取收入

国家在一个竞争性的市场中提供服务

当障碍和成本都很低的时候，国家能够以相对更低的价格提供相对更多的服务

民主国家能提供更多的公共服务

莱克和鲍姆是否真的是从上面这些假定中提出了他们的假设并不重要。在克拉克看来，重要的是检验理论和假设之间的关系。对于一个研究者而言，想要主张一个被支持的假设反过来也支持那个理论，这个研究者必须认为它们之间是有关系的，而且往往这个关系是演绎推导出来的。即使莱克和鲍姆先提出了假设，然后才找了一个能包含它的理论也没关系。因为重点是，他们主张这个假设以及他们要检验的假设都是从那些假定中推导出来的。

莱克和鲍姆并不是唯一使用这种演绎方法的人。它在量化政治学的文献中随处可见。对比较政治学近期的一些文献进行简单梳理，就发现了很多使用这种方法的作品。他们包括理查德·康利（Richard Conley）、约翰逊·福克斯（Jonathan Fox）、罗纳德·罗尔施奈德（Ronald Rohrschneider）和妮塔·路德拉和斯蒂芬·哈格德（Nita Rudra and Stephen Haggard）（Conley，2006；Fox，2006；Rohrschneider，2005；Rudra and Haggard，2005）。

想了解这样演绎推导的结构是如何与统计检验相结合的，我们必须明白研究者在理论检验过程中的三个步骤。步骤一是从研究的理论中推导出一个假设。在上面给出的莱克和鲍姆的例子中，他们的理论是关于国家像企业一样，在一个竞争性的市场中提供公共服务来换取收入。从

这个理论中，两位作者推导出的假设是，民主国家能够提供更多的公共服务。克拉克用 $T \wedge K$ 这个符号来指代一个理论，以及它的附属理论和背景知识。① 他用 H_0 和 H_1 来分别指代零假设和研究假设。那么对于莱克和鲍姆的例子而言，步骤一就能抽象地写成 $T \wedge K \rightarrow H_1$。也就是，如果理论和它的背景知识是正确的，那么相应的假设就是正确的。

在理论证实的第二个步骤，研究者要陈述说，如果一个研究假设是正确的，那么在数据中应该能发现特定的统计关系。举例来说，证实主义者会说，如果一个研究假设是正确的，那么相关变量之间的系数应该体现出特定的方向和大小。作为证实主义者（参考下文"常规证实主义者"），莱克和鲍姆两人认为，如果他们的研究假设是正确的，在民主（这个变量）上的系数应该是正的。克拉克把这个说法表示为 $H_1 \rightarrow$ 系数是正确的。它的含义是，如果一个研究假设是正确的，那么它的系数应该有正确的方向和大小。

在理论证实的第三个步骤，研究者已经知道了数据是否支持那些假设，那么他们就可以说明他的理论是被证实了还是被证伪了。在接下来的部分，克拉克为政治学中三种主要的量化检验策略建构这三个步骤。这三种检验策略是证伪主义，证实主义和贝叶斯证实主义。在每个策略中，克拉克展示出当理论检验的演绎结构与这些统计策略一起使用时，会阻止我们确认一个理论。只有当理论证实是真正的比较性的时候，我们才能对理论证实作出肯定的判断。

证伪主义

克拉克以证伪主义作为开端有两个理由。首先，虽然政治学家很少应用它，但是他们却经常用证伪主义谈论理论检验（King et al.，1994：

---

① 附属理论和背景知识是与要检验的理论相一致的，用来从这个理论中得到可观测的预测值。（Boyd et al.，1993）

100－105)。其次，正如前面所言，经典的检验是基于证伪主义的思想。① 在下文中，克拉克讨论了一个与政治学家的研究实际比较接近的模型。他证明了同样的逻辑问题也是存在的。

当克拉克在前文中，讨论在证伪主义的情况下构筑三个步骤的时候，这三个步骤必须以零假设作为依托。原因在于，在实际中，经典的假设检验是关注零假设。所有的政治学家都是被告知，一个假设检验的两种可能结果是"拒绝零假设"和"不能拒绝零假设"。因为结论不涉及研究假设，所以整个逻辑是围绕零假设进行的。零假设的逻辑在步骤一中可以表示为 $T \wedge K \rightarrow \neg H_0$ 的形式。它的意思是"如果一个理论是正确的，那么零假设一定是错的"。很少有政治学家是这样写的，这就是为什么很少有政治学家是真正的证伪主义者。② 但是不管怎样，理解证伪主义的逻辑还是很重要的。

证伪主义的思路是，一个理论通过不被证明是错误的来获得肯定(Chalmers, 1982: 45)。为了表达自己的观点，克拉克首先展示证伪主义者已经知道的内容，即直接实现理论证实在逻辑上是不可能的。然后，克拉克展示通过不被证明是错误的来获得肯定是不合理的。因为证伪本身在逻辑上就是不可能的。如果证伪是不可能的，那么免于被证伪也毫无意义。这两个逻辑形式都在图1中展示出来了。

图 1
证伪主义的逻辑

不合理的理论证实　　　　　　不合理的理论证伪
1. 理论到假设　　　　　　　　1. 理论到假设

---

① 概率性的假设是不能被证伪的。举例来讲，当我们投掷硬币，需要出现多少个正面才能下结论说投掷的概率是50/50。对于这个问题是没有答案的。因为无论出现多少个正面，投掷硬币出现正面的概率都是50/50？费舍尔的创新之处在于，当数据和给定的假设不太可能的时候，我们可以"证伪"一个统计假设（Howson & Urbach, 1993: 174）

② 需要澄清的是，证伪主义一般有两种不同的使用方法。大多数政治学家只是在最初的意义上是证伪主义者，即用可证伪性来对科学的理论和不科学的理论划界。很少有政治学家在理论检验上是证伪主义者。

$T \wedge K \rightarrow \neg H_0$

2. 数据到假设

$\left. \begin{array}{l} H_0 \rightarrow P(y \mid H_0) \text{ is high} \\ \quad P(y \mid H_0) \text{ is low} \end{array} \right\} \vdash \neg H_0$

3. 假设到理论

$\left. \begin{array}{l} T \wedge K \rightarrow \neg H_0 \\ \quad \neg H_0 \end{array} \right\} \nvdash T \wedge K$

$T \wedge K \rightarrow \neg H_0$

2. 数据到假设

$\left. \begin{array}{l} H_0 \rightarrow P(y \mid H_0) \text{ is high} \\ \quad P(y \mid H_0) \text{ is high} \end{array} \right\} \nvdash H_0$

3. 假设到理论

$\left. \begin{array}{l} T \wedge K \rightarrow \neg H_0 \\ \quad H_0 \end{array} \right\} \vdash \neg (T \wedge K)$

总结：

我们因为步骤3中的逻辑错误，得到理论是正确的错误结论。

我们因为步骤2中的逻辑错误，得到理论是错误的错误结论。

不合理的理论证实

图1左侧的逻辑代表了这样的论证过程：如果一个理论是正确的，那么它的零假设应该是错误的。如果零假设是错误的，那么理论就得到确认了。在步骤1中，理论以及附属的假设和背景知识暗示零假设是错误的。在步骤2，概率性的否定式在显著性检验中被正常应用。[①] 我们拒绝零假设（即认为变量之间没有关系）的说法。从而，我们有条件地接受了替代假设，认为变量之间是有影响的。[②]

问题出在步骤3中。零假设在被拒绝之后，我们不能从逻辑上下结论说，这个理论应该被接受。如果我们错误地下了这个结论，我们就犯了肯定后件的错误。这个问题我们在"有效的和无效的演绎论证"部分提到过。这个就是说，零假设的可证伪性被无穷多个理论都暗含了。考虑如下例子，一个零假设说，一个变量上的系数是零，$H_0: \beta = 0$。所有包含这个变量的理论都意指这个零假设是错误的。即使我们不怎么去寻找其他可能正确的理论，我们还是不能对这个理论本身进行确定。因

---

① 古典统计学与贝叶斯统计学不同的是，它在假设已知的情况能提供数据的概率，$P(y \mid H_0)$。这是为什么在图1中使用那些符号。

② 严格意义上来讲，拒绝零假设对替代假设或者研究假设没有什么影响。但是，很多研究者一般都忽视了这一点。

此，零假设的可证伪性不能作为这些理论的证据。

证伪一个零假设不能肯定我们要研究的理论。研究者充其量只能声称，他的理论还没有被证伪。只有当证伪一个理论成为可能的时候，上述的结论才有效力。但是上述逻辑说明证伪是不可能的。

不合理的理论证伪

图 1 右侧的逻辑代表了这样的论证过程：如果一个理论是正确的，那么它的零假设应该是错误的。如果零假设是正确的，那么理论就被证伪了。在步骤 1 中，理论以及附属的假设和背景知识暗示零假设是错误的。问题出在步骤 2，步骤 2 出现了肯定后件的逻辑错误。我们不能拒绝零假设（变量之间没有影响），但是我们不能确定地下结论说，零假设是正确的。试想一下，我们不能拒绝零假设因为置信区间包括了零。对于任何置信区间而言，多个数值存在的情况下都可以得出这个结论。没有影响（也就是，系数等于零）只是这些数值中的一个而已。因为 $P(y \mid H_0)$ 的数值高就下结论说变量没有影响是错误的。步骤 2 出现的逻辑错误否定了步骤 3 中证伪的出现。① 因为，不能拒绝零假设不能证伪要研究的理论。

正如我们所看到的，拒绝零假设不能证实被研究的理论。不能拒绝零假设不能证伪一个理论。因为，通过免于被证伪而证实，在逻辑上是不能被验证的。鉴于此，克拉克使用直接证实。

常规证实主义

很少有政治学家是证伪主义者。很多人都会觉得图 1 中的推导很奇怪。图 1 中的逻辑与众不同的一点是在步骤 1。政治学家已经习惯了从理论中推导出一个研究假设 H_1，而不是推导出一个零假设 H_0。证实主义的逻辑起点是从理论中推导出 H_1，$T \wedge K \rightarrow H_1$。②

---

① 证伪主义的论证过程可能会有差别。比如，可以参考 Caporaso（1995：458）。不管理论和假设之间的关系多么复杂，图 1 中的逻辑在检验假设的时候是可行的。
② 常规这个词是用来区分这种证实主义和贝叶斯证实主义。

鉴于步骤1是根据H_1来写的，逻辑的剩下部分也要保持一致。因为在步骤2，就不能写成H_0的形式。这样做的后果就是，为了对系数的方向和大小得到一个大致的估计，政治学家大多要放弃严格的假设检验。体现这种思路的语言就是，断言具有一定大小和方向的估算系数"支持"或者"有证据支持"研究的假设。这类说法是与证伪主义相对立的，但是在政治学家的实践中，他们却普遍存在。

再来看一下莱克和鲍姆的例子。这个例子非常清晰地展示了如何在政治学中使用证实主义。回想一下在"演绎法和理论证实"部分，莱克和鲍姆寻找证据，想要直接支持那个从理论中直接推导出来的假设，即民主国家应该能提供更多的公共服务。在分析之后，两位作者声称，结果"强烈地一致地支持"该假设（Lake and Baum, 2001: 609）。他们提到，"根据我们的主要假设所预测的"，结果显示"在不同的条件下，民主程度提高与公共服务提供的增长有明显关系"（Lake and Baum, 2001: 613）。这里没有证伪主义的迹象。莱克和鲍姆的证实主义检验策略非常地清楚：具有正确的大小和方向的系数证实了假设。

图 2
常规证实主义的逻辑

1. 理论到假设

$T \wedge K \rightarrow H_1$

2. 数据到假设

$\left. \begin{array}{l} H_1 \rightarrow \text{Coefficient is correct} \\ \text{Coefficient is correct} \end{array} \right\} \forall H_1$

3. 假设到理论

$\left. \begin{array}{l} T \wedge K \rightarrow H_1 \\ H_1 \end{array} \right\} \forall T \wedge K$

总结：我们因为步骤2和3中错误的推论，错误地认为理论是正确的。

克拉克在图2中重现了常规证实主义的逻辑。这个论证过程是，如果一个理论是正确的，那么系数应该有正确的方向和大小。如果相关系数有正确的方向和大小，那么这个理论应该是正确的。在步骤2和步骤3中，我们再一次看到了肯定后件的错误。事实上，相关系数有正确的方向和大小不能帮助我们得到 H_1 的结论。当步骤2中未被证实的结果用来肯定步骤3中的后件，严重的问题就会产生。① 一个假设所指定的具有大小和方向的一个系数，不能证实那个包含了这个假设的理论。因为我们有可能犯了肯定后件的逻辑错误，所以相同的预测值可能是无穷个理论中的一个而已。如果无穷个理论暗含了相同的预测值，那么当预测值被支持的时候，没有理论能被证实。② 当一个理论单独被检测的时候，证实它是不可能的。

贝叶斯证实

为了解决研究中的问题，一些证实主义者转向了贝叶斯主义（Earman, 1992）贝叶斯证实有两种使用方法。第一种是与演绎方法一起使用：从理论中推导出一个假设，然后用贝叶斯方法去检测它。虽然这种模式被认为是哲学贝叶斯主义成果中的一个（Earman, 1992: 6），但是克拉克证明了它对研究者来说几乎没有用处。问题在于理论证实的演绎结构。

另外一种使用贝叶斯证实的方法是归纳型的。在一组限定的理论之中，可以使用贝叶斯方法来挑选最能被数据支持的理论。这个方法也是有问题的，但是提出的解决方案也具有启发性。克拉克先讨论第一种方法：贝叶斯证实和演绎法。

贝叶斯定理，简单来说就是

$$P(H \mid y) = \frac{P(H)P(y \mid H)}{P(y)} \propto P(H)P(y \mid H).$$

在数据已知的情况下，相关假设的概率 $P(H \mid y)$，是与该假设之前

---

① 步骤3可以写成简写形式。因为步骤1是以 H_1 结尾，步骤2是以 H_1 开始，所以我们可以 "省略中间环节" 而写成：理论到数据 $T \wedge K \rightarrow \left\{ \begin{array}{l} \text{Coefficient is correct} \\ \text{Coefficient is correct} \end{array} \right\}$? $T \wedge K$ 克拉克用文中的形式是为了保持步骤一和二的一致性。

② 人们会有把证实主义者方案中的步骤一，$T \wedge K \rightarrow H_1$，和证伪主义者方案中的步骤二，$H_0 \rightarrow P(y \mid H_0)$ is high，结合起来的冲动，但是这个策略是无效的。步骤三中的前提是 $T \wedge K \rightarrow H_1$ 和 H_0，在 H_1 和 $\neg H_0$ 之间没有必然的联系。

的概率 $P(H)$ 和假设条件下的数据的可能性 $P(y|H)$ 之积成比例关系。①

贝叶斯模式的优势在于，它能提供逆概率描述（inverse probability statement）（逆概率就是已知数据下的假设概率 $P(H|y)$，与之相反的是已知假设下的数据概率 $P(y|H)$）。这能帮我们避免在图 2 "数据到假设"步骤犯逻辑错误。因为贝叶斯统计提供研究假设的概率 H_1，在数据已知的情况下，我们能够有效地对 H_1 下结论。② 常规证实主义和贝叶斯证实主义的区别是在步骤二中：

$$\left.\begin{array}{l} H_1 \rightarrow Coefficient\ is\ correct, \\ Coefficient\ is\ correct \end{array}\right\} \forall H_1, \quad \left.\begin{array}{l} H_1 \rightarrow P(H_1|y)\ is\ high, \\ P(H_1|y)\ is\ high \end{array}\right\} \vdash H_1$$

在这里，我们不会犯肯定后件的错误。因为与常规统计学不同，贝叶斯统计学能在数据已知的情况下，告诉我们研究假设成立的概率 $P(H_1|y)$。贝叶斯证实的策略在图 3 中。

图 3
贝叶斯证实

详细形式

1. 理论到假设

$$T \wedge K \rightarrow H_1$$

2. 数据到假设

$$\left.\begin{array}{l} H_1 \rightarrow P(H_1|y)\ is\ high, \\ P(H_1|y)\ is\ high \end{array}\right\} \vdash$$

3. 假设到理论

$$\left.\begin{array}{l} T \wedge K \rightarrow H_1 \\ H_1 \end{array}\right\} \vdash T \wedge K$$

简单形式

1. 理论到数据

$$\left.\begin{array}{l} T \wedge K \rightarrow P(H_1|y)\ is\ high \\ P(H_1|y)\ is\ high \end{array}\right\} \vdash T \wedge K$$

---

① 按照假设、背景知识和数据的形式，贝叶斯定理可以写成如下形式：P（H｜y & K）= P（H｜K）P（y｜H & K）／P（y｜K）。为了简洁的需要，克拉克省去了 Ks。

② 第一个前提不能写成 H1 蕴 P（H_1｜y），因为其他的假设比如 H_1&I，也能暗示 P（H_1｜y）。在较低的程度上，数据也能证实这些假设。

总结：我们根据逆概率描述，　　　总结：我们根据逆概率描述，
有效地得到理论是正确的结论。　　有效地得到理论是正确的结论。

在步骤 1 中，假设是从理论中推出来的。在步骤 2 中，我们根据逆概率描述下结论认为假设是正确的。在步骤 3 中，好像我们还是像常规证实主义那样犯了肯定后件的错误。但是，需要注意的是，步骤 1 是以 H_1 结尾，步骤 2 是以 H_1 开始。这样我们就能省略 H_1，而写成图 3 右侧的简单形式。这个逻辑是可信的，证实因此变得可能了。

然而，当我们深入地思考贝叶斯证实的时候，问题就出现了。假定假设的概率介于 0 和 1 之间，$0<P(H)<1$，数据的概率也介于 0 和 1 之间，$0<P(y)<1$。当假设暗含数据的时候，$H{\rightarrow}y$，假设已知下数据的概率就会等于 1（Earman，1992：64）。① 在这些条件下，贝叶斯量化就简化为：

$$P(H\mid y) = \frac{P(H)P(y\mid H)}{P(y)} = \frac{P(H)}{P(y)}$$

因此，我们所依赖的逆概率描述就降低为该假设之前的概率与数据概率的比率。数据已知下的假设的概率只与假设之前的概率成比例关系与哲学贝叶斯主义没有任何关系。但是，它会成为很多研究者的主要忧虑。一个政治学家选择不提供信息的先验分布就不能得到验证。而选择了提供信息的先验分布就能充分决定验证的数量。没有政治学家能在这个基础上不要求验证。没有比较，有意义的理论证实是不可能的。

归纳的贝叶斯证实

使用贝叶斯的方法，不一定非要用演绎的模式。我们可以罗列出所有的理论，然后让数据加之先验的知识来挑选最被支持的理论。贝叶斯定理，就可以写成如下形式：

$$P(T_i\mid y) = \frac{P(T_i)P(y\mid T_i)}{\sum_{j=1}^{n}[P(T_j)P(y\mid T_j)]}$$

---

① 一个简单的例子就是：如果成为人类就意味着不是永生的话，$H{\rightarrow}M$，那么在已知是人的情况下，不能永生的概率就是 1。

贝叶斯量化的分母是全概率定理。当只有两种理论可以考虑的时候，它会得到：

$$P(y) = P(T)P(y|T) + P(\neg T)P(y|\neg T)$$

在任何真正的研究情景中，往往有多种可能性要考虑。如果我们假定理论 T 不太可能是正确的，那么 $\neg T$，也就是所有其他理论的集合，一定包含正确的理论。为了让这一点说得通，阿布纳·施摩尼（Abner Shimony）提出了"全方位假设"（catchall hypothesis）。它包含了所有关于解释变量的不具体的或者不知道的理论，这些理论对解释变量有一些解释力（Salmon，1990：179）。$\neg T$ 是这些被认真思考的替代理论和"全方位假设"的析和，即 $\neg T \equiv T_1 \vee T_2 \vee T_3 \vee T_4 \vee T_{n-1} \vee H_c$。

约翰·埃尔曼（John Earman）写道，"事实上，全方位假设 H_c 认为，一些还未出现的理论是正确的"（Earman，1992：168）。韦斯利·所罗门主张，在全方位假设中隐藏着的一些假设，会与一些既有的背景知识一起，包含具体的证据（Salmon，1990：191）。两位哲学家都认为，计算 $P(y|\neg T)$ 是不可能的。

如果不能计算 $P(y|\neg T)$，那么贝叶斯归纳法就不可能了。因为我们不知道所有可能理论的可能性，特别是那些在全方位假设中的可能性，所以我们不能计算贝叶斯定理中的分母。所罗门为这个问题提供了一个方案。它为比较性的理论证实提供了根据。所罗门证明了，如果我们能把要研究的理论限定为两个，那么我们就能避免使用 $P(y|\neg T)$。如果我们使用贝叶斯量化写下这两个理论，我们能发现分母是一样的，然后我们就能看他们的比例。

$$P(T_1|y) = \frac{P(T_1)P(y|T_1)}{P(T_1)P(y|T_1) + P(T_2)P(y|T_2)},$$

$$P(T_2|y) = \frac{P(T_2)P(y|T_2)}{P(T_1)P(y|T_1) + P(T_2)P(y|T_2)},$$

$$\frac{P(T_1|y)}{P(T_2|y)} = \frac{P(T_1)P(y|T_1)}{P(T_2)P(y|T_2)}.$$

上面的比例并没有告诉我们在多大程度上，数据是支持理论一或者理论二的。但是,这个比例能告诉我们,与理论二相比,数据在多大程度上能支持理论一。① 所罗门的方法不是用来证实一个孤立的理论,而是在与其他理论的比较中来证实一个理论。在下个部分,克拉克说明了如何用所罗门的方案来解决演绎性的理论检验所产生的问题。然后,在"量化理论比较"部分,克拉克展示了研究者如何有根据地比较理论。

比较的必要性

我们已经看到,证伪主义者和常规证实主义者的理论证实,已经被政治学理论检验的演绎性质所破坏了。一个理论可以暗含一个研究假设,但是支持该研究假设不能证实这个理论。同理,研究假设可能暗示在数据中存在一定的模式。但是找到这个模式不能证实这个假设。贝叶斯证实在理论上虽然克服了这个问题,但是只有在知道或者说明一个研究假设之前的概率是没有问题的时候,这样做才比较实际。问题在于,这永远不可能。

解决这个难题并不是要求放弃社会科学研究的演绎性质,而是要有比较性。克拉克用两个步骤展示这一点。首先,克拉克展示了,当一个理论不仅仅是研究假设的必要条件的时候,$T \rightarrow H_1$,而是它的充分必要条件的时候,那么问题就消失了。也就是说,理论必须是假设的充分必要条件才有效,假设必须是理论的充分必要条件才有效。第二,克拉克展示了只有当我们使用比较的方法,这个条件才是有效的。因为,使用比较的方法,我们就能保留我们研究的演绎性质。

从形式上完成步骤一,我们需要使用双条件的符号↔。它应该被翻译为"当且仅当"。利用它,我们能把理论暗示数据写成下面的形式:

$$\left. \begin{array}{r} T \wedge K \leftrightarrow H_1, \\ H_1 \rightarrow D \end{array} \right\} \vdash T \wedge K \rightarrow D.$$

不幸的是,这个形式与我们之前证实主义分析的结果是一样的。如果数据是支持的话,我们依然无法下结论认为理论是正确的

---

① $P(y \mid T_i)$ 在这个情况下不等于1,因为我们没有使用演绎的方法。

$$\left.\begin{array}{c}T \wedge K \rightarrow D, \\ D\end{array}\right\} \not\vdash T \wedge K.$$

为了找到理论证实的充分条件，我们需要进一步主张，当且仅当假设是正确的情况下，数据才会体现一定的模式。使用双条件的形式来修改上面的公式，我们就得到如下公式：

$$\left.\begin{array}{c}T \wedge K \leftrightarrow H_1 \\ H_1 \leftrightarrow D\end{array}\right\} \vdash T \wedge K \leftrightarrow D.$$

如果一个理论是一个研究假设的充分必要条件，而且研究假设是数据体现一个预期的模式的充分必要条件，那么该理论就是这组数据体现一个预期的模式的充分必要条件。

通过结合这两个条件，我们就为证实一个理论提供了充分必要条件。一个理论能被证实，当且仅当这个理论是相关数据体现一个预期模式的充分必要条件。这样，我们就能在证实理论的时候不犯肯定后件的错误。

$$\left.\begin{array}{c}T \wedge K \leftrightarrow D \\ D\end{array}\right\} \vdash T \wedge K.$$

这个逻辑引出了一个问题。那就是在政治学中，当且仅当理论是正确的时候，什么时候我们可以陈述说相关数据会体现一个预期的模式。即使在物理学中这样的陈述也很少见。① 所罗门的结果在这一点上就有效果了。在把一个理论与它的对立理论相比较的时候，我们就能做出这样的陈述了。②

考虑有两个理论和一个零假设，T_1, T_2, H_0。这两个理论之间没有区别。在逻辑的步骤一，当且仅当两个理论是一样的时候，零假设才能成立。

---

① 爱因斯坦的相对论提出了两个壮观的例子：水星的近日点和绕日光线弯曲。但是对爱因斯坦来说，事情也没有这么简单。其他的理论通过不断增加无关命题也能做出一样的预测。

② 在相同的方程中添加其他理论的假设并且单独检验他们不能构成理论比较。统计方程不是检验假设的机器。研究者不能随心所欲地添加其他假设。在下文中，克拉克假定统计方程只反映一个理论。

1. 理论到假设

$$(T_1 \wedge K) \equiv (T_2 \wedge K) \leftrightarrow H_0.$$

在逻辑的步骤二，当且仅当零假设是正确的，τ 取值为 0。如果 τ 不等于 0，我们就拒绝零假设。

2. 数据到假设

$$\left. \begin{array}{r} H_0 \leftrightarrow \tau = 0 \\ \tau \neq 0 \end{array} \right\} \vdash \neg\, H_0.$$

这个结果帮助我们肯定，在步骤三中，一个理论要比另一个理论更能被数据所支持。

3. 假设到理论

$$\left. \begin{array}{r} (T_1 \wedge K) \equiv (T_2 \wedge K) \leftrightarrow H_0 \\ \neg\, H_0 \end{array} \right\} \vdash (T_1 \wedge K) > (T_2 \wedge K).$$

这个逻辑我们也可以写成简单的形式。因为步骤一以 H_0 结束，步骤二以 H_0 开始。

4. 理论到数据

$$\left. \begin{array}{r} (T_1 \wedge K) \equiv (T_2 \wedge K) \leftrightarrow \tau = 0 \\ \tau \neq 0 \end{array} \right\} \vdash (T_1 \wedge K) > (T_2 \wedge K).$$

当且仅当 τ 取值为 0，这两个理论才是一样的。当 τ 不等于 0，我们能有根据地下结论说，理论一比理论二更好地被数据所支持。

因此，对于一个理论与另外一个理论比起来能得到多少支持，我们是能做出肯定的判断的。当研究者想要对他的理论做出一个肯定的说法时，比较是必需的。但是我们必须牢记，通过了这个测验并不意味着正在考虑的理论就是正确的。它确切的含义是，这个理论比其他替代理论更优。

量化的理论比较

我们用何种方式比较理论会与上面所讨论的逻辑相匹配呢？比较性的理论检验存在两种情况：嵌套的和非嵌套的。当第一个理论是第二个理论的一种特例的时候，第一个理论就是嵌套于第二个理论之中。当两个理论都不是另外一个理论的特例的时候，这两个理论就是非嵌套的（Kmenta, 1986）。克拉克每个都进行了讨论，然后用线性回归来展示他们。①

比较嵌套理论

考虑下面的这两个回归模型②：

$$Model1: y = X_1\beta_1 + \varepsilon,$$
$$Model2: y = X_1\beta_1 + X_2\beta_2 + \varepsilon,$$

在上面两个模型中，X_1 是 $n \times k_1$，X_2 是 $n \times k_2$，β_1 是 $k_1 \times 1$，β_2 是 $k_2 \times 1$，y 和 ε 都是 $n \times 1$。假定 X_s 是非随机的，所有经典假设都成立。

模型一是嵌套于模型二中的。因为当 β_2 等于 0 的时候，模型一就是模型二。检验模型一与模型二关系最简单的方法就是看 β_2 是否是等于 0，$H_0: \beta_2 = 0$。这个检验的逻辑符合我们的标准，

1. 理论到假设

$$Model1 \equiv Model2 \leftrightarrow H_0$$

2. 数据到假设

$$\left.\begin{array}{c} H_0 \leftrightarrow \beta_2 = 0 \\ \beta_2 \neq 0 \end{array}\right\} \vdash \neg H_0$$

3. 假设到理论

$$\left.\begin{array}{c} Model1 \equiv Model2 \leftrightarrow H_0 \\ \neg H_0 \end{array}\right\} \vdash Model1 < Model2.$$

在步骤一中，当且仅当两个模型是等价的时候，零假设才能成立。在步骤二中，当且仅当零假设是正确的时候，β_2 才会等于 0。当我们拒绝零假设的时候，我们把这个结果能应用到步骤三中，进而下结论说这

---

① 克拉克的意图不是对这些检验提供深度的讨论，而是证明说，比较性的理论检验与之前部分的方案是一致的。

② 在接下来的讨论中，克拉克假定统计模型准确地反映了理论。

两个模型是不等价的。模型二比模型一获得了更多的数据支持。这是因为在模型二中，其他变量的系数矢量不等于零。

这个检验能用著名的 F 检验来操作，

$$F[J,\ n-K] = \frac{(R\hat{\beta}-q)'\{R[s^2(X'X)^{-1}]R'\}^{-1}(R\hat{\beta}-q)}{J},$$

J 是限制项的数量（在这个情况下等于 k_2），K 等于 k_1+k_2，s^2 是 σ^2 的估计值，$R = (0_{k_2 \times k_1},\ I_{k_2})$，$q$ 是 $k_2 \times 1$ 零向量。这个检验操作起来很繁琐，大多数政治学家对它比较熟悉。

比较非嵌套的理论

一般来讲，在非嵌套的理论中进行选择，比在嵌套的理论中选择要难一些。但是克拉克在这里要讨论的检验，却是很简单。

再次考虑这两个回归模型：

$$Model 1: y = X_1\beta_1 + \varepsilon,$$
$$Model 2: y = X_2\beta_2 + \varepsilon,$$

在这里，所有的假设与在上个部分都是一样的。这两个模型是非嵌套的，因为没有一个是另一个模型的特例。当 X_1 和 X_2 有共同的变量的时候，人为地把两个模型嵌套起来，然后用 F 检验来操作并不是可行的（Greene，2003：154）。

克拉克在这里讨论了其在 2003 年提出的一个检验。如果我们用最大似然法（maximum likelihood）来估计模型一和模型二，每个产生的对数似然函数值（log-likelihoods）都是单独每次观察产生的对数似然函数值的总和。如果我们从模型一中取出它所有的对数似然函数值，然后用模型二中的对数似然函数值减去他们。如果这两个模型是等价的话，一半的差异应该是大于零，另一半的差异应该是小于零。于是，这个检验只需要问是否这些不同的中位数等于零。

零假设就是，在对数似然函数值中，这些差异的中位数等于零，$\pi_{0.5}=0$。当且仅当这两个模型是等价的时候，零假设才能成立。这个检验的逻辑也符合我们的标准。

1. 理论到假设

$$Model1 \equiv Model2 \leftrightarrow H_0$$

2. 数据到假设

$$\left.\begin{array}{l} H_0 \leftrightarrow \pi_{0.5} = 0 \\ \pi_{0.5} \neq 0 \end{array}\right\} \vdash \neg\, H_0$$

3. 假设到理论

$$\left.\begin{array}{l} Model1 \equiv Model2 \leftrightarrow H_0 \\ \neg\, H_0 \end{array}\right\} \vdash Model1 < Model2.$$

实施这个检验非常容易。一旦这些差异被运算出来,只需要计算那些大于零的即可。如果零假设是正确的话,应该大约一般是大于零,一般是小于零。大于零的差异应该是遵照二项分布(n, θ=0.5)(更多关于这个检验的信息,请看 (Clarke, 2001 and 2003)。

从这里可以看出,比较性的理论检验不仅是非常可行的,而且与在"比较的必要性"那部分的逻辑是一致的。当且仅当没有差别的零假设是正确的时候,这两个理论才是一样的。当且仅当相应的数据体现一定的模式,即一个特定的统计数值为零(或者其他等价的数值)的时候,没有差别的零假设才是正确的。如果数据没有体现一定的模式,那么零假设就一定是错误的。反过来,这意味着两个理论是不一样的。因此,肯定有一个理论比另一个更能得到数据的支持。

结论

政治学中的理论证实必须是两个理论和数据的三重关系。比较在其中是非常必要的。在证伪主义、常规证实主义和贝叶斯证实主义的框架内,没有对立理论就不能证实一个理论。当我们试图证伪或者常规性地证实一个理论的时候,我们会犯肯定后件的逻辑错误。当我们使用贝叶斯证实的时候,我们看到,理论与假设之间的演绎关系,意味着理论证实降级为对之前假设的描述。所以这在实际中也是行不通的。处理理论证实中的这个演绎结构，要求有能力说明，当且仅当数据体现一定的模式的时候，一个理论才是正确的。只有在一个理论与另外一个理论进行比较的时候，我们才能做出这个说明。所以，只有当政治学放弃了证实单个理论的目标，转而追求相对证实的目标，有意义的理论证实才能实现。

鉴于在政治学中，科学进步的比较论是被广为接受的，而且一些政治学家已经接受了比较性的理论证实，所以这种改变不应该让人困惑。库恩经常说，"在真正的科学中，问题从来不是孤立地评价一个特定的假设或者理论。问题永远是从两个或者更多可行的方案中进行选择"（Salmon，1990：191）。能证实一个理论比另外一个理论获得了更多的数据支持，才是真正的研究工作和研究进步。

【参考文献】

Boyd, Richard, Philip Gasper, and J. D. Trout, Eds. *The Philosophy of Science*. Cambridge, MA: MIT Press, 1993.

Brady, Henry and David Collier, Eds. *Rethinking Social Inquiry: Diverse Tools, Shared Standards*. Oxford, UK: Bowman & Littlefield, 2004.

Caporaso, James. Research Design, Falsification, and the Qualitative-Quantitative divide, *American Political Science Review*, Vol. 89, No. 2, 1995, pp. 457 – 460.

Chalmers, Alan. *What is This Thing Called Science?* St. Lucia, Australia: University of Queensland Press, 1982.

Clarke, Kevin. Testing Nonnested Models of International Relations: Reevaluating Realism. *American Journal of Political Science*, Vol. 45, No. 3, 2001, pp. 724 – 744.

Clarke, Kevin. Nonparametric model discrimination in international relations. *Journal of Conflict Resolution*, Vol. 47, No. 1, 2003, pp. 72 – 93.

Collier, David. Translating Quantitative Methods of Qualitative Researchers：

The Case of Selection Bias. *American Political Science Review*, Vol. 47, No. 1, 1995, pp. 72 – 93.

Conley, Richard. From Elysian Fields to the Guillotine? *Comparative Political Studies*, Vol. 39, No. 5, 2006, pp. 570 – 598.

Earman, John. *Bayes or Bust? A Critical Examination of Bayesian Confirmation Theory*. Cambridge, MA: MIT Press, 1992.

Fox, Jonathan. World Separation of Religion and State Into the 21st Century. *Comparative Political Studies*, Vol. 39, No. 5, 2006, pp. 537 – 569.

Greene, William. *Econometric Analysis* (5th ed.) Englewood Cliffs, NJ: Prentice Hall, 2003.

Howson, Colin and Peter Urbach. *Scientific Reasoning: The Bayesian Approach* (2nd ed.). Chicago: Open Court, 1993.

Johnson, James. Consequences of Positivism: A Pragmatist Assessment. *Comparative Political Studies*, Vol. 39, No. 2, 2006, pp. 224 – 252.

King, Gary, Robert Koehane and Sidney Verba. *Designing Social Inquiry*. Princeton, NJ: Princeton University Press, 1994.

Kmenta, Jan. *Elements of Econometrics* (2nd ed.). New York: Macmillan 1986.

Kuhn, Thomas. *The Structure of Scientific Revolutions* (2nd ed.). Chicago: University of Chicago Press, 1970.

Laitin, David. Disciplining Political Science, *American Political Science Review*, Vol. 89, No. 2, 1995, pp. 454 – 456.

Lakatos, Imre. Falsification and the Methodology of Scientific Research Programs. In Lakatos, Imre and Alan Musgrave (eds), *Criticism and the Growth of Knowledge*, Vol. 4 of International Colloquium in the Philosophy of Science. Cambridge, UK: Cambridge Univeristy Press, 1970.

Lake, David and Baum, Matthew. The Invisible hand of Democracy. *Comparative Political Studies*, Vol. 34, No. 6, 2001, pp. 587 – 621.

Laudan, Larry. *Progress and Its Problems: Towards a Theory of Scientific*

Growth. London: Routledge and Kegan Paul, 1977.

Lemmon, E. J. *Beginning Logic*. Indianapolis, IN: Hackett, 1992.

Levey, Geoffery. Theory Choice and the Comparison of Rival Theoretical Perspectives in Political Sociology. *Philosophy of the Social Sciences*, Vol. 26, No. 1, 1996, pp. 26 – 60.

Miller, Richard. *Fact and Method: Explanation, Confirmation and Reality in the Natural and the Social Sciences*. Princeton, NJ: Princeton University Press, 1987.

Rogowski, Ronald. The Role of Theory and Anomaly in Social-Scientific Inference. *American Political Science Review*, Vol. 89, No. 2, 1995, pp. 467 – 470.

Rohrschneider, Robert. Institional Quality and Perceptions of Representation in Advanced Industrial Democracies. *Comparative Political Studies*, Vol. 38, No. 7, 2005, pp. 850 – 874.

Rudra, Nita and Stephen Haggard. Globalization, Democracy, and Effective Welfare Spending in the Developing World. *Comparative Political Studies*, Vol. 38, No. 9, 2005, pp. 1015 – 1049.

Salmon, Wesley. Rationality and Objectivity in Science, or Tom Kuhn Meets Tom Bayes. In C. Savage (ed.), *Scientific Theories*, *Vol. 14 of Minnesota studies in the philosophy of science*. Minneapolis: University of Minnesota Press, 1990.

Stokes, Susan. Perverse Accountability: A Formal Model of Machine Politics with Evidence from Argentina. *American Political Science Review*, Vol. 99, No. 3, 2005, pp. 315 – 325.

（译者单位：美国约翰·霍普金斯大学政治学系）

研究设计、证伪及质性—量化研究分野

〔美〕詹姆斯·卡普拉索 著

严行健 编译

詹姆斯·卡普拉索（James Caporaso）是华盛顿大学政治科学系教授，其研究方向为国际政治经济学及国际关系理论。他发表在《美国政治学评论》杂志1995年第2期上的这篇文章是对KKV经典文献进行的讨论。[①] 该文主要内容如下：

卡普拉索旨在通过讨论社会科学研究设计的几个问题来补充并拓展《社会研究设计》（以下简称《设计》）一书中的一些研究。首先，卡普拉索认为作者沟通质性研究与量化研究法的努力值得充分肯定。量化研究在传统上被认为充满数学公式，而质性研究则是研究者的"独唱"——这种研究依赖于研究者的独到眼光和视角并且这种研究不可被重复。因此，该书的主要价值在于激励学者在设计研究方法时考虑到研究问题可能并不会被完全解决，而是存在一些留待进一步探索的"悬

[①] 参见 James A. Caporaso, "Research Design, Falsification, and the Qualitative - Quantitative Divide", *American Political Science Review*, Vol. 89, No. 2, 1995, pp. 457 - 460。

案"。这与一般的方法论著作产生了鲜明的对比。后者一般预设精致而复杂的数量分析能够解释一切。此外，《设计》对研究设计重要性的强调也值得肯定。研究设计的合理与否是一个研究成败的关键，再精巧的数据分析都无法挽救一个糟糕的研究设计。此类糟糕设计的最致命问题是解释性变量过度单一（如提出 A 是导致现象 B 的主要甚至是唯一原因）或提出实际资料所不能支撑的过多解释。《设计》对研究设计的基本问题所进行的概括是值得肯定的，其包括以研究设计为中心，将选取合适案例作为研究的核心问题。此外，该书也正确地提示读者研究者应当在保证案例的多样性和尽量减少干扰变量的影响之间取得平衡。

在方法论研究方面，两位学者极有价值的著作并没有为该书所涉及，这是该书的一个不足之处。这其中，赫伯特·布拉洛克（Hubert Blalock）认为政治科学的"生态系统"乃是由一系列相互关联且难以度量的自变量及其所对应的因变量所构成的。基于此，其著作认为研究设计上的瑕疵主要来自于研究者追求过度确定性（over-determination）、多重共线性（multi-collinearity）、变量误差（系统误差，非指随机误差）以及内生性（endogenous）。唐纳德·坎贝尔（Donald Campbell）和朱利安·斯坦利（Julian Stanley）在 1963 年出版的方法论著作《实验设计与准实验设计》（*Experimental and Quasi-experimental Designs for Research*）中所阐释的准实验设计法在原书一开始就被作者所拒斥。① 坎贝尔书中的一系列观点实际上很有启发意义，《设计》对其忽略可能有失公允。作为回应，卡普拉索主要从三个方面展示坎贝尔著作对该书一些论断所具有的启示意义。

第一个方面是质性研究的本质问题。《设计》认为质性和两种研究方式具有相同的内在逻辑线索，因此两种路径下的研究设计必须遵循一系列共同的标准。卡普拉索赞同该书对质性分析的定义正确地展示出质性分析是类型分析（in-kind）而不是程度分析（in-degree）。更进一步

---

① 准实验设计法指部分仿效实验设计法但缺乏随机抽样这一核心要素的实验研究法。比如对学生教学质量的抽样统计可能由于外部条件限制无法打破班级限制进行完全的随机抽样。——译者注

KKV：沟通两者的努力
研究设计、证伪及质性—量化研究分野

来说，变量可以有两种存在形式，即存在类型差异的变量（如不同政府，不同性别）以及同类型中仅存在量化差异的变量（如收入差距）。在测量理论（measurement theory）中，质性变量被认为无关量级，而量化变量则是基于量级的考察。这种区分展示出质性分析与量化分析的差异不在于其研究是否包含数字（比如是否出现统计值等），而在于其关注的是变量的量级差异还是类型差异。

《设计》认为，不管变量存在的差异是量级上的还是类型上的，其逻辑推演过程是相同的。换句话说，"自变量的 x 属性将导致因变量呈现 y 属性"与"自变量在量级上的 x 变化将导致因变量出现量级上的变化 y"这两个表述背后并不存在逻辑关系上的差别。实际上，原书对这种统一性的理解可能过于简单了。至少从质性分析角度来看，调和两者绝非易事。调和两者的主要困难在于，质性研究所关注的一些变量并不具有类型上的差异。出现这一现象的深层原因在于一些研究的目的可能并不是解释性的——某些研究的目的可能仅仅是对个案进行深描。而这种描述性的工作通常被认为只是为进一步分析所进行的一个准备步骤。由于这种类型的研究实际上不存在变量之间的相关关系，因此《设计》中所提出的一些研究设计的标准（如描述性推演的原则）是适用的，而有些则是无效的（如因果性推演——如果研究只有一个变量，或者研究是对某个个案的深入描述，则不存在因果性的问题）。

基于以上分析可以看出，《设计》的一大问题在于其将两种研究的共通性建立在"它们都是以变量为中心的研究"这一前提上的。更进一步来说，该书可能并没有告诉学生他们最想知道的东西：事实上社会科学研究中最困难的并不是如何考察变量，而是如何从纷繁复杂的经验世界中将变量抽象出来。而对于后者来说，目前尚无此类著作。

第二个方面的问题是"证伪"（falsification）概念在研究设计中的意义。科学研究不仅是证实假设的过程，同时也是将某些理论剔除出去的过程。后者保证了理论有着足够的解释力（也即原书所谓的将"杠杆"最大化）。坎贝尔的著作强调了证伪方法在科学研究中的作用，尤其是从这种方法中发展出来的"精炼—编辑—筛选"研究步骤。原书对两种研究方法进行分析的基础是认为接受一个观点与拒绝一个观点（的过程）在逻辑上是非对称的。这一预设没有问题，但《设计》作者的下述观点是值得商榷的，其认为证伪是一个从理论中得出若干推论并将它们"暴露"在经验事实之下（进行检验）的过程。这个观点的问题在于无法确认一个推论在检验过程中被证伪究竟是因为其本身存在缺陷还是由于存在干扰变量所致。基于此，一个严格证伪研究需要考虑以下三个因素。

其一，研究者必须考虑如果理论本身不正确，那么该理论的哪个推论最不可能被确定。对这一问题的考察可以突出展示某一理论所蕴含的独特解释性或预测性元素。这其中最关键的是那些"违背常理"或"违背正常逻辑"的元素。比如在国际政治中解释大国会战胜小国并不奇怪，但如果试图找出一系列因素来解释一个有悖于正常逻辑推演结果的事实，其理论解释力面临的风险就比前者要大得多。比如通过"跨国人权组织强大的游说力量"来解释为何同样面对美国改进人权的压力，国力更强的阿根廷选择屈服而危地马拉却不为所动（这是一个与常理相悖的事实）。上述例子揭示出，实际上在很多时候理论的有效性取决于结论（卡普拉索认为许多理论实际上都有其所"适应"的结论）。因此可以说，真正确定性的结论可能并不存在，存在的只是"合适"的结论。更进一步来说，如果一个研究设计声明可以得出确定性的结论，而这种确定性实际上并不存在，那么与其坚持去寻找与理论有关的经验材料，还不如先去思考下述问题：如果理论本身不正确，那么该理论的哪个推论最不可能被确定。通过思考这一问题，研究者可以聚焦那些包含独特解释性或预测性元素的理论。

其二，研究者需要考虑"衍生"（derivative）的概念。《设计》中作者鼓励研究者通过与原分析过程不同的另一渠道去检验结论。而通过引入证伪的方法，这种检验过程可以获得更为具体的方法论指导。具体来说，这种检验过程应当关注于排除那些与竞争性理论之间共同点最少的部分。[①] 这一过程的潜在逻辑是，如果一个理论能够在不同的"环境"

---

① 竞争性理论指与现有结论存在差异或矛盾的其他结论。——译者注

下"生存",其解释力当然强过那些在单一条件下经过反复精炼而似乎拥有很强解释力的理论。

其三,《设计》的一些结论可以通过建立证伪、量化推演与理论发展三者之间的联系而得以加强。具体来说,量化推演的优势是可以得出精确的预测性结论,然而这种结论令对其的检验变得困难。作者指出,通过改进测量精度、理论细节及研究过程所实现的对结论的修正必须关注其与先前预测性结论之间的差异性,也即必须能够证伪先前的一些预测性结论。不幸的是,现在的研究往往注重新领域、新范式、新发现,而不是在前人研究的基础上继续更深入的探索。这种缺乏深入性的研究所产生一些预测性结论虽然看上去是可以成立的,但实际上其代价是理论解释力的下降以及相应学科领域总体知识水准提升速度的放缓。

卡普拉索关注的第三个问题是准实验研究法。自然科学研究中实验分析的一些基本方法常常被认为是自然科学的专利而不适用于分析真实世界。坎贝尔著作的贡献是强调实验方法中的一些原理可以被应用在人文社会科学领域。严格的实验设计(experimental design)强调在实验前对样本进行均等随机分组(pre-experimental equivalence of groups through random assignment)。这种分组法强调的是样本的一致性。应该说,实验设计方法尤其适用于社会科学研究,因其属于一种"事后研究"(Ex post facto)。[①] 例如,在随机分组方法的指引下,一些技巧可以被用来最大限度地排除干扰变量的影响。上述观点有其合理性,尤其是,事后研究法在逻辑上来说与科学实验的逻辑是类似的。但《设计》对准实验法(quasi-experimental design)的简单反对似乎是有失公允的。

该书反对这种研究法的理由是强调"研究者是否能够对观察角度和因果变量(自变量与因变量)进行控制"是一个研究设计科学与否的关键。准实验法在设计上受到一些客观因素的制约,特别是这些因素使得研究者无法对样本进行随机分组。对于这个理由,可以有两点回应。首

---

① 事后研究指研究者在现象发生之后对该现象的研究,其研究通常旨在发现该现象发生背后的内在逻辑规律。

先，研究者是否能够控制自变量的选择并不会对实验构成决定性影响。其次，虽然未能同时满足纯科学研究的三个特征（控制自变量、随机分组及实验设计），但坎贝尔书中所展示出的一些准实验研究案例设计表明他们至少满足其中的某一个或某两个特征。

总的来说，《设计》中许多被笼统地认为是采用了质性方法的研究实际上是一种解释性或阐释因果性的研究。这些研究必须被更为仔细地考察。尽管如此，卡普拉索仍认为该书沟通两种研究方法的努力值得充分肯定。

（译者单位：华东政法大学政治学研究所）

量化方法在质性研究中的接入
——以选择偏误为例

〔美〕戴维·科利尔 著

严行健 编译

戴维·科利尔（David Collier）是美国加州大学伯克利分校政治学系教授，研究方向为比较政治学、方法论和形式理论以及拉丁美洲政治。他发表在《美国政治学评论》杂志1995年第2期上的这篇文章是对KKV经典文献进行的讨论。① 该文的主要内容如下：

质性研究中的案例选择方法是《社会研究设计》（下文简称《设计》）一书所关注的一个重要问题。从量化研究对选择偏误（selection bias）的讨论出发，该书探讨了在质性研究中如何借用相似的逻辑来避免或降低选择偏误的影响。科利尔从这一角度出发，对原书的相关论述进行了探讨、深化及修正。具体来说，在简要介绍选择偏误的基本概念后，科利尔首先考察通过随机抽样法避免选择偏误的一些可能策略。其后，科利尔关注了原书对选择偏误的解读，尤其是其基于对因果性推演

---

① 参见 David Collier, "Tranlating Quantitative Methods for Qualitative Researchers: The Case of Selection Bias", *American Political Science Review*, Vol. 89, No. 2, 1995, pp. 461–466。

的研究所提出的两个议题。最后，科利尔考察了质性研究中研究结论在"一般化"过程中所面临的选择偏误问题。①

选择偏误产生的前提是非随机抽样法。当这种在代表性上存在瑕疵的样本被用于分析时有可能对结论产生干扰。当前学界主要关注人工控制（非随机）抽样法所导致的选择偏误。其主要问题是有可能过度突出一组关键变量中的某个部分。当所选样本未能服从样本总体的分布规律时（如样本集中于样本总体的上半或下半部），会出现所谓"截断"（truncation）的情况。② 从统计学概念来说，刻意选择样本以控制因变量的变化区间会降低回归分析中的斜率。因此，在搜集因变量的数据时刻意进行筛选是极其有害的。量化分析研究者对选择偏误的研究在近段时间内取得了一系列重大进展，因此，以选择偏误作为切入点可以评估原书通过量化研究的逻辑来改进质性研究方法的尝试是否成功。同时，由于《设计》着重关注的议题之一是研究者主观性的材料选择可能造成的选择偏误，科利尔希望通过这一切入点来验证该书的一个观点，该观点认为学者在样本选择方面哪怕是细微的方法论改进都可以对相应的研究有巨大的推动作用。最后，由于该书的一些结论总是带有断语性质，因此通过一个具体的切入点来分析这些结论也是十分必要的。

对选择偏误的分析在一些学科领域内是比较繁琐的。一些研究（如社会学）已经表明，由于考虑到选择偏误的存在而刻意通过统计方法去修正误差的做法有时反而会扩大误差，且有的时候选择偏误并不具有很高的显著性。《设计》中的相关论述展示出，对于选择偏误的分析主要存在三个难点。第一，在质性政治学研究中选择偏误变得更难评估，由此其显著性变得难以衡量。第二，由于该书关注的重点是案例选择过程中产生的选择偏误，因此其研究没有涉及如何从统计学角度出发来减小

---

① "一般化"（Generalisation）指通过对特定案例的研究结论解释其他经验现象的过程。通俗说法即"理论的推广"。——译者注

② "截断"指由于条件限制，样本不能随机抽取，即不能从全部个体，而只能从一部分个体中随机抽取被解释变量的样本观测值，而这部分个体的观测值都大于或者小于某个确定值。即所谓"掐头"或者"去尾"。——译者注

或避免选择偏误。第三，选择偏误只是该书所关注的一个方面，对其系统性的论述相对不足。

综上，《设计》对选择偏误所作的研究值得肯定，但其主要问题在于将一些从事量化研究的学者可能已经十分熟悉的议题进行重新包装并纳入选择偏误问题的研究范围内。该书所提出的一系列减少选择偏误的建议并非基于作者对量化研究方法的精确把握。事实上，对于这些建议来说，质性研究学者实际上已经朝着同样的目标进行了长期的探索。这一目标的核心即是如何在理论和方法上更加合理地进行案例选择。

例如，比较研究中的小样本比较方法实际上已经包含了《设计》对选择偏误问题所进行的一些相关讨论。同理，在考察样本选择偏误时有必要将比较研究中的一些基本概念设定为理论基础。这些概念如密尔提出的实验法（experimental inquiry，即通常所谓的密尔因果关系推演五法）及与之相关的"最大相似性"（小样本比较）和"最大差异性"（大样本比较）等概念。此外还有"概念延展"（conceptual stretching）以及"系统——特定"指标体系（system-specific indicator）"等。

在开始具体分析选择偏误问题前，有必要指出相关研究的三个理论局限性，或曰分析的前提。第一，由"截断"引发的选择偏误的严重程度视情况不同而定。在一些情况下，如《设计》所说，它会导致研究者低估变量间因果联系的强度。而在强调归纳法的质性研究中，如果特定的研究假设出现拟合过度的情况，① 截断反而是一种有效的修正。第二，因变量选择中有可能出现的不对称性仅与斜率相关而与相关性无关。相关性是一个具有对称性的指标，对解释性变量变化幅度的刻意限制会影响到相关性，从而加重选择偏误所带来的问题。第三，因变量选择过程中所面临的问题也应具体分析。对于双变量线性关系来说，截取解释性变量的某一段落并不会对回归模型的斜率估计构成影响。而对于非线性模型来说，这一影响就很明显。但需要说明的是，这种影响与选择偏误无

---

① "拟合过度"（overfitting）可简单理解为研究者为了提出对经验资料有强大解释力的假设而使假设变得过度复杂精致的研究设计。——译者注

关,它是由"样本选择会影响结论"这个更为普遍性的问题所导致的。

对选择偏误的讨论可以在上述三点认识的基础上展开。科利尔讨论的第一个问题是随机抽样是否能够避免选择偏误的发生。统计学理论通常将选择偏误和由随机抽样导致的抽样误差(sampling error)看作两回事。但在《设计》中,三位作者通过一组论证认为,至少在小样本研究中随机抽样仍有可能导致选择偏误。

这是一个稍许颠覆统计学常理的结论,但该书之所以进行这样一组论证,更多只是为了证明在样本极少的小样本研究(甚至可能只有一个)中,抽样过程有可能出现与选择偏误(对样本截断)相似的误差。由此,该书对读者的建议——谨慎地进行非随机抽样——是值得肯定的。

第二个问题是"描述性推导"(descriptive inference)。《设计》对描述性推导中可能存在的选择偏误问题的讨论集中在两个案例上。第一个案例是对国际政治中"威慑失效"(deterrence failure)问题的研究。该书认为,仅通过对所选案例的分析来推导出威慑行动的成功率是极其错误的。仅从比较研究的一般原则来说,不对案例选择的标准进行说明是不可接受的。原书援引的另一个案例是对纽约州各选区中自由党对本党候选人支持度的研究。原文指出,这一研究中的案例选择可能存在选择偏误,因为该党通常不对其安全选区内的候选人提供支持。

从传统的质性比较研究方法出发,第二个案例的问题可以转化为如何对概念进行延伸以及如何确定度量体系。就该案例来说,其问题一方面是如何界定"政党":如果按照萨托利的定义,那么安全选区内的自由党实际上就不是政党(因其未对本党候选人提供支持)。本案例的另一方面问题是通过研究选举来考察政党支持不恰当地将研究范围局限在了特定时点中。综上,描述性推演中可能出现的方法论问题既可以被看作选择偏误的问题,也可以被更简单地看作概念和度量体系的问题,而后者在原书中并没有被谈到。

第三个问题是《设计》对选择偏误进行的适度与激进的区分。在该书中,前者指研究者在有限的范围内考察因变量的变化值。后者指研究者仅考察因变量的唯一值。该书认为后者属于方法论上不可救药的错误,而出现这种错误的原因通常有三个。一是研究关注一个非常细节的问题;二是研究关注某个现象的具体结果;三是研究专注于修正某个先前研究的缺陷。

《设计》对选择偏误所作的程度划分导致两个独立问题被混为一谈。其中第一个问题涉及研究者主动引入的选择偏误。在这种情况下对因变量范围的限制越大则选择偏误的程度也就越高。而第二个问题是,如果客观上来说因变量确实不存在变化或研究者仅关注因变量的某个特定结果,那么此时出现变化的不是选择偏误的剧烈程度,而是研究设计的根本改变。

此外,有必要详细考察"只考虑因变量的单一值"这种分析法。这种方法遭到《设计》作者的激烈反对,因其无法展示出因变量与其他变量间的因果关系(即何者导致了因变量的变化)。科利尔认为,该书的这一判断仅适用于其对"因果关系"的理解,即因果关系的展示必须依赖于至少两个因变量的变化值。但应该说,该书忽略了至少三种只考察因变量单一结果的情况。在这三种情况下,仅考察因变量的唯一值并不是不可接受的。

第一种情况与传统比较政治学研究在逻辑上采用的密尔求同法(method of agreement)相关。这种方法认为因果关系的建立取决于被考察的案例对因变量的"认同"。对于这种方法,密尔自己认为其并不能实证地展示变量间因果关系,因而对这种方法更为准确的理解是将其看成一种排除法(排除那些当某一因变量出现时始终无法观测到的自变量)。沿着这个逻辑来分析,这种排除法的价值在于其可以被用来"定位"某种现象出现的必要前提,或者说是用来排除一些假设的必要(但实际上其必要性无法观测到的)条件。显然,在这种情况下,只有一个因变量的研究法是可行且有价值的。第二种情况是依"最大差异性"原理进行的比较研究。这种研究中的案例能够很好地匹配因变量,但案例之间却有极大差异性。这种研究的逻辑是"从差异中寻找共性"这一过程有助于研究者发现一些解释性的结论。① 第三种情况是詹姆斯·费尔隆（James Fearon）对小样本比较研究框架下的反事实分析法的探索。② 在这种分析框架中，研究者并不需要考察因变量的变化值，因为这种研究实际上是在人工制造结果（因变量）的差异性。

关于只考察单一因变量值的方法，还可以有两个额外的补充。首先，对于关注选择偏误的学者来说，这一情况出现的概率可能并没有想象中的那么高。尤其是，一些起初看上去仅分析一个因变量值的研究可能实际上并没有仅仅关注一个因变量值。其次，虽然仅考察因变量的一个或少量值存在方法论上的风险，但如果研究者对考察案例缺乏足够了解，那么贸然地考察更多的因变量变化反而会威胁结论的确定性。因此，研究者需要对两者的利弊得失进行谨慎的权衡。

最后一个与比较研究中选择偏误相关的问题是样本、样本总体以及（结论的）普遍化三者之间的关系。学界对选择偏误进行的所有讨论都建立在一个前提之上，即存在一个较大的样本总体，而研究者需要从中抽取样本。而事实上，如果要指出一个研究仅仅抽选了样本整体中偏颇的一部分样本并由此造成研究出现选择偏误，其前提是必须能够清楚地勾勒出这个研究的样本整体。然而不幸的是样本整体在很多情况下是模糊的。

在质性的比较研究中，确定样本总体的努力所面临的核心问题是"将研究结论普遍化到其他案例中"这一过程非常模糊。一方面来说，将案例研究所得出的结论普遍化为具有普遍解释力的理论是社会科学研究的核心要务，无法被普遍化的理论通常被认为较不重要。然而另一方面来说，近年来各研究领域都开始有学者强调，即使对于那些最为关键的理论来说，其解释力也是有局限的。如果某个研究已经包含了其可能

---

① 科利尔虽未明确指出，但很明显的，这种方法通常也仅关注因变量的一个值，即作为自变量的大量案例所共同指向的那个因变量表现形式。——译者注

② 反事实分析法（Counterfactuals）的逻辑是"如果某个假设为真，那么会有怎样的后果"。参考 Fearon, James D. 1991. "Counterfactuals and Hypothesis Testing in Political Science", *World Politics*. 43 (02): 169–195.

包含的全部案例,那么"即使进一步扩大视角,其仍然有可能存在选择偏误"这种判断实际上是毫无意义的。

由此,对于每个研究来说,研究者需要在研究结论的广度与深度之间权衡。前者会提升研究结论的普遍解释力(但有可能造成研究方法上的瑕疵),而关注后者相应地会明显降低结论的价值。当后继研究者希望在前人基础上将先前理论推广到其他案例中时,这种权衡的重要性将变得更加显著。在这种情况下,后续研究者一方面必须留意先前研究者为其理论发现所设定的解释范围;另一方面,后续研究者又需要在新的理论视角或比较的视角下尝试重新设定该理论的解释范围并尝试用先前理论解释新的案例。这种情况虽然在各个研究领域内都很普遍,但对于质性比较分析来说尤为显著,因为这一领域的研究者尤为关注于对他们的研究结论施加限定性条件。

总的来说,《设计》对选择偏误研究的主要贡献在于促使学者思考质性研究中的样本选择问题。对于此类学者来说,最要紧的问题还是在研究设计中多问问自己"这个案例是关于什么的"。

(译者单位:华东政法大学政治学研究所)

政治科学中质性与量化分析的沟通

〔美〕西德尼·塔罗 著

严行健 编译

西德尼·塔罗（Sidney Tarrow）是康奈尔大学 Maxwell M. Upson 荣誉教授，其研究方向包括比较政治、社会运动、政党、集体行动及政治社会学等。他发表在《美国政治学评论》杂志 1995 年第 2 期上的这篇文章是对 KKV 经典文献进行的讨论。① 该文的主要内容如下：

塔罗关注《社会研究设计》（下文简称《设计》）一书中的一个核心观点，即由于量化研究设计背后的逻辑与质性研究相通，因此可以被用来提升质性研究设计的科学性。总的来说，这一核心观点值得进一步思考和拓展，因为该书未对下述三个问题进行充分讨论。这三个问题，一是量化与质性研究之间的关系问题；二是严格的质性研究设计可以对量化研究产生何种启发；三是质性研究具体来说应当如何与量化研究实现结合（尽管原书已经为质性研究者提供了不少指导）。第三个问题尤

---

① 参见 Sidney Tarrow, "Bridging the Quantitative – Qualitative Divide in Political Science", American Political Science Review, Vol. 89, No. 2, 1995, pp. 471 – 474。

其值得重视，因为当前政治科学界理性选择理论被广泛采纳。采用这种理论框架的研究往往看上去像在叙述一个故事，在这个过程中学者往往忽视对质性材料的科学使用。该书并没有关注这个问题，而是试图运用量化研究的相关模型来告诉质性研究者如何去构建他们质性研究的模型（主要是如何进行描述或因果推演）。但一个事实是，当今政治科学界有多少学者会简单地认为自己是"量化研究者"或"质性研究者"？在大多数情况下，这两种研究方法实际上是缠结在一起的。

通过考察罗伯特·帕特南（Robert Putnam）1993年的著作《使民主运转起来》（*Making Democracy Work*），读者可以看出原书对两种研究的分类流于泛泛而谈。帕特南的这一著作展示出，研究者对于两种类型的原始资料之间可能存在的互动关系尤其需要进行严谨的分析。该著作使用到的一手资料明显包含量化与质性两种类型：一方面是大量的精英访谈和社会调查，另一方面又是作者对意大利特定时段内地区发展进程的大量量化描述。此书甚至还是一个案例研究——作者主要关注了意大利六个地区的政治发展。如帕特南自述，此研究是"（研究者）完全浸泡在一手资料中的成果"。

帕特南在研究方法上大体属于质性研究。尽管仅仅关注几个案例可能是其存在的一个问题，这一研究还有更深层次的方法论问题。当帕特南意识到必须解释意大利北部核心区和南部地区之间发展的差异时，他发现他所掌握的量化数据只能对其分析提供间接帮助。此时帕特南开始转向从历史线索中寻找答案——他开始关注意大利北部地区独有的公民传统以及文艺复兴时期的城邦国家历史等线索。这种可能连作者自己都没有意识到的研究方法的突然转向展示出一个原书沟通两种研究方法的努力所未能解决的问题：如果要通过质性的历史线索来解释量化的研究问题，那么何时以及何种历史材料应当被选择？是君主的历史还是平民的文化史？就帕特南的这本书而言，要紧的问题是作者必须解释为何文艺复兴时期的历史（而不是其他时段的历史）被用来解释当代的发展差异。对于这个问题，帕特南并未提及，而《设计》一书中也没有进行相关讨论。

总的来说，帕特南的研究展示出质性研究借鉴量化研究方法的过程绝非易事。一方面，质性资料在选取和应用方面与量化研究之间存在一些障碍。另一方面，量化研究在使用质性材料时也必须有一系列的标准作为指导。基于此，塔罗主要试图通过一系列案例来展示弥合质性—量化之间鸿沟的六个可能方法。

第一种方法是"通过追踪过程来诠释决策"。这种方法强调研究应当关注决策被作出的过程。《设计》一书推崇这种方法，但作者对这种方法的优势的理解较为狭隘——它仅被看作一种"丰富与理论相关的经验考察"①的途径。正如提出这种方法的亚历山大·乔治（Alexander George）和提摩西·麦基恩（Timothy McKeown）所指出的那样，"通过追踪过程来诠释决策"这种方法的目的绝非为了呈现出决策过程中一系列独立的阶段并将它们拼接成一个完整的过程，而是去连接政策制定的过程并通过一系列动态的事件来呈现出某项决策背后的动机。②因此，这种研究方法实际上与原书所推崇的在研究设计上多次进行与理论相关的经验考察的方法并不属于同一类型。

《设计》给出的第二种质性方法是区分系统性与非系统性变量。这种方法同样低估了质性研究的一些独特之处。简言之，这种方法认为系统性变量与主流趋势之间的关联度比非系统性变量要显著。比如，在决定投票结果的因素中选区的富裕程度是系统性变量而投票当天的天气或流感爆发等属于非系统性变量。该书认为质性研究法的一个功能是识别那些非系统性变量并集中精力分析系统性变量。应该说，该书对变量所做的这一区分虽然没错，但这种区分往往基于常识，而且其低估了非系统性变量在解读量化资料方面的重要性。比如从历史发展的角度出发，早期的罢工运动通常是自发和偶然的，其参与群体也不固定（有时甚至会演变为全民运动），因此其属于非系统性变量。然而当其逐渐被制度

---

① 原文为 Increase the number of theoretically relevant observation。这是原书所推崇的提高质性研究质量的一个重要方法。这种方法简言之即尽可能多次多角度地去考察与理论相关的经验资料。——编译者注

② 参考 George, Alexander L., Timothy J. McKeown, "Case Studies and Theories of Organizational Decision Making", *Advances in Information Processing in Organizations*, Issue 2, 1985, pp. 21 – 58.

化后（如出现工会及相关立法），罢工显然变成了一个系统性变量。从抽象的角度来说，某一特殊的历史事件通常扮演着导致变量间关系改变的临界点的角色。质性研究对非系统变量的挖掘往往更容易找到这种临界点。此时通过量化研究将能够很好地研究临界点所标示出的变量关系改变。换句话说，质性研究的功能不仅仅是原书所认为的"识别并突出那些更为重要的系统性变量"，它还能够帮助研究者更好地认识系统性变量的变迁。

前述两种研究方法都围绕着以质性资料辅助量化研究，而第三种方法属于质性研究。这种方法将系统性的量化资料作为一个框架并在其中展开质性分析。这种方法能够提升通常被用来分析质性材料的案例研究法的科学性。案例法通常被认为存在方法论瑕疵，因为研究所关注的案例通常仅具显著性而非代表性。比如那些被认为是导致革命成功的因素通常在失败的革命中也能找到。理论上来说，除非这种分析法能分析足够多的案例，否则其科学性总是会受到质疑。然而，如果真的存在这样一种案例研究，那么它实际上已经类似于一种量化研究了，并且在此情况下质性研究的一些优势（如深入性）也将因此被牺牲。

在量化框架中进行质性分析的方法可以有效避免质性研究过分关注显著性案例并忽视长期历史性变迁。由此，上述矛盾可以得到解决。例如，虽然查尔斯·蒂利（Charles Tilly）拥有足够的经验资料支撑其对欧洲长达七百年的革命史展开大样本量化研究，但在其著作中这些量化材料主要是被用来将欧洲革命史细分为一个个具有代表性的历史及地域片段（即所谓通过量化材料搭建框架），并对每个片段进行质性的案例分析。[①]

沟通两类研究的第四种方法是所谓的"以质性为框架，以量化为内容"。在美国，这种方法在社会学研究领域的运用多于政治学领域。简言之，其基本方法是分别从质性和量化的角度出发对同一经验资料进行考察。例如，唐·麦克亚当（Doug McAdam）在上世纪八十年代对"密

[①] 参考 Charles Tilly, *European Revolutions* 1492–1992, Oxford, UK: Blackwell, 1993. （转 in-text citation）

西西比自由之夏"运动的研究首先是基于一系列标准化量化数据,[①] 这些数据是在六十年代该运动开始时对那些有志于成为志愿者的年轻人所进行的大量问卷调查中获得的。在此基础上,麦克亚当对问卷中那些后来确曾参与该运动并担当志愿者的人士进行了非结构性的访谈。这种研究设计成功地揭示了参与该运动的经历对参与者个人生涯和思想产生的影响。在《设计》中,作者将上述研究看作是科学化质性研究的范例,即该书多次建议的"质性研究应增加对原假设的检验次数以增加理论的解释力"。但该书作者似乎没有意识到,麦克亚当的研究所体现出的实际上是一种值得期待的两种研究方法的合流,而非其认为的"质性研究在逻辑上向量化研究靠拢"。

沟通两者的第五种方法更像是沟通两者过程中可能出现的一个问题,即有些时候两种研究方法的交替使用会导致研究结论出现相应的剧烈波动。一个例子是对波兰民主化运动动力的解释。质性分析,尤其是案例分析,通常将民主化的动力归结为波兰知识分子所发挥的巨大智识启蒙力量。然而一些作者指出知识分子的力量被夸大了,其原因是这种案例分析著作通常都是波兰知识分子或国外知识分子在事后所撰写。量化研究法所得出的不同结论进一步质疑了"知识分子动因说"。罗曼·拉巴(Roman Laba)对波兰工人罢工运动的量化统计表明,罢工运动大都起源于工会事务,其与知识分子的一些抽象理念灌输无关。然而,从质性研究角度出发的学者其后又"扳回一局"。通过更加精致的方法设计和质性资料,简·库比克(Jan Kubik)质疑拉巴的研究对"阶级"等关键概念定义不清以及将波兰团结工会看得过于庞大、精致而复杂。

第六种方法是三角检验。[②] 其可以看作是沟通量化与质性研究最重要的方法。该方法至少有三个优势,其一,它可以弥补量化数据的缺陷

[①] 密西西比自由之夏运动始于1964年六月,其目的是发动志愿者(通常为中产阶级白人)尽可能多地帮助该州黑人登记为选民。其可以被看作是一场关怀南部黑人民权的美国学生运动。——译者注

[②] 在社会科学领域,三角检验(Triangulation)指通过两种以上的不同方法或途径对结论进行检验的方法,其有时也被称为"交互检验"(Cross Examination)。

和质性研究所面临的一些客观（如政治上的）障碍；其二，三角检验可以将一个（较为抽象的）假设发展为多个具体化而可操作的命题，以便对假设进行检验；其三，一个对某一案例的质性分析（如话语分析）所得出的结论可以通过一个或数个量化方法来进行检验，考察这一案例分析结论是否在更大范围或更长时间内具有解释力。

塔罗在总结时认为，《设计》虽然在扭转量化研究至上论方面做出了贡献，但是其调和两者的努力主要是通过模拟量化分析方法的内在逻辑并以此来改造质性分析法而实现的，因此其中一些观点值得商榷。总而言之，一个优良的研究方法应当是通过质性数据去解释量化研究的发现。由此，研究者将得以深入了解决策制定的过程并得以解释为何某些历史事件成为变迁的关键。同时，研究方法设计还应考虑组合使用不同类型的经验资料并对结论进行三角检验。

（译者单位：华东政法大学政治学研究所）

政治科学中研究设计的重要性

〔美〕加里·金、罗伯特·基欧汉、西德尼·维巴 著
王金良 编译

加里·金（Gary King）是美国哈佛大学阿尔伯特·魏斯赫德三世教授，著名政治学家、量化学者；罗伯特·基欧汉（Robert Keohane）是美国普林斯顿大学伍德罗·威尔逊学院国际关系教授，曾任美国政治学会主席；西德尼·维巴（Sidney Verba）是美国哈佛大学政府管理学院荣休教授，曾任该院院长。他们发表在《美国政治学评论》杂志 1995 年第 2 期上的这篇文章是关于他们合著的《社会研究设计：质性研究中的科学推论》(Designing Social Inquiry: Scientific Inference in Qualitative Research)（本文简称《设计》）一书的评论性文章。[1] 该文主要内容如下：

在组织了五次相关的学术研讨会之后，加里·金、罗伯特·基欧汉和西德尼·维巴一致强调做好研究设计的重要性。实际上有几位著名评

---

[1] 参见 Gary King, Robert O. Keohane and Sidney Verba, "The Importance of Research Design in Political Science", *American Political Science Review*, Vol. 89, No. 2, 1995, pp. 475–481。

论者也赞同,在社会科学逻辑推论研究中应当使用统一的方法。这主要涉及的是量化和质性研究,并在此基础上形成了符合逻辑的推论。然而,在包括政治学在内的许多学科领域中,研究设计都不是一个新东西。过于重视研究设计,结果往往是忽略了应当分析的其他重要问题。对于这一问题,三位作者并没有直接做出回应,而是解释了研究设计与其批评者的观点之间的关系。

在指导研究生的讨论会、工作讨论以及阅读专业文献时,往往都会涉及如何做好研究设计的问题。不管是受过严格质性和量化方法训练的学生、求职者,还是理论家、哲学家以及高级统计分析家都在做研究设计,然而他们基本上都没有搞清楚什么是研究设计,以及如何做一个实证的研究设计。即使是知名学者也难以回答这些基本问题,即你想证明什么问题?如何进行证明?最重要的是如何评估你的论证是否正确?

传统的统计学训练并不关注质性的数据。在可观察的环境中,社会科学统计文本分析也很少涉及研究设计问题。在量化的政治学方法以及其他社会科学统计领域的学术文献中,都把已有数据和研究问题当成是给定的因素。他们把精力集中于如何进行有效的推论以及数据修正方面,却在很大程度上忽视了研究设计本身。

在统计学领域中,一些最重要的研究成果都离不开研究设计(如费雪在 1935 年的实验设计)。但是,目前社会科学中却普遍忽视它,这是非常令人失望的。金、基欧汉和维巴的目的就是要呼吁人们重视研究设计问题。

在社会统计学的文献和质性研究方法领域,可以找到很多有用的信息。然而,社会统计学也很少关注研究设计,而且它的语言既神秘又令人费解。在质性研究的描述中,这些语言和术语具有多样性和前后矛盾的特点。从这一点上说,金、基欧汉和维巴赞同戴维·科利尔(David Collier)的观点,即与量化研究中使用的语言一样,可以把这些术语重新表述为某种可用于质性研究的语言。语言经过转化之后,可以促进社会科学家之间的沟通交流。

量化和质性之间有着不同的研究风格,但在本质以及方法论上说这两者之间并无差别。事实上,大多数优秀的社会科学研究成果都是量化和质性研究方法结合使用的结果,这两种研究方法之间并不存在矛盾。西德尼·塔罗(Sidney Tarrow)认为金、基欧汉和维巴的理想就是把量化和质性相结合的方法。的确如此,只有把这两种研究方法有效地结合使用,研究者才能更好地进行逻辑推论和分析。

  社会科学中使用的量化和质性研究方法,目的在于对现有理论进行评价和判读。也就是说,研究者的工作就是把经验事实与科学的理论相结合。通过理论社会科学家形成可观察的论点,在经过公认的推导和论证之后,检验该论点是否与经验证据相符。有些理论源自于详细的观察,尤其是能发现有助于形成理论的新视角和新问题。即使这样,研究者也无法完全消除不确定性,理论研究的目的就是尽可能减少这种不确定性。

  理论和实证研究都不能孤立存在,这两者之间具有一致性。在实际观察以及理论形成过程中都应该具有明确的目的性,这样才能最大限度地减少偏误的影响,这应该成为研究的标准做法。正如戴维·莱廷(David Laitin)所言,研究设计社会能够推动"政治科学"的发展;也如詹姆斯·卡普拉索(James A. Caporaso)的观点,通过提高测量精度和理论规范,研究结果才能与预测保持某种相关性。在第三章中分析了反事实分析中的因果关系问题,保罗·霍兰(Paul Holland)认为这是"因果推论的根本问题",同时也考虑到了由因果机制以及多种因果关系所引起的复杂性问题。

  在第4章中,主要解释的问题是如何选择"案例",以及在选择案例时如何避免或尽可能减少偏误。解释变量的赋值并不会产生偏误,但因变量的赋值选择却能够出现偏误;在如何减少这种偏误的问题上,金、基欧汉和维巴也提供了一些建议。

  在第5章中,他们认为因变量的随机测量误差(Measurement Error)并不会导致因果推论的偏误(尽管它很可能损害了推论的效度),但是解释变量的测量误差一定会产生推论的偏误。为了尽可能地减少测量误差,金、基欧汉和维巴还建立了一系列研究程序和原则。同时他们也分析了如何判断某个"自变量"是否就是"解释变量"的原因,以及如何尽可能排除遗漏变量偏误(Omitted Variable Bias)。在最后一章中,他们展示了在使用质性研究方法时,如何收集相关研究信息以对理论进行检验。纵观全书,金、基欧汉和维巴的议题不仅包括一些假设的案例,而且也参考了当代政治学中最好的研究成果。

只有深入研究批评者的观点,才能真正理解他们的真实想法。理论界已经做了一些经验研究,目的在于教授人们如何对理论进行评估。只有熟练掌握理论评估的方法,才能形成具有内部逻辑一致性的理论。如果坚持死板的思维方式,那么就是贬低理论评估的重要性。显然,这并不是金、基欧汉和维巴他们的本意。

社会调查设计应该强调理论的本质特征,那么如何尽可能避免遗漏变量偏误呢?在因果效应评估时如何进行选择呢?以及如何形成具有可观察的意涵呢?对于这些问题,金、基欧汉和维巴也没有提供更多的答案。然而,"发现的非理性本质"(irrational nature of discovery)的说法有助于回答这些问题。至于需要对哪些理论进行评估,应该由研究者自己来判断。关于社会科学以及现实世界重要性评估的选择问题,他们提供了一些建议,认为从方法论角度来说研究设计适用于任何类型的理论。金、基欧汉和维巴既不过分抬高也不贬低理性选择理论,同时也不会在演绎法和归纳法之间有所偏爱。需要强调的是,无论理论选择还是评估都应对使用相同的标准进行评价。罗纳德·罗戈夫斯基(Ronald Rogowski)最欣赏的一个物理学家是理查德·费曼(Richard Feynman),费曼认为对一个理论进行全面评估(他的意思就是"猜想"),也就是说如果它与实证经验不一致,那么就是错误的。这就是科学研究的关键所在,不论你的猜想有多么富有想象力,不论你有多么聪明,不论是谁也不论他的名声有多么响亮,只要与实证经验不相符,那么就是错误的,除此之外别无他法。

应该为理论研究设定一个高标准,这并不是不可能的。不论是量化还是质性研究,都会产生结论的不确定性。对于这种不确定性研究者不用感到沮丧,反而应该更加关注它的存在,进而应该尽可能充分利用掌握的数据,提高对于政治问题的有效推论能力。

最后,金、基欧汉和维巴的目标是要设置一个高的研究标准。所有有趣的质性和量化研究的收益率都是不确定的。他们认为这是一个基本事实,研究者不应该对此感到沮丧。只有意识到这种不确定性,才能激励人们继续努力,更好地使用数据做出更有效的推论。因此,只要在推论过程中如实地说明了这种不确定性,那么这一理论仍然是科学的理论。

关于《设计》的研究主题,罗戈夫斯基提出了强有力的批评。罗戈夫斯基担心金、基欧汉和维巴提出的严格标准,将会"困扰而不是推动研究的工作"。莱廷指出罗戈夫斯基的理由之一,就是在理论研究中金、基欧汉和维巴太过痴迷于追求获得信息和数据,以至于无法理解案例研究的价值。同时在因变量的赋值与观察实践的选择问题上,罗戈夫斯基以及科利尔都认为金、基欧汉和维巴的标准过于苛刻了,结果就会影响相关研究的进行。对于这些批评意见,金、基欧汉和维巴在书中也一一作了回应。

科学是一项共同的事业

罗戈夫斯基认为,金、基欧汉和维巴并没有使用比较政治学研究中的一些经典案例。然而他们却认为罗戈夫斯基对此有所误解,而且他也混淆了"单一案例"和"观察对象的集合"(collection of observations)之间的区别。罗戈夫斯基所提到了两部著作,一部是阿伦·利帕特(Arend Lijphart)所著的《适应政治》(*The Politics of Accommodation*);另一部是由威廉·谢里丹·艾伦(William Sheridan Allen)所著的《纳粹篡夺政权》(*The Nazi Seizure of Power*)。研究者很少能够独自做出好的研究设计,在书中金、基欧汉和维巴也进行过总结,认为如果研究者选取了其他的观察对象,形成了不同的结论,那么这就不再是一个单一的观察研究了,罗戈夫斯基可能没有注意到这一点。

利帕特：案例研究是压在多元理论背上的最后一根稻草

在戴维·杜鲁门（David Truman）所谓的多元主义者看来，以宗教和阶级为分界线的政治行为，阻碍了人们通过民主制的和平手段来解决政治分歧。也就是说，这其中的因果关系假设是稳定的合法的民主政府与社会冲突水平之间存在着多种横截（cross-cutting）影响因素。

在《适应政治》一书中，利帕特尝试着对这种因果关系进行了分析。在分析的过程中，他仅仅选取了荷兰一个案例。在他的描述性假设中，荷兰有着深刻的阶级和宗教分歧，但这些分歧很少是横截性的。然而他指出根据多元理论的解释，有很多证据表明荷兰是一个非常稳定以及和平的国家。利帕特的这个推论具有非常重要的研究意义，推动了相关理论研究的开展。

利帕特关于国家社会冲突程度的研究，选择的是一个时间点单个国家进行研究，并不能形成有效的因果关系推论。在研究过程中，利帕特受益于杜鲁门以及其他人的许多研究成果。在杜鲁门等人的研究中，要么选取的是解释变量赋值相同的国家样本（存在多种横截的解释变量），要么过于依赖因变量的赋值（具有高度的社会冲突），那么得到的往往也是无效的推论。

利普哈特的经典研究就是一种好的研究设计模型。正如利普哈特一再强调的那样，他使用了大量的学术文献。因此，他并没有从单一观察中寻求因果关系解释，也没有从中选择因变量。从他人的数据中获得相关信息，很可能是最好的方式。

由于利普哈特的著作尚未出版，罗戈夫斯基无法给予过多的评价。然而，罗戈夫斯基还是肯定了该书以及其他一些著作的重要性，他认为：（1）这些著作都是经过检验的，遵循研究计划并建立在清晰和精确的理论基础之上；（2）都注意到了异常的案例，认为这是选题研究的策略之一，然而它并不能形成关于实际问题的研究设计，也无法决定一个理论是否是正确的。事实上，判断一个理论是否是异常的唯一方法，就是看它的科学推论和理论评估是否具有清晰的逻辑，金、基欧汉和维巴的研究设计有助于此。

艾伦：社会科学与历史学研究的区别

在《纳粹篡夺政权》一书中描述的是纳粹夺取政权过程中德国一个普通社区中的生活状态。艾伦并不是一个社会科学家，他既没有进行理论概括，也没有对理论进行评估，更没有参考任何关于纳粹德国研究的学术文献。然而，艾伦却能够出色地叙述发生在历史关键时刻的每一个关键事件。在金、基欧汉和维巴看来，他是在描述历史细节，有时也会涉及一些有限的描述性推论。金、基欧汉和维巴强调此类研究的重要性，正如书中提到的那样，他们需要研究法国大革命时期或德克萨斯州民主党参议员初选时期等特殊事件的本质影响，如果它是随后发生事件（如拿破仑战争或约翰逊总统上任）的前提条件，那么这就有助于了解事物发展的本质和进程。

在金、基欧汉和维巴看来，社会科学研究者必须能够超越艾伦的研究，也是就说他们需要做出描述性或因果性推论，以寻求一般性的解释和概括。事实上，罗戈夫斯基很可能不会将艾伦这一经典历史学著作当成政治学的经典。然而，艾伦的研究还是金、基欧汉和维巴所感兴趣的内容。艾伦的研究遵循了学术研究的传统，是非常好的单一个案研究。当然，这也表明通过这一传统而重要的研究方法，社会科学家同样可以做出贡献，描述性案例研究仍然是获取学术知识的重要途径。

避免选择偏误（Selection Bias）带来的风险

科利尔认为如果金、基欧汉和维巴能够注意到选择偏误问题，那么在方法论自觉方面小的改进就足以推动大的学术进步。事实上，由于质性研究者通常偏重于观察对象的选择，而不是研究设计的特征，因此如何选择就显得尤为重要。罗戈夫斯基认为，在彼得·卡赞斯坦（Peter Katzenstein）的《世界市场中的小国家》（*Small States in World Markets*）以及罗伯特·贝茨（Robert Bates）的《热带非洲的市场与国家》（*Markets and States in Tropical Africa*）两部著作在解释变量选择方面存在一些问题。

卡赞斯坦：因果推论与描述性推论之间的区别

在《世界市场中的小国家》一书中，作者使用了一些重要的描述推论方法。卡赞斯坦认为，二战结束后的40多余年欧洲小国能够灵活并有效地应对经济发展的挑战。在对欧洲小国的应对模式进行总结后，他认为存在"自由主义与社会法团主义"（liberal and social corporatism）两种不同的类型。卡赞斯坦提出了两个假设，一是规模小的西欧国家能够更好地推动经济开放；二是规模小的西欧国家有利于培育民主的法团主义。20世纪30年代，欧洲小国中土地贵族的实力较弱，城市部门的实力较强，同时城市与乡村之间的联系有利于达成跨阶级的妥协，为战后法团主义的形成奠定了基础。为了验证第一个假设，卡赞斯坦对小国家和大国家之间的经济开放性进行了比较研究。在研究第二个假设时，他选取了具有弱土地贵族和强城市部门的六个欧洲小国家，与五个大的工业化国家和奥地利进行了比较，结果是解释变量的值发生了变化。他的分析遵循了科学推论的原则，即通过案例选择确定解释变量的值以及检验理论的可观察结果，从而得以判断出经验事实是否与理论预测相一致。

贝茨：如何判别一个因变量

在《热带非洲的市场与国家》一书中，贝茨解释了热带非洲国家市场失败的原因。由于仅仅选择了那些经济失败和农业产量很低的国家，罗戈夫斯基认为贝茨的推论有失偏颇。如果把农业产量当成是因变量，罗氏的观点是正确的。不恰当的案例选择会产生推论的谬误，这一点已经在《设计》一书中进行了说明，科利尔也进行过详细地分析。然而，低农业产量并不是贝茨的因变量。实际上，贝茨在书中有两个明确的因变量：（1）非洲国家推行的公共政策的变化；（2）在每个国家中，国家与农民之间群体关系的变化。这两个变量一直贯穿于他的分析之中。贝茨还列举了几种解释变量，包括：（1）生产者或政府与利益团体的联盟是否成立了国家市场委员会；（2）首届后殖民地政府是代表城市地区还是农村地区利益的；（3）在公共开支计划方面政府承担责任的程度；（4）源于农业收入的政府基金的可支配性；（5）农产品是自用还是出口。这些解释变量的不同，也能够影响到国家公共政策以及国家与农民之间关系的变化。

由此可见，贝茨并没有为了使他的因变量为某个恒定值而刻意选择观察对象。此外，他的分析没有停留在国家层次，原因是这一层只有少数案例，同时可获得的资料也比较少。作为一种替代选择，在每个国家的其他分析层面，他赋予了这些解释变量可观察的意涵。如其他好的质性研究一样，通过少数几个案例贝茨提供了丰富的解释。由于贝茨在著作中主要使用了质性研究的方法，罗戈夫斯基认为金、基欧汉和维巴会对此产生质疑。然而，贝茨的质性研究是符合科学推论规则的，三位作者持支持和赞成的态度。

通过三角检验法得出的结论

在《设计》一书中，金、基欧汉和维巴已经反复强调过，使用质性方法的研究者应该收集更多的信息，这样才能更好地对一个理论进行评估。这就意味着研究者应该尽可能地增加可观测对象的数目。他们承认，研究者并不是必须使用最多的案例研究以满足大样本统计分析的需要。事实上，在大多数质性研究中已经包含大量的量化研究信息。在检验一个理论或假说时，对于质性研究中详细地描述和丰富的语境中进行适当编排，这本身就是一个非常好的研究设计。在金、基欧汉和维巴的书中证明了如何通过设计研究收集最有用的质性数据，如何把收集到的数据进行重组，以及如何把质性数据用于评估某个理论。研究者可以收集更多关于因变量的观察对象，或者在另一种情境中检验同一个变量，或者使用同一理论检验另一个因变量的可能结果。同时，金、基欧汉和维巴还解释了如何通过理论设计来获得更多的可观察结果，以及如何把理论运用于经常性和易错性的理论检验之中。

西德尼·塔罗提出，金、基欧汉和维巴应该充分利用质性和量化方法各自的比较优势。塔罗尤其关注非系统性变量与系统性变量之间的关系，他认为建立选择检验非系统性事件的原则。历史上曾经发生过许多非系统性非重复性事件，只有少数事件能够对人类历史进程产生重要影响。总之金、基欧汉和维巴希望，关于科学推论的讨论有助于判断哪些事件是随机却关键的，而塔罗等人更希望使用质性研究的方法来建立理论研究的标准。

塔罗相信，人们研究的每个问题都有适合的方法。在《设计》一书中，金、基欧汉和维巴认为应该建立一个统一的推论逻辑，才能够有效地统合各种不同的研究方法。然而，在塔罗力推的三角检验法（triangulation）中，并不是要使用不同的逻辑或方法，而是要收集关于同一问题研究的不同数据源（data source）。三角检验法既包括不同来源、地点、时间的数据,也包括不同的分析层次和视角,这些数据可能是量化的,也可能涉及深度访谈或详细历史描述的数据。研究者应该为每个数据源选取最适当的方法。总之,数据越多研究就越接近于经验事实。所谓三角检验法,就是要使用多种信息数据以更全面地检验一个理论或假说。显然,这种做法也符合《设计》一书中的主旨和精神。

【参考文献】

Allen, William Sheridan, *The Nazi Seizure of Power: The Experience of a Single German Town, 1930 – 1935*, New York: Watts, 1965.

Bates, Robert H., *Markets and States in Tropical Africa: The Political Basis of Agrarian Policies*, Berkeley: University of California Press, 1981.

Bates, Robert H., *Essays on the Political Economy of Rural Africa*, New York: Cambridge University Press, 1983.

Collier, David, "The Comparative Method", In *Political Science: The State of the Discipline II*, ed. Ada W. Finifter., Washington: American Political Science Association, 1993.

Feynman, Richard Phillips, *The Character of Physical Law*, Cambridge: MIT Press, 1965.

Katzenstein, Peter J., *Small States in World Markets: Industrial Policy in Europe*, Ithaca, NY: Cornell University Press, 1985.

King, Gary, *Unifying Political Methodology: The Likelihood Theory of Statistical Inference*, Cambridge: Cambridge University Press, 1989.

King, Gary, Robert O. Keohane and Sidney Verba, *Designing Social Inquiry: Scientific Inference in Qualitative Research*, Princeton: Princeton University Press, 1994.

Laitin, David. "The Tower of Babel as a Coordination Game", *American Political Science Review*, Vol. 88, 1994, pp. 622 – 34.

Lijphart, Arend, *The Politics of Accommodation: Pluralism and Democracy in the Netherlands*, Berkeley: University of California Press, 1975.

McAdam, Doug, *Freedom Summer*, New York: Oxford University Press, 1981.

Sartori, Giovanni, "Concept Misformation in Comparative Politics", *American Political Science Review*, Vol. 64, 1970, pp. 1033 – 1053.

Sartori, Giovanni, *Parties and Party Systems: A Framework for Analysis*, Cambridge: Cambridge University Press, 1976.

Tarrow, Sidney, *Democracy and Disorder: Protest and Politics in Italy, 1965 – 1975*, New York: Oxford University Press, 1988.

Tarrow, Sidney, *Power in Movement: Collective Action, Social Movements, and Politics*, New York: Cambridge University Press, 1994.

Tilly, Charles, *Coercion, Capital, and European States, 990 – 1990 A. D.*, Cambridge, MA: Blackwell, 1990.

Tilly, Charles, "State and Nationalism in Europe, 1492 – 1992", *Theory and Society*, Vol. 23, 1994, pp. 131 – 146.

Truman, David Bicknell, *The Governmental Process: Political Interest and Public Opinion*, New York: Knopf, 1951.

（译者单位：华东政法大学政治学研究所）

两种文化的故事
——社会科学中的量化与质性研究

〔美〕詹姆斯·马洪尼、加里·格尔茨 著
阙天舒 编译

詹姆斯·马洪尼（James Mahoney）是美国西北大学（Northwestern University）政治学系副主任、教授，美国政治学会质性和多元方法分部、比较政治和历史社会学部的主席，研究方向为社会学的比较历史研究、政治发展和方法论；加里·格尔茨（Gary Goertz）是美国圣母大学（University of Notre Dame）政治学系教授，研究方向为国际关系中的冲突研究、冲突管理以及和平理论。两人发表在《政治分析》杂志 2006 年第 3 期上的这篇文章从十个方面区分了质性与量化的差异，认为正是因为两者之间存在着诸多不同，因此一方对于另一方的攻击有时是建立在不了解（甚至是误解）的基础之上。[①] 该文主要内容如下：

量化研究和质性研究这两种传统的研究方法，由于具有特征鲜明的

[①] 参考 James Mahoney & Gary Goertz, "A Tale of Two Cultures: Contrasting Quantitative and Qualitative Research", *Political Analysis*, Vol. 14, June, 2006, pp. 227–249。

两者的进一步比较
两种文化的故事

操作和实践过程，以及差异明显的价值取向、信仰和规范，可看作是两种截然不同的研究文化。在文章中，马洪尼和格尔茨将从十个方面对二者进行区分：（1）解释路径（approaches to explanation）；（2）因果关系的概念（conceptions of causation）；（3）多变量解释（multivariate explanations）；（4）等效性（equifinality）；（5）适用范围和因果关系的普遍化（scope and causal generalization）；（6）样本选择（case selection）；（7）观测数据的权重（weighting observations）；（8）实质上重要的样本（substantively important cases）；（9）符合度缺失（lack of fit）；（10）概念和测量（concepts and measurement）。他们认为对于替代假设和目标路径的评析可以帮助学者们避免误解，且能够有效地进行跨文化（cross-cultural）交流。

引言

量化和质性研究方法的对比有时会上升到宗教及形而上学的高度。例如，纳撒尼尔·贝克（Nathaniel Beck）在评论这一问题时，把两种传统比作对两个不可替代的神的信仰（Beck, 2006）。受到布拉迪（H. E. Brady）先前引发的关于神学与布道术争论的启发，菲利普·舒洛特（A. Philip Schrodt）更明确地说，"虽然这个争论对于宗教没有任何意义，但是争论的动力似乎很容易被理解为来源于宗教的。我们一直都知道，只是需要把它说出来"（Brady, 2004b; Schrodt, 2006）。

马洪尼和格尔茨更倾向于把两种研究传统视为不同的文化。每种都有各自的价值取向、信仰和规范。相比于公开批评，他们各自更多的是私下质疑对方。两者之间的交流很困难而且非常容易误解对方。当一个研究方法的学者向另一个研究方法的学者表达观点时，观点（无论对或错）很可能被视为无益的，甚至微不足道的。

在这里，可以参考拉金（Charles Ragin）的《比较方法：跨越质性与量化》（*The Comparative Method: Moving Beyond Qualitative and Quantitative Strategies*, 1987）和加里·金（Gary King）、罗伯特·基欧汉

(Robert Keohane)和西德尼·维巴(Sidney Verba)三位学者所著的《社会研究设计》(*Designing Social Inquiry: Scientific Inference in Qualitative Research*, 1994)。虽然拉金试图将质性和量化方法结合起来,但是他的这本书仍然是从质性角度来写的,使之成为质性方法领域的经典之作。然而,统计学者在很大程度上不认同拉金,并且在看待他的观点时,常常不屑一顾(e.g. Lieberson, 1991, 1994; Goldthorpe, 1997)。就这本书而言,金、基欧汉和维巴的工作明显是质性研究,但他们认为,从事量化研究的学者拥有最好的工具,可以进行科学推论,因此,质性研究者应该尽可能地在工具方法论上效仿他们。质性学者当然不会忽视金、基欧汉和维巴的研究工作,相反,他们会很详细地阅读这本书,且严厉批评其中的许多结论(e.g. Brady and Collier, 2004)。

在文章中,马洪尼和格尔茨区分了这两种文化。他们以质性研究学者的视角进行研究,试图与量化学者进行沟通。马洪尼和格尔茨的目标是比较两者的假设和实践来促进两者的跨传统(cross-tradition)交流。和布拉迪、戴维·科利尔(David Collier)一样,马洪尼和格尔茨认为,质性和量化的学者应该共同追求的首要目标是进行有效的描述和因果推论(Collier, 2004)。然而,马洪尼和格尔茨也认为,这些学者追求不同的特定研究目标,从而产生不同的研究规范。因此,马洪尼和格尔茨比布拉迪、科利尔更大程度上强调两个传统在基本目标和实践上的特殊性。然而,在这里,需要强调的是,马洪尼和格尔茨的意图并不是要批评量化或质性的研究。事实上,马洪尼和格尔茨一直认为,因为他们有各自的目标,所以这两个传统在实践中占主导地位也是很有意义的。

马洪尼和格尔茨采用标准方法对两个传统的差异进行比较,分十个方面:(1)解释路径;(2)因果关系的概念;(3)多变量解释;(4)等效性;(5)适用范围和因果关系的普遍化;(6)样本选择;(7)观测数据的权重;(8)实质上重要的样本;(9)符合度缺失;(10)概念和测量。当然两者之间还有其他的差异,但根据他们的经验,这些方面是非常容易产生误解的。下面的表1提供了一个指导性的讨论。

两者的进一步比较
两种文化的故事

表1 质性与量化的比较

项目	标准	质性	量化
1	解释路径	解释个案；效应的原因分析路径	估计自变量的平均效应；原因的效应分析路径
2	因果关系的概念	寻求充分必要的原因；采用数理逻辑	寻求相关原因；采用概率/统计理论
3	多变量解释	非唯一充分原因组合分析；受偶然性的个案影响大	原因变量可增加；偶然的交叉作用影响大
4	等效性	以概念为核心；较少的因果路径	与概念无涉；暗含大量的因果路径
5	适用范围和因果关系的普遍化	采用窄范围以避免因果异质性	采用宽范围以最大化统计优势和概括性
6	样本选择	选择结果变量成立的案例；排除条件和结果均不存在的案例	按自变量随机选择；分析所有样本
7	观测数据的权重	理论估计有赖于个人的观察；一个不当的匹配可能产生重要影响	所有的观察都是同样重要的；模型匹配很重要
8	实质上重要的样本	必须解释实质上重要的样本	不必给予实质上重要的样本太多关注
9	符合度缺失	对于不符合的案例，要仔细检查和解释	非系统的原因因素被当作误差
10	概念和测量	重视概念；误差导致概念修订	注重标准和测量；误差被认为是新的潜在因素在起作用

在继续之前，应该注意的是，马洪尼和格尔茨的讨论提出了一种质性和量化研究的程式化观点，描述的是主导的规范和实践。事实上不难发现，学者在运用一种研究方法过程中，也采用另一种方法进行研究。同样，在所有的文化中，会有一些人对两种方法都平等综合地运用。然

而，马洪尼和格尔茨认为，绝大多数政治学研究者都能在表1的某一栏中定位自己。

马洪尼和格尔茨还声明，关于两个方法的比较集中在因果分析的相关问题。马洪尼和格尔茨不在政治科学范围内考察质性研究的内容，诸如描述性案例研究，批判理论和后现代理论，以及解释分析的部分理论。因为在这些研究中，因果分析不是主要目标。将这些研究方向纳入考虑范围，需要在表1中增加新的栏和新的标准。

一、解释路径

质性研究的核心目的是在个别案例下找出对结果的解释。例如，质性研究学者试图找出第一次世界大战、东亚地区的独特发展、冷战的结束、发达福利国家的产生，以及新民粹主义政权崛起等的原因。研究的中心目的是找出每个案例特定结果的原因，他们都被包含在基于调查基础得出的理论范围内。

质性研究学者以样本及结果为起点，追溯其原因，采取"效应的原因分析"路径进行解释。好的理论必须能解释母本中所有的案例。例如，西达·斯考切波（Theda Skocpol）的著名理论试图解释所有没被殖民的农业官僚国家的社会革命，其中包括法国、俄罗斯和中国。对于该理论的评价，主要是基于其研究如何成功地保持客观性（Skocpol, 1979）。

从质性的角度来看，这种提出问题、解释问题的方法与规范科学解析事物的惯例研究是一致的。例如，生物进化论者和天文学者经常寻求特定结果的原因。实际上，大多数自然科学家觉得奇怪的是，他们的理论不能用来解释个别事件。比如"为什么挑战者号航天飞机爆炸？"，这样的问题就需要采取"效应的原因分析"路径进行解释。在国会前作证时，理查·费曼（Richard Feynman）并不认为这个问题是无意义的或非科学的（Vaughan, 1986）。

相反，统计学者通常采用实验法。在实验法中，研究者直到引入实

两者的进一步比较
两种文化的故事

验变量后才能知晓结果。事实上可以说，实验的重点是观察引入变量后的结果（如果有的话）。

统计方法试图在具体的调查研究情景中重现实验的过程。虽然将该方法从控制实验移植到调查研究存在巨大困难（例如，实质上随机性不足和缺乏控制）。但是，对于马洪尼和格尔茨而言，最重要的一点是，统计学者在实验中遵循原因的效应分析路径。特别是，在统计研究设计中，学者旨在估计母体中一个或多个原因引起结果的平均效应。在特殊情况下的特定结果解释并不是关注的焦点问题。因此，量化学者会提出这样的问题，如"经济发展对民主的影响是什么？"或"直接的外商投资的增长对经济增长有什么影响？"；他们通常不会提出这样的问题，如"经济危机对于拉丁美洲南部地区的民主化是必要的吗？"或"柔性权威主义下的高水平外国投资和出口导向型政策是韩国和台湾经济奇迹的充分原因吗？"。

统计学者已经清楚地看到"效应的原因分析"路径与"原因的效应分析"路径的区别。"效应的原因分析"路径的目标是解释特定的结果；"原因的效应分析"路径的目标是估计原因对结果的平均效应。然而，总体来看，统计学者对效应的原因分析路径都表示怀疑。例如，保罗·霍兰（W. Paul Holland）回应他的文章评论如下：

我不得不反对格里默（Glymour）对我的（也就是鲁宾的）分析的理解，以及其采用的刘易斯（Lewis）的反事实因果分析方法。我认为在鲁宾的模型和刘易斯的分析方法之间存在不可逾越的鸿沟。双方都希望赋予"A 导致 B"的意义。刘易斯将其解释为"A 是 B 的一个原因。"而鲁宾的模型将其解释为"A 的结果是 B"（Holland，1986b：970）。

金、基欧汉和维巴与霍兰的观点很接近，他们严格按照"原因的效应分析"路径来定义因果关系，而拒绝"效应的原因分析"路径。

当具体研究一个特定问题的时候，可以清楚地看到这两种研究方法之间的差异。例如，两派学者在开始研究一个普遍的问题，如"什么导致了民主？"时，为了解决这个问题，两派学者通常会根据他们的标准将它翻译成一个新的问题。于是，质性研究学者将其阐述为"一个或多个特定案例中,什么导致了民主?";量化学者将其阐述为"一个或多个自变量对民主的平均因果效应是什么?"。

"原因的效应分析"和"效应的原因分析"的区别在布拉迪和科利尔关于该问题的研讨会上已经被多次提及。例如,在贝克的文章中,他认为有必要弄清楚"我们的兴趣是找到一般化的类似规则的陈述还是解释特定的案例"。在苏珊·斯托克(C. Susan Stokes)和布拉迪的研究中,他们也承认,"质性分析对理解一个特定案例是有帮助的",但其基本主张还是尽可能地在大样本中寻找结果(Stokes,2001)。同样,菲利普·夏夫利(W. Phillips Shively)认为,"做小样本研究的学者主要把精力放在过程追踪(process-tracing)上,而不是统计归纳上"(Shively,2006)。他的因果论分析与原因的效应分析路径相去甚远。

这两个传统之间的很多误解似乎来源于不同的解释路径。量化学者很难认可质性研究学者关注特定案例的解释。例如,斯考切波很想写一本书,仅通过法国、俄罗斯和中国的案例,试图解释社会革命的发生。这在统计学者看来是很难理解的。"真正的科学应该能概括出因果关系"应该是一种典型的回应。然而,从质性的角度来看,科学也可以精确地用于解释特定案例。

马洪尼和格尔茨认为,这两种方法都是有价值的。事实上,它们相互补充。理论上讲,在一个或少数样本条件下得出的因果解释,容易让人怀疑的是:若这种因果关系放到一个更大的范围中是否依然成立呢?因为大样本分析的目的不是解释特定案例,而是估计平均效应。同样的,当统计学者做出研究后,质性研究学者似乎自然要问,这些研究结果是否对于理解历史上的特定个案有意义?因为学者总希望将因果结论放置到特殊案例中。这种互补就是方法论结合成为可能的一个原因(cf. George and Bennett,2005;Lieberman,2005)。

两者的进一步比较
两种文化的故事

二、因果关系的概念

为了解释在特定案例下的结果，质性研究学者经常根据必要和（或）充分原因来考虑因果关系。这种理解方式经常被他们用在比较方法上。密尔的求同法和求异法，类型学分析以及拉金的质性比较方法都是遵循必要和（或）充分原因分析路径的（cf. Ragin, 1987, 2000; Mahoney, 2000; Goertz and Starr, 2003; Elman, 2005; George and Bennett, 2005）。

从质性的角度来看，评估必要和（或）充分原因看起来似乎是很自然且合乎科学逻辑的。比如说，传统的质性研究学者如韦伯、托尼·圣安娜（Tony Honoré）和赫伯特·哈特（Herbert Lionel Adolphus Hart）、雷蒙·阿隆（Raymond Aron），实际可追溯到大卫·休谟（David Hume）那里，即在个案中，根据必要条件反事实推论因果关系：如果 X 不发生，那么 Y 也不发生（if¬ X then¬ Y.）（Weber, 1949; Honoré and Hart, 1985; Aron, 1986）。可以说，X 是 Y 的一个原因，因为没有 X，Y 便不会发生。这种因果分析方法符合大部分质性研究学者运用逻辑和集合论来表达观点的偏好。同样地，各种方法论学者指出，这种因果分析方法在历史解释中是常见的：

如果某些事件 A 被认为是一个特定的历史事件 B 的原因，我们必然会推论出这样一个反事实的假设：如果事件 A 不发生，那么事件 B 就不会发生（Fearon, 1996: 40; Gallie, 1955: 161; Nagel, 1961: 581 – 582）。

当他们的理论范围涵盖一个小型或中等样本的时候，质性研究学者经常采用非唯一充分条件组合（INUS）方法来寻求因果关系（Mackie, 1980; Ragin, 1987, 2000）。一个原因组合既不是导致结果单独的必要条件也不是单独的充分条件。相反，它是一个原因组合作为结果的充分条件。因此，用这种方法，学者寻求不同变量取值的组合作为充分条件确定与结果的关系。该方法假定明确的原因组合是各自充分的，所以认同一果多因的观点（有时称为等效性，见下文）。非唯一充分条件组合方法的研究通常可用布尔方程形式来表达：

$$Y = (A 和 B 和 C) 或 (C 和 D 和 E)$$

这种方法是与量化和统计方法完全不同的。量化学者通常试图找到大样本中原因对结果的平均影响（如增加或减少）的程度。为方便起见，马洪尼和格尔茨称这种分析相关性的方法为因果关系。更正式的话，可以根据反事实推论将这种研究路径运用到个案的因果解释中：同一个单元 i 下，处理变量 T 与控制变量 C 之间的差异。运用金、基欧汉和维巴的分析模型，以某个个案为例，可以得出：

$$因果效应 = y_i^T - y_i^C; T—处理变量，C—控制变量 \quad (1)$$

这个方程代表金、基欧汉和维巴所称的单元 i 下的因果关系作用（Dawid 称之为单独的因果效应）。与关注逻辑和集合论的质性研究学者不同，量化方法运用一个可附加的标准来解释原因：$y_i^T - y_i^C$。

当量化方法从单一个案件转移到多个案例的时候，常将单一个案中处理变量与控制变量间因果关系的理解，通过多组案例的比较，变成多案例中可观察的因果关系，即案例要多 i = 1，…N。再次使用金、基欧汉和维巴的分析模型：

$$平均因果效应 = \mu^T - \mu^C; T—处理变量，C—控制变量 \quad (2)$$

与公式（1）中的 y_i 不同，公式（2）中是 μ，它代表案例组中受到处理变量或控制变量影响的平均值。与此类似，金、基欧汉和维巴将平均因果效应设为 β。它有很多名称，如霍兰称之为"平均因果效应"，索贝尔称之为"处理结果的平均值"，安格里斯特和因本斯称之为"因果回应的平均"，戴维称之为"因果关系的平均值"（P. Dawid, 2000）。因此，统计方法将特殊个案中不可观察的处理变量的因果关系用可估计的大样本中处理变量的平均因果效应来代替（Holland, 1986a: 947）。因此，简便的方法就是将统计估计模型中 β 值看成是因果效应系数。

鉴于这些不同概念化的因果关系，两种方法之间才存在真正的潜在误解和沟通不畅。事实上，这两个传统的假设类型并不总是对称的。例如，考虑一下戴维·瓦尔德纳（Dawid Waldner, 1999）关于土耳其、叙利亚、中国台湾、韩国的经济发展与国家和地区建设的假设：精英间冲突较少和有限的国家联盟对于国家（地区）发展都是必要的；国家（地区）发展反过来也是保持高增长的必要和充分条件。目前还不清楚一个统计学者怎样能评估和理解这种因果关系。也许，量化学者会把这个假设翻译成他们所熟悉的术语。因此，他们可能认为瓦尔德纳的假设：（1）精英冲突和有限的国家联盟与发展中国家的发展存在正相关关系；（2）发展中国家的发展与经济发展存在正相关关系。但瓦尔德纳实际上并没有发展（或一定同意）这些假设，他关注的焦点集中在充分和必要的原因上，而这是不能简单地转化为相关因果关系的表述的。

统计学者对质性方法得出的因果关系怀有很深的质疑。这种怀疑可能是基于这样的信念：社会现象是没有充分和（或）必要原因的，这类原因会产生靠不住的论断，或者说这些原因必然使用的是二分法。统计人员可能因此选择拒绝质性方法的假设。作为瓦尔德纳方法的替代方案，统计学者选择相关性假设来重新解释这些现象。

马洪尼和格尔茨的观点是，完全拒绝质性的解释是错误的。对于一个案例来说，其实在每个方法论传统中都有不同的数学模型可以解释其中原因。例如，在统计学中，学者不必在额外的组别中定义因果关系。相反，如戴维德所说，学者可以运用 y_i^T/y_i^C 或 $\log(y_i^T/y_i^C)$ 模型进行解释；也可以按照拜尔·鲍姆勒（F. Bear Braumoeller）的建议，用方差而不是平均值来充当因果效应模型（Braumoeller, 2006）。在质性研究中，学者会根据充分但不必要原因来考虑个案中的因果关系"用科学通则可表示为：如果条件 C1，C2，…，Cn 成立，那么结果 E 就成立"；或者"所有 C 导致 E 的一般命题都等同于这种表述：当 C 成立时，E 就成立"（Elster, 1999：5；Ayer, 1946：55）。更一般地，鉴于理论经常假定原因概念具有可替代性，学者应该对使用不同的因果关系概念报以开放的态度。虽然这似乎是不言而喻的，但政治科学的趋势，却是越来越拒绝确定的因果关系并且采用假设自己的理解与经验理论不一致的阐释方法（cf. Hall, 2003）。

三、多变量解释

在所有的因果关系的研究，对解释原因的期望会导致对多变量的关注。这种现象容易发生在假设个别事件没有一个特定原因的质性研究中。当然研究中也不是必须包括各种各样的偶然因素。在量化研究中，如果不能控制重要变量，学者通常认为是无法估计平均效果的。

然而，每个方法论中典型的多元模型会呈现不同的重要方法。以每一个方法论中最常见的模型为例：

$$Y = (A * B * c) + (A * B * C * D), \quad (3)$$
$$Y = \beta_0 + \beta_1 X_1 + \beta_2 X_2 + \beta_3 X_3 + \cdots + \beta_{12} X_1 * X_2 + \varepsilon. \quad (4)$$

公式（3）代表的是典型集合论的布尔方程式，它建立在对于原因组合的分析基础上。方程式中，"*"符号代表"逻辑与"（logical AND），"+"代表"逻辑或"（logical OR），"="表示充分性且代表逻辑上的"如果，那么"的表述，小写字母表示变量不存在（the negation of a variable）。公式能确定两种不同的变量组合是否对于结果是充分的。相反，公式（4）是一个标准的包括交叉作用的统计模型。

两个方程在路径上体现的相似性和差异性不是很明显的。例如，有人可能会认为两个方程是不同的，因为质性模型必须是二分变量的，而量化不是。然而，方程（3）可以很容易地对连续变量进行估计。同样地，有人可能会认为，质性方程中缺乏残差项意味着模型必须在确定的假设下进行检测。然而，实际上，该模型可以用过去 10 年里发展的分析必要且充分原因的方法进行检测。（cf. Dion, 1998; Braumoeller and Goertz, 2000; Ragin, 2000; Eliason and Stryker, unpublished manuscript）。

两个方程之间存在真正的差异性。在质性研究传统中，学者经常首先关注原因组合的影响，只会偶尔关注单独变量的影响。事实上，除非一个变量是必要原因或独立的充分原因，否则，质性研究学者经常不会去估计单独变量的净效应。例如，公式（3）中，质性研究学者必定会指出变量 A 是结果的必要条件，但是"条件 C 的影响是什么？"这个问题是有无意义的。因为 C 根据其他变量是否出现有时起正作用，有时起负作用，找出它的净效应是无意义的。同样，在 A 出现且 C 不出现时，B 才会起作用，但是在其他组合中，B 对结果无影响。因此，如果不考察在 B 出现的原因组合中其他变量的状况下，把 B 的作用一般化就是无用的。

相反，在量化研究传统中，学者更注重估计单独变量对结果的影响，即 X_i。例如，公式（4）的模型中，学者关注每一个单独变量的净效应。为了确保准确，学者还将交叉作用关系引入统计模型中。然而最近关于统计学交叉作用的方法的文章说明了单因影响路径始终成为统计学方法标准，实际上也是社会科学采用的方法。通常，当学者运用交叉作用方法时，仍然还是寻求 X 的单因影响（Braumoeller，2003，2004；Brambor，Clark and Golder，2006；Clark，Gilligan and Golder，2006；Achen，2005b）。

当不熟悉质性方法的学者看到布尔方程（3）时，他们可能会把它翻译成熟悉的交叉作用关系。这并不是一个没有理由的观点（参见克拉克、吉利根、戈尔德的文章），因为"逻辑与"符号是与乘法符号一样的。然而，一个统计学者实际上从不会评价方程（3）。为了评估模型，统计学上认为，应该包含所有更低级的组别，如 A，AB，AC，AD。尽管对于这个实践，有很好的统计学上的原因，但是在布尔方程中，这些原因是不存在的。因为，质性研究学者是按照逻辑和集合论方法进行分析的。

实际上，方程（3）中的"逻辑与"和方程（4）中的乘法是不同的，马洪尼和格尔茨认为没有认清他们的差异导致了两种文化实质上的不和，并且使量化学者们错误相信布尔方程模型是交叉作用的组合，其能很简单地被翻译成统计学术语。（cf. King，Keohane and Verba，1994：87–89；Seawright，2005）。

对集合论中充分和必要条件的考虑是阐述问题的一个关键。如果有必要条件，那么其出现在所有结果发生的案例中。因此，存在必要条件的案例就形成了一种全集，而 Y = 1 这样的案例就是全集下的一个子集。如果有充分条件，所有具有某种充分条件的案例都会使结果发生。因此，如果将更大样本中 Y = 1 的案例看作一种全集，那么存在充分条件的样本案例就是其中的一个子集。

这种集合论的逻辑确保了在诠释"逻辑与"的时候，在全集和子集层面上发现存在某种一致的联系。例如，假设存在一个布尔模型的集合：Y = (A * b * c) + (A * C)。由于 A 是 Y 这个集合的必要条件，那么它同时也一定是 Y 之下的任何一个子集合的必要条件。举个实际的例子，民主和平论假设两个民主行为体之间不会发生战争。这个假设也可以从必要条件方面加以表述，即非民主是战争发生的必要条件。由于"战争"行为体集合是"非民主"行为体集合下的一个子集，这种假设对"战争"行为体下的任何一个子集合都成立。同样，如果 A * b * c 的组合足以导致集合中某种结果的出现，那么它就足以让集合下的任何一个子集产生这种结果。当然，A * b * c 的组合可能并不存在于所有的子集合中（比如 A * C）。但问题是，如果 A * b * c 如果出现在子集中，那么 Y 也同样会发生。简而言之，适用于全集的发现必然适用于集合下的任何一个子集。

质性研究的逻辑范式可以跟统计学中的全集和子集之间的关系进行一下对比。试想一下，在统计研究中，X_1 的影响对全集具有强烈的正相关性。这是否就意味着 X_1 对某个子集合不会具有强烈的负相关性呢？当然，答案是否定的。在统计模型中，X_1 的影响从一个子集合到另一个子集合的扩展是或然的。没有一种数理证明可以解释为什么 X_1 与某些特定的子集合之间的联系是负相关的。比如说参考估值的稳质性就是一种或然现象。同样，对参数 $\beta_{12}X_1 * X_2$ 的估计可能会随着从全集到子集之间的转换而发生极大的改变。总之，实际上布尔逻辑——充分和必要条件在全集和子集传递的一致性——是统计模型的估计参数的权变关系。

因此，公式（3）和公式（4）所呈现出的两种模式在很多方面是很难对比的，它所指向是的两种传统之间的真正差异。但从不同文化间对话的视角来看，应将其理解为一种合理的差异，而不是一场对真理或谬论的争斗。的确，形成质性研究因果联系复杂性基础的逻辑和集合论并不比量化学者们所用的概率与统计方法更加严谨。因此，这两种方法对社会科学研究来说都是可行的。

四. 等效性

量化与质性研究传统另一个方面的差异是它们对等效性概念的重视程度不同（Bennett，2005）。等效性的概念也经常被称为"多重并发因果关系"（multiple, conjunctural causation）或仅仅是"多重因果关系"（multiple causation），它通常与拉金的质性比较分析方法联系在一起，并对很多质性研究学者关于因果联系的思考有很大帮助。与此相反，在量化研究中，却常常缺乏对等效性的关注。如果只阅读量化研究的成果，那么"等效性"这个词则根本不会在方法论词汇中出现。

等效性是指一个结果的实现具有多种因果路径。用多变量来解释的话，等效性可以用原因组合的方法来表述。例如，在公式（3）中就存在两种因果路径：$A*B*c$ 或者 $A*C*D*E$，这二者中，每个都足以让结果实现。

马洪尼和格尔茨认为很多关于等效性的研究都错误地通过把变量组合在一起而将等效性视为因果路径的代表。但事实上，因果路径从本质上来说是并发的（conjunctural）。如果只用统计学的角度来研究这一部分，可能会得出这样的结论：等效性仅仅是描述交叉作用项的一种方式。

实际上，在质性研究中，等效性最与众不同的正是某一特定结果的出现只有几种因果路径。每一种路径都是不同变量的特定组合，但是从数量上来说并不是很多。在质性研究的有限条件下，其目标是找出集合之中存在的所有因果路径。

与之相反的是，在公式（4）那样的统计模型中，某一结果的出现可能会有数以千计的可行路径。统计公式的右侧本质上代表着一种加权求和。在分对数（logit）模式下，只要加权求和的结果大于指定阈值，结果（或平均结果）就会出现。在这个框架内，要让加权求和值大于阈值的可行路径多得数不清，但其中一定存在等效性。

在质性研究中，分析人士通常将不同的案例以不同的因果路径而加以分类。因为整体研究的目标就是要解释这些案例，所以此时分析人士所要做的就是识别出每个案例所遵循的因果路径。例如，亚历山大·希克斯（M. Alexander Hicks）、约翰·米斯拉（Joya Misra）和吴（T. N. Ng）（Hicks, Misra and Ng, 1995）认为早期福利国家的出现有三种不同的独立路径，通过他们的研究，每个案例都可以在三种路径中找到其对应的路径（cf. Esping-Andersen, 1990）。在质性研究中，这些因果路径是构建研究范式理论基础的主要支撑。再比如说，巴林顿·摩尔（Barrington Moore）曾将现代世界的实现归于三种路径，每一种都是变量的特殊组合，他还清晰地指出了哪些国家遵循哪种路径（Moore, 1966）。

这种通过自变量的常见因果格局来将案例分组的方法在量化研究中却没什么用。尽管也可以这样做，但这并不符合传统经验。再次强调一下，马洪尼和格尔茨研究的目的并不是解释某个特殊的案例，而是要将个体的因果效应加以概括。在此背景下，马洪尼和格尔茨所探讨的集合就是一个整体，对个别案例因其因变量的特定值而导致的特殊路径则不予讨论。

五、使用范围和因果关系的普遍化

在质性研究中，研究者们通常将他们理论的适用范围定的比较窄，他们的推论只能适用于有限的范围。的确，在很多质性研究成果中，研究中所出现的案例就是整个理论全部的适用范围了。而与之正好相反的是，在量化研究成果中，适用范围被研究者们扩展得很大，他们希望将成果推及更广泛的案例中去。量化研究学者通常将他们研究中所分析的案例视为母本中的样本。

两者的进一步比较
两种文化的故事

质性分析较为有限的适用范围让学者们相信，因果关系的异质性是一种常态（e.g. Ragin, 1987, 2000）。质性研究学者认为随着集合的总量增加，即便只是小幅度增加，关键的因果关系也会随着理论的增多而逐渐缺失或被误认。因此，这些学者相信每个新案例都在促使理论模型做出修改，即便这些模型在解释最初分析的案例时是完美无缺的。鉴于这些修正会产生更加复杂的问题，质性研究学者们认为还不如再开发一种全新的理论来解释这些新问题。

就像在前面分析中所看到的那样，在质性研究中，因果关系的普遍化通常是以指定因果路径的形式进行的。每种路径都是结果产生的充分条件。运用这种方法，扩大研究的适用范围就很容易产生因果联系异质性的风险。新出现的案例可能不适用于现有的因果路径。例如在公式（3）中，存在（A∗B∗c）或者（A∗C∗D∗E）这两种因果路径，但是扩大了适用范围之后还可能会出现第三种或是第四种路径，这样才能满足新案例的需要。虽然现有路径已经足以导致所需结果的出现并可以解释之前的所有案例，但新案例的出现还是可能会让这些路径变得有问题。例如，在某些新的案例中，（A∗B∗c）可能不再足以让预期结果出现。

而在量化研究的实践中却是不同的。当然，要运用统计技术，研究者们需要有大量的观察，这可能会让理论的适用范围变得更广。但更重要的是，量化研究中因果关系的概念认为因果异质性是体现在不同的条件下的，尤其是当你的目标是预测一些变量的平均影响时，只要条件独立性的假设依然存在，某些新案例出现的变数其实并不是问题。对某一个子集很重要的自变量可能在整体中就变得无章可循甚至会变成误差项。因此在量化研究中，一个充分的解释并不见得一定需要能够解释所有的案例。分析人员可以省略一些次要的变量来让结果更具有广泛性。

在因果联系的普遍化方面，质性研究相对于量化研究的大数据统计学方法来说显得更加脆弱。统计学数据通常看起来更加有说服力，而且在集合范围出现变化时，统计学方法得出的成果通常不会受太大的影响。不过，在质性研究中，不同类型（例如概念、措施、模型等）的异质性通常会产生很大的问题，反过来限制了质性研究学者们研究成果的适用范围。然而当从一个子集拓展到另外一个特定的子集时，质性研究的成果通常比量化研究的成果更加稳定。这些差异是很重要的，但他们并不能构成对质性或量化其中一方批判的基础，它们仅仅指出了这两种研究范式所蕴含的不同逻辑。

六、样本的选择

　　质性研究通常从对那些所关注的结果已经产生的案例［通常称之为"正面案例"（active cases）］的研究开始。鉴于其研究目的就是对特殊的结果加以阐释，这种方法并不令人惊讶。如果想解释特定的结果，就会关注产生这种结果的案例。尽管有的时候质性研究学者们所选的案例并不是正例，偶尔他们也会选择"负面案例"（negative cases）来对自己的理论加以检验。

　　量化研究则正好相反，学者们在选择样本的时候并不会考虑到因变量的因素。这很好理解，因为通过因变量来选择样本通常会让结论带有偏见性（e. g. Heckman，1976）。因此，量化学者们理想化地试图根据自变量随机选择大量样本。

　　在样本选择上的差异让这两种范式的拥护者们发生了争吵。有一个例子可以帮助我们更清晰的理解二者在样本选择上的差异。在表2中有两个自变量和一个因变量，所有的变量都是分开测量的。在一个标准的实验设计中，可以假定自变量的值可能出现四种组合，然后再去观察对应的因变量的值。在这种统计分析中，大量案例的选择并没有考虑到因变量的结果。

表 2　样本的选择

Y	X_1	X_2
Y = 1	1	1
	0	1
	1	0
	0	0
Y = 0	1	1
	0	1
	1	0
	0	0

然而在典型的小样本研究中，有两个特点值得关注。首先是因变量值为 1 的案例并不多，在表 2 中，上半部分的案例数量比下半部分要少得多。这是因为在质性研究中，正例（$Y=1$ 条件下的）总是不经常出现的（例如战争、革命或增长奇迹），剩下的绝大部分都是反例。当然，在对特殊案例的实验或统计研究中可能同样如此，但相比之下，质性研究对特殊案例的研究更为普遍。

质性的小样本研究的第二个更加重要的特点就是在占集合绝大部分的表 2 的下部分之中，Y、X_1 和 X_2 均为 0 的情况（0，0，0 单元格，在表 2 中以粗体标记）代表着结果和原因都不存在，这种情况在所有案例中占相当大的比例，这是存在问题的。在实践中，质性研究学者们很少从（0，0，0）这个单元格中选取案例，因为它们的数量太过庞大且难以界定，很难进行密集的分析。但量化学者们则尽力将更多的案例纳入研究范围，对他们来说，一个单元格内存在大量案例的情况并不妨碍统计结果，甚至会对结果有所帮助。

在跟其他情况下的案例做比较时，质性研究学者面对的另一个问题是（0，0，0）这个单元格中的案例对检验理论成果毫无帮助。例如，当假定 $Y=X_1$ 和 X_2 时来对因果模式进行检验，（0，1，1）单元格中的反例是非常重要的，因为它们至少可以反驳或否定这一理论（因为原因存在，但是结果却并未出现）。同样，（0，1，0）和（0，0，1）单元格中的案例可以帮助质性研究学者们证明为何 X_1 和 X_2 无法单独成为结果的充分条件。但（0，0，0）单元中的案例对因果的推论却无法起到什么推动作用（cf. Braumoeller and Goertz, 2000）。事实上，在绝大部分这样的案例中，所关注的结果是并未出现的，因此这样的案例被学者们认为是不相干的。总之，好像从来没有一个质性研究学者对（0，0，0）单元中的案例加以研究。

但在量化研究中，方差的增大减少了容易出现的标准误差。在一个统计框架内，研究者通常希望将自变量不为1的案例也纳入进来，比如说（0，0，0）单元中的案例。在大样本研究中，基于自变量的随机样本选择可以让这些反例被纳入研究变为现实。

由此可见，质性和量化这两种研究范式的一个重要区分是他们在公式两端自变量和因变量方面的样本选择上。然而，马洪尼和格尔茨确信这两种范式的样本选择方式都有其原因与可取之处。如果研究的目标是想知道大部分案例会出现的平均因果效应，那就应当避免在选取样本时对因变量带有某种偏好。同样，在对因果效应做出总结的时候，把所有的反例都纳入研究是有用的。然而，如果研究的目标是对特殊案例的结果加以阐释，对结果的值不加以限定是不行的，将反例与正例同等重视也是不可行的。

七、观测数据的权重

质性研究学者们有时候就像刑事侦探一样，他们解决难题，并通过搜集事实资料、相似事例的经验以及一般因果联系方面的知识来解释一些特殊结果的出现。从"侦探"的角度来看，在解释结果方面，并不是所有证据起到作用的权重都是等同的。对质性研究学者们来说也是如此，可能其中的某一个观察对论点的支持是起决质性作用的。由于同样的原因，就像一个侦探对嫌犯最初的怀疑可能被一个证据所推翻，一个新的事实也可以让质性研究学者推翻自己之前的理论,尽管有大量的事实支持这个理论。对质性研究学者来说,一种理论仅仅是一种观察,但他们也会找出足够多的证据来支撑这个理论的有效性并确信不会存在消极案例。

像侦探一样,质性研究学者们并不认为他们的研究方法在理论上是中立的(cf. Goldstone, 2003; Western, 2001)。事实上,他们在问:"我之前已经有了理论上的理念,这些新观察能在多大程度上影响我从前的理念?"当对一些理论进行测试时,一个简单的数据就足以对后面的理念产生颠覆性的影响,因为这个关键的数据可以证明之前对某个重要变量的测量是不正确的。一旦证明此处出现错误,那么整个理论也就不再适用。

与此相反,量化学者在对不同观测数据的分配权重上并无不同。他们将符合条件的证据整合起来,而不是做出无效的假设。在这种范式下,一个单一的证据无法支撑或推翻一种理论,只有一系列的观测才可以,因为只依赖于几个特定观察的统计结果是值得怀疑的。

质性和量化在数据运用上的不同也正对应着布雷迪和科利尔二人的"因果进程"和"数据集合"这两种不同的观测方式。这两种方式及他们所选取的不同的样本都是有价值的。当解释具体案例中的特殊结果时,对因果进程的观察尤为重要,而想将集合中所有案例的平均因果效应总结出来时,数据集合的方式就更加行之有效。因此,如何运用这两种方式主要取决于研究目标究竟为何。

八、实质上重要的样本

对于什么样的案例才是"重要的",质性和量化的学者们有不同的看法。在典型的大样本分析中,并不存在"事前的"重要案例,每个案例都是同等权重的,在事后才可以并应当对统计数据中出现的偏离值及对整体数据变化产生影响的部分加以检视。

但在质性研究中，学者们并不需要对所有的案例同等对待，总有一些案例对他们来说比其他的"更为重要"。另外，质性研究学者们对一些个体事例更为关注，他们意识到这些事例对他们来说是在实质上非常重要的。这里的"实质上重要"是指过去在国内或是国际政治中起到过关键作用或对研究结果有规范性意义。马洪尼和格尔茨认为质性研究学者对案例选择的要求及当达不到要求时对理论正确性的担心是直觉性的。

戈德斯通（J. A. Goldstone）在评论马克思主义理论没能成功解释法国大革命方面所说的话也可以证明这一点："马克思主义理论可能对其他案例都适用，但在解释这个历史性的重要的革命上它却无能为力，这当然会让人对这个理论的信念产生动摇。"但在量化研究中，法国大革命的案例便没有将理论否定。如果其他案例都符合理论，那么法国大革命的例外就不算是问题。

质性研究学者对重要样本的关注让量化学者百思不得其解。从这个角度来讲，其实很难去解释为什么重要的、历史性的那些事例对评估理论最为重要，可能一个很不起眼的案例也具有一种非常重要的特性，而这一特性恰恰能对理论的真伪加以检测。另外，从这个角度来看，为什么重要的案例需要被关注以更多的权重也很难去理解。对理论和实证范围的界定是非常重要的，不管是对质性还是量化范式都同样如此。因此，理论所首先要达到的，应该先是对更多的案例加以解释，然后才是对那些非常重要的但具有特质的案例进行特别关注。

九、符合度缺失

在质性研究中，调查者通常对他们所研究的案例较为熟悉。在这种状况下，不符合调查因果路径的案例很难被忽略。他们会关注是什么样的特殊原因让这些案例遵循一种特殊的因果路径。尽管他们不会将这些特殊原因纳入其研究的核心理论模型中，但这些特殊原因会被予以鉴别与关注。质性研究学者们想探究出为什么这些特殊的案例与他们理论预期不符。

然而,量化研究中,只要理论模型能对集合的平均参数做出适度的估算,模型与部分特殊案例不相符合并不算是什么问题。在这些特殊案例中,可能存在一些特殊的因素让它们的结果与众不同,但这些特殊因素对整体理论来讲并不重要,它们也没有得到量化学者们特殊的关注。由于这些特质因素与模型中的误差项通常并不同步,因此对这些特殊因素的忽略并不会影响整体模型的参数估算。此外,一个模型缺乏符合度可能不仅仅是因为对变量的忽略,也可能是因为随机性和系统性的误差,这种问题其实对结果并没有什么影响。

对符合度缺失的问题的不同应对也让两种范式之间很容易出现误解。质性研究学者坚持对预测失误的案例"需要加以解释,而不是简单的知道它不符合就可以了"(cf. Ragin, 2004:138)。在这种坚持下,质性研究学者对量化方法在某些案例上的不适用存在怀疑,他们会提出这样的疑问:误差项是由哪些变量导致的呢?如果一个统计模型对案例的整体符合度不高,那么结论就很难让质性研究学者们觉得信服。而对量化学者来说,他们对于质性研究学者用很大精力来分析特殊案例的行为也很困惑。他们会怀疑把宝贵的时间放在研究那些对得出整体结论毫无帮助的问题上究竟有什么用。

然而,事实上很难对质性或量化任何一方做出谴责。如果研究的目的是对一般因果路径做出总结,那么对每个特殊案例都加以关注显然是不明智的。但如果想解释为何特殊案例会出现特殊的结果,这样做就很必要了。

十、概念和测量

在质性分析中,学者们通常花很大精力去对他们研究中所涉及的概念进行简明而精确的定义,他们需要确保概念的有效性,否则就会出现测量误差。在研究多个案例时，他们会避免出现概念上的放大或将概念运用在一个并不适用的案例上的问题（cf. Sartori, 1970; Collier and Mahon, 1993）。因此，关于测量有效性的争论通常很关注研究的逻辑结构以及具体概念的提出背景。

但量化研究对这种由于概念的结构和定义而产生的测量误差并没有那么关注，它更关心这些概念的运用和运用方面的各种指标。对量化学者来说，测量误差通常出现在不同的指标下，而不是不同的概念中，因此他们对于测量误差的方法论研究也多集中在将测量误差模型化或对指标加以修正方面，而不是对概念进行修正。事实上，一些量化学者们甚至认为概念是由测量所运用的指标来定义的，这种立场是永远不会被质性研究学者们所接受的。

在此方面的分歧让两种传统范式之间彼此怀疑。

质性研究学者们研究的目标是对每个特殊案例都能够加以解释，这就意味着他们对每个案例中的关键变量都要进行正确的测量。在质性研究的范式中，学者们会对特殊案例中特殊变量的衡量进行积极的讨论甚至辩论。这种讨论可能是存在很大风险的，因为一个或几个变量值的变化可能会让整个理论失效。简而言之，在质性研究中，测量误差是个需要解决的问题，如果可能的话，质性研究学者们认为应当完全消除这种误差。即便存在误差的一些指标可以解决大多数问题，但质性研究学者们依然认为他们存在问题，因为这些指标在遇到某些特殊案例时可能并不适用。

但对量化学者们来说，这些测量的误差是无法避免的。只要它们对整体模型是适用的，这些误差就不算什么致命性的问题。系统性的测量误差当然还是比较重要的，但是建模程序可以鉴别这些误差（e.g. Bollen and Paxton, 1998）。对非系统误差来说，即便它们存在，通常也不会对平均因果效应的估算产生影响。

在存在这些差异的情况下，可以说质性和量化在政治科学测量误差的方法论方面，二者分属两种不同的范畴：质性范畴关注概念及其有效性，认为应当消除测量误差；量化范畴则关注指标及测量的有效性，倾向于为测量误差建模并避免系统性错误。在它们各自的文化中，这两种范式都非常有影响力，但它们之间却很少存在跨文化沟通。（cf. Adcock and Collier, 2001；Goertz, 2006）

结语

对当代政治科学中的量化与质性研究差异的比较需要对二者有一种全局性的把握。一般来说，信奉一种研究范式的学者通常对来自另外一方的批判表现得非常防备，这就会造成多方面误解的出现。

尤其是这两种范式并没有真正很好地把握它们二者间的实质差别，这使得双方对彼此误解变得更加严重。量化分析需要运用数字，但同时也离不开文字方面的解释；质性研究也会对很多数据加以关注。很多质性方面的研究事实上也需要量化方法所得出的信息。尽管马洪尼和格尔茨对完全改变现行的术语并不抱有幻想，但如果能够避免简单地使用"量化"与"质性"这两个标签来形容这两种范式，而将它们细化为"统计"与"逻辑"、"效应预估"（effect estimation）与"结果阐释"（outcome explanation）、"整体导向"（population-oriented）与"案例导向"（case-oriented），效果可能会更好。

这篇文章并不是想对学者们在自己范式下的研究加以建议，也不想对任何一种方法加以批评，而是希望学者们对"另外一方"的研究有所了解。由于两种范式之间的假设与研究目的都不相同，可能有些实践和建议适用与量化研究但不适用质性研究，有些则正好相反。在这种框架下，不考虑基本研究目标而仅仅去批评另一种范式是毫无意义的。

这两种范式间的误解实质上是可以避免的。只要一方的学者对另外一方有所了解，并愿意和平、尊重的与之对话，二者间就可以进行有效的沟通。马洪尼和格尔茨希望他们对二者间差异的分析可以为促进这种沟通助一臂之力。

【参考文献】

Achen, Christopher H., Let's put garbage – can regressions and garbage-can probits where they belong, *Conflict Management and Peace Science*, 2005a, 22: 327 – 339.

——, Two cheers for Charles Ragin, *Studies in Comparative International Development*, 2005b, 40: 27 – 32.

Adcock, Robert, and David Collier, Measurement validity: A shared standard for qualitative and quantitative research, *American Political Science Review* 2001, 95: 529 – 46.

Aron, Raymond, *Introduction à la philosophie de l'histoire: essai sur les limites de l'objectivité historique*, 2nd ed. Paris: Gallimard, 1986 (1938).

Ayer, Alfred Jules. *Language, truth and logic*, New York: Dover, 1946.

Beck, Nathaniel. Is causal-process observation an oxymoron? *Political Analysis* 10.1093/pan/mpj015, 2006.

Bollen, Kenneth A., and Pamela Paxton, Detection and determinants of bias in subjective measures, *American Sociological Review*, 1998, 63: 465 – 478.

Brady, H. E, Data-set observations versus causal – process observations: The 2000 U. S. presidential election. In *Rethinking social inquiry: Diverse tools, shared standards*, ed. H. E. Brady and D. Collier. Lanham, MD: Rowman and Littlefield, 2004a.

——, Doing good and doing better: How far does the quantitative template get us? In *Rethinking social inquiry: Diverse tools, shared standards*, ed. H. E. Brady and D. Collier. Lanham, MD: Rowman and Littlefield, 2004b.

Brady, H. E., and David Collier, eds, *Rethinking social inquiry: Diverse tools, shared standards*, Lanham, MD: Rowman and Littlefield, 2004.

Brambor, T., W. Clark, and M. Golder. Understanding interaction models: Improving empirical analyses, *Political Analysis*, 2006, 14: 63 – 82.

Braumoeller, Bear F. , Causal complexity and the study of politics, *Political Analysis*, 2003, 11: 209 – 233.

——, Hypothesis testing and multiplicative interaction terms. *International Organization*, 2004, 58: 807 – 820.

——, Explaining variance: Exploring the neglected second moment. *Political Analysis* 10. 1093/pan/mpj009, 2006.

Braumoeller, Bear F. , and Gary Goertz, The methodology of necessary conditions. *American Journal of Political Science*, 2000, 44: 844 – 858.

Clark, W. R. , M. J. Gilligan, and M. Golder, A simple multivariate test for asymmetric hypotheses, *Political Analysis* 10. 1093/pan/mpj018, 2006.

Collier, David, and James E. Mahon, Jr. , Conceptual stretching revisited: Adapting categories in comparative analysis, *American Political Science Review*, 1993, 87: 845 – 855.

Collier, David, James Mahoney, and JasonSeawright, Claiming too much: Warnings about selection bias. In *Rethinking social inquiry: Diverse tools, shared standards*, ed. H. E. Brady and D. Collier. Lanham, MD: Rowman and Littlefield, 2004.

Dawid, P. , Causal inference without counterfactuals (with discussion), *Journal of the American Statistical Association*, 2000, 95: 407 – 450.

Dion, Douglas, Evidence and inference in the comparative case study, *Comparative Politics*, 1998, 30: 127 – 145.

Elman, Colin, Explanatory typologies in qualitative studies of international politics, *International Organization*, 2005, 59: 293 – 326.

Elster, J. , *Alchemies of the mind: rationality and the emotions*, Cambridge: Cambridge University Press, 1999.

Esping-Andersen, Gøsta. *The three worlds of welfare capitalism*, Cambridge: Polity Press, 1990.

Fearon, James D. , Causes and counterfactuals in social science: Exploring an analogy between cellular automata and historical processes, In *Counter-*

factual thought experiments in world politics, ed. P. Tetlock and A. Belkin. Princeton, NJ: Princeton University Press, 1996.

Gallie, W., Explanations in history and the genetic sciences, *Mind*, 1955, 64: 160 – 180.

George, Alexander L., and Andrew Bennett, *Case studies and theory development in the social sciences*. Cambridge, MA: MIT Press, 2005.

Goertz, Gary, *Social science concepts: A user's guide*, Princeton, NJ: Princeton University Press, 2006.

Goertz, Gary, and Harvey Starr, eds. *Necessary conditions: Theory, methodology, and applications*. Lanham, MD: Rowman and Littlefield, 2003.

Goldstone, J. A., Methodological issues in comparative macrosociology. *Comparative Social Research*, 1997, 16: 121 – 132.

——, Comparative historical analysis and knowledge accumulation in the study of revolutions. In *Comparative historical analysis in the social sciences*, ed. J. Mahoney and D. Rueschemeyer. Cambridge: Cambridge University Press, 2003.

Goldthorpe, J., Current issues in comparative macrosociology: A debate on methodological issues. *Comparative Social Research*, 1997, 16: 1 – 26.

Hall, Peter A., Aligning ontology and methodology in comparative research. In *Comparative historical analysis in the social sciences*, ed. J. Mahoney and D. Rueschemeyer. Cambridge: Cambridge University Press, 2003.

Heckman, James J., The common structure of statistical models of truncation, sample selection and limited dependent variables and a simple estimator for such models. *Annals of Economic and Social Measurement*, 1976, 5: 475 – 492.

Hicks, Alexander M., Joya Misra, and T. N. Ng, The programmatic emergence of the social security state. *American Sociological Review*, 1995, 60: 329 – 350.

Holland, Paul W., Statistics and causal inference. *Journal of the American*

Statistical Association, 1986a, 81: 945 – 960.

——, Statistics and causal inference: Rejoinder. *Journal of the American Statistical Association*, 1986b, 81: 968 – 970.

Honore', Tony, and Herbert Lionel Adolphus Hart, *Causation in the law*. 2nd ed. Oxford: Oxford University Press, 1985.

King, Gary, Robert O. Keohane, and Sidney Verba, *Designing social inquiry: Scientific inference in qualitative research*. Princeton, NJ: Princeton University Press, 1994.

Lieberman, Evan S., Nested analysis as a mixed-method strategy for comparative research. *American Political Science Review*, 2005, 99: 435 – 452.

Lieberson, Stanley, *Making it count: The improvement of social research and theory*. Berkeley: University of California Press, 1985.

——, Small Ns and big conclusions: An examination of the reasoning in comparative studies based on a small number of cases. *Social Forces*, 1991, 70: 307 – 320.

Mackie, John Leslie, *The cement of the universe: A study of causation*. Oxford: Oxford University Press, 1980.

Mahoney, James, Strategies of causal inference in small-N research. *Sociological Methods and Research*, 2000, 28: 387 – 424.

Moore, Barrington, *The social origins of dictatorship and democracy: Lord and peasant in the making of the modern world*. Boston: Beacon Press, 1966.

Munck, Gerardo L., and Jay Verkuilen, *Conceptualizing and measuring democracy: Evaluating alternative indices*, 2002, 35: 5 – 34.

Nagel, Ernest, *The structure of science: Problems in the logic of scientific explanation*. New York: Harcourt, Brace and World, 1961.

Ragin, Charles C., *The comparative method: Moving beyond qualitative and quantitative strategies*. Berkeley: University of California Press, 1987.

——, *Fuzzy-set social science*. Chicago: University of Chicago Press, 2000.

——, Turning the tables: How case – oriented research challenges variable –

oriented research. In *Rethinking social inquiry*: *Diverse tools, shared standards*, ed. H. E. Brady and D. Collier. Lanham, MD: Rowman and Littlefield, 2004.

Sartori, Giovanni, Concept misformation in comparative politics. *American Political Science Review*, 1970, 64: 1033 – 1053.

Schrodt, Philip A., Beyond the linear frequentist orthodoxy. *Political Analysis* 10. 1093/pan/mpj 013, 2006.

Seawright, Jason, Qualitative comparative analysis vis-a`-vis regression. *Studies in Comparative International Development*, 2005, 40: 3 – 26.

Shively, W. Phillips, Case selection: Insights from Rethinking Social Inquiry. *Political Analysis* 10. 1093/pan/mpj 007, 2006.

Skocpol, Theda, *States and social revolutions*: *A comparative analysis of France, Russia, and China*. Cambridge: Cambridge University Press, 1979.

Stokes, Susan C., *Mandates and democracy*: *Neoliberalism by surprise in Latin America*. Cambridge: Cambridge University Press, 2001.

Vaughan, Diane, *The Challenger launch decision*. Chicago: University of Chicago Press, 1986.

Waldner, David, *State building and late development*. Ithaca, NY: Cornell University Press, 1999.

Weber, Max. Objective possibility and adequate causation in historical explanation. *The methodology of the social sciences*. New York: Free Press, 1949.

Western, Bruce, Bayesian thinking about macrosociology. *American Journal of Sociology*, 2001, 107: 352 – 378.

（译者单位：华东政法大学政治学研究所）

测量的效度
——质性与量化研究的共同标准

〔美〕罗伯特·阿德库克、戴维·科利尔 著
郝诗楠 编译

罗伯特·阿德库克（Robert Adcock）在原文发表时为加州大学伯克利分校的政治学系博士候选人，戴维·科利尔（David Collier）是加州大学伯克利分校政治学系教授。两人发表在《美国政治学评论》2001年第3期上的这篇文章从实践方面指出了质性与量化"两种文化"融合的必要性。① 该文主要内容如下：

阿德库克和科利尔认为，研究者们经常困扰于如何将概念与事实联系起来。这就引发了所谓的"效度"（validity）问题——我所观察到的事实、概念的操作化或者所用的案例是否能够反映我所用的概念？阿德库克和科利尔讨论了这一问题的意义，并寻求去回答它，并在最后提出了一个能够同时应用于质性与量化研究的方法论标准。

尽管政治学界有诸多介绍效度的文献，但是自从理查德·席勒

---

① 参见 Robert Adcock & David Collier, "Measurement Validity: A Shared Standard for Qualitative Research", *American Political Science Review*, Vol. 95, No. 3, 2001, pp. 529–546.

(Richard Zeller)和爱德华·卡明斯（Edward Carmines）以及肯尼斯·博伦（Kenneth Bollen）之后（Zeller and Carmines, 1980; Bollen, 1989），便没有什么文献对该问题提出重要的论点。一些讨论测量的文献也并没有被置于效度的框架下（Jacoby, 1991; 1999）。

政治学研究中有四个有关测量效度的重要问题，阿德库克和科利尔对其进行了探讨。第一，如何建立一个质性与量化研究都可用的效度标准。现有的文献一般都一边倒地讨论量化研究，而不是试图将两种研究传统综合起来。阿德库克和科利尔以一些最近对民主的比较研究文献为例讨论了这个问题。第二，测量效度与对概念含义的争议之间是何种关系。阿德库克和科利尔认为尽管一个清晰的概念是测量效度的前提，但是这两者并不是一回事。第三个问题有关测量效度的情境特性。有的时候一个概念在一种情境下有效并不意味着在另一种情境下也同样如此。阿德库克和科利尔则试图在普适途径（不注重情境的）和特殊途径（过分注重情境）之间找到平衡点。第四个问题则有关在测量效度的实现过程中所用的语言。他们发现至少有37种形容词被学者们用在"测量效度"的前面，这造成了诸多困惑。在这里有必要区分"效度"（validity）和"效度检验"（validation）两个词。在阿德库克和科利尔的文章中，"效度"仅指测量的有效性；而"效度检验"则指的是衡量效度的不同方法。文章最后提供了三种衡量效度的方法。

测量效度概览

层次与任务

效度问题源自概念与观察之间的关系，阿德库克和科利尔将这种关系分为四个层次（见图1）。第一个层次是背景概念（background concept），这是有关某一个概念的一般化的定义，它有可能包含了各种不同的含义。第二个层次是系统化概念（systemized concepts），指的是某些学者对一个概念所持有的特定看法,它包含了对某一概念更为清晰地定义。第三个层次是指标(indicators),也就是通常所说的"测量",它包括一些系统的赋值方案——从简单的打分到复杂的指数。指标不仅仅指量化的数字,而且也包括质性的分类。第四个层次则是案例的分值(scores)。它代表着经过第三层次后所产生的(量化的)数字或者(质性的)类别。

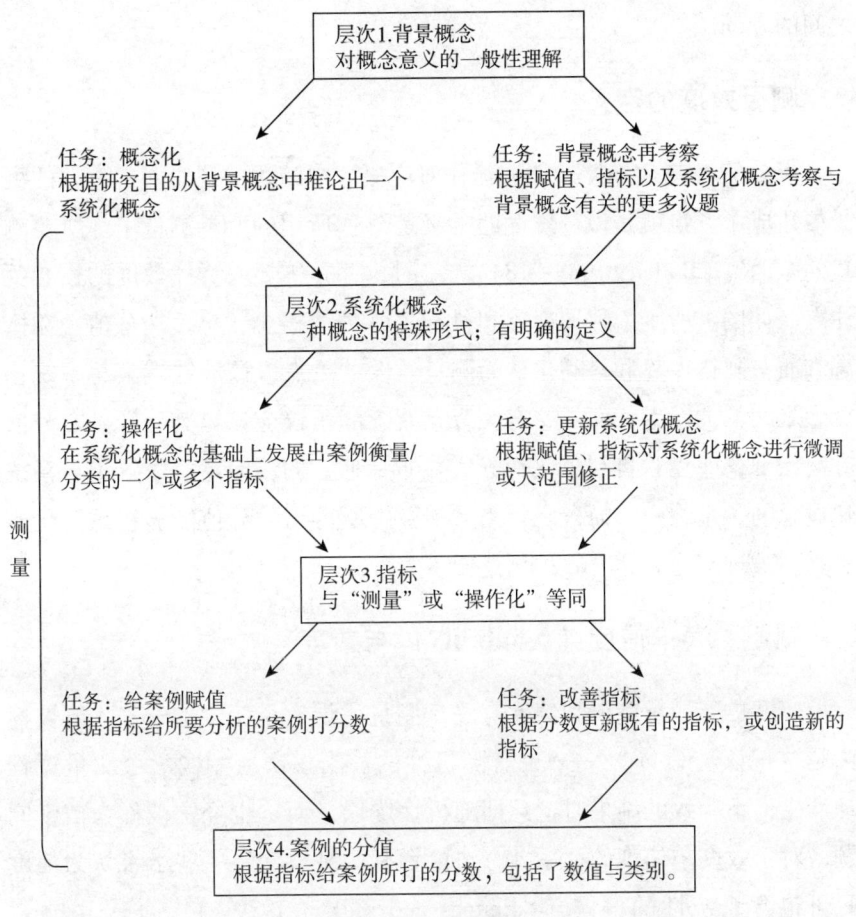

图1 概念化与测量:层次与任务

图1中的上下流动箭头代表着一系列的研究任务。在左边,从背景概念到系统化概念需要经历概念化(conceptualization)过程;从系统化

概念到指标需要经历操作化（operationalization）的过程；最后，案例赋值（scoring of cases）过程将应用指标产生出案例的分值。再看右边，在得出案例分值后，指标可能需要进行改善；而在分值和指标的基础上，系统化概念可能需要进行一些微调；调整后的系统化概念可以被用来对背景概念进行再考察，我们可以在此重新思考是否需要采用其他的系统化概念来形成替代理论。"测量"（measurement）过程囊括了层次 2 到 4 之间的互动。

测量效度的定义

当分值（包括分类）能够抓住对应概念中暗含的观念时，有效的测量便达成了。也就是说，效度的含义是"你所用的变量测量了你所要测量的东西"（Bollen, 1989：184）。不过，还是需要去详述效度的核心关注点。如图 1 所示，阿德库克和科利尔既关注概念，也关注分值。在概念方面，阿德库克和科利尔认为测量效度的重点应该放在观察与系统化概念之间的关系上；而一些有关背景概念的争议应该与其分开。在分值方面，阿德库克和科利尔认为分值并非是独立的，而是应该置于与系统化概念的关系之中。简言之，当从指标中所得出的分值能够在系统化概念之下被理解之时，有效的测量便可实现。

测量谬误、信度（reliability）与效度

效度也与测量谬误和信度有关。测量谬误有系统性的———一般被称为是"偏误"（bias）——也有随机性的。当多次应用同一个测量过程却产生出不一致的结果时，此即随机性谬误，而这也经常被称为信度问题。对于效度与信度的关系，方法论者有两种看法：一些学者认为信度只可包含系统性的偏误（Carmines and Zeller, 1979：14 – 15；Babbie, 2001）。因此，即便一个无信度的分值也可以是"有效的"。另一类学者则相反，他们指出只有当两种谬误都不存在时，测量才是有效的。换言之，信度是效度的必要（但非充分）条件。

这篇文章主要的关注点在系统性谬误。阿德库克和科利尔认为系统

性谬误之所以出现，是因为在系统化概念、指标和分值之间并没有建立很好的联系。而随机性谬误则有关分值方面的问题。此外需要指出的是，由于谬误在测量的过程中无处不在，所以将基于系统化概念对分值所做的解读视为可证伪（falsifiable）的命题十分重要（Messick, 1989：13-14）。而对信度的评估就是去寻找证据去证明这些命题。

测量效度与概念选择

系统化概念的形成

阿德库克和科利尔将系统化概念视为评估测量效度的起点。由于背景概念包含了诸多含义，因此系统化概念的形成过程时常就包括了从中挑选一个含义。有些概念如"三角"（triangle）仅仅需要单一的概念系统化；有些概念如"民主"，则可能就是一个"争议的（contested）概念"（Gallie, 1956）。有时考察概念的每一个含义有助于澄清它们，但最终还是需要做出选择。

这种选择与"理论"问题相交织。亚伯拉罕·卡普兰（Abraham Kaplan）曾提出过一个"悖论"：我们需要好的概念去建立好的理论，但好的概念也需要好的理论来达成（Kaplan, 1964：53）。在建立系统化概念的过程中，当要做出选择的时候，需要避免三个陷阱。第一，我们并不需要在概念的所有含义中去做出选择，选择范围需要在事前做出一定的限定。背景概念也经常处于流变之中。第二，学者应该避免在自己的选择理由方面做出太多的辩护。别的可选项并不是自然地就被排除在背景概念之外。学者们应该可以基于任何一个背景概念的含义来得出系统化概念。第三，我们（对系统化概念）不应该只提出一句话的定义，而是应该提出一个内容更为广泛的详细说明。我们不仅要明白它的内部次级结构，而且要了解它与外部其他概念之间的关系（Shepard, 1993：417）。这就意味着有时需要对概念进行一定的分解。有时讨论一个概念的多个含义，很有可能就等于要讨论几个不同的概念。比如说"民主"这一概念下包含了"多数统治"与"少数权利"两个含义，而这两个含义又可以引出对诸多"民主"次级主题的讨论（Dahl, 1956；Lijphart, 1984；Schmitter and Karl, 1992）。

系统化概念 vs 背景概念

先来看一个例子。有学者会问："2000 年（革命制度党交出权力的年份）之前的墨西哥能否在满分为 10 分的民主指标中得到 5 分？这一分数是否符合墨西哥（相对于其他国家来说）的民主程度？"在没有找出能够定义"民主"的系统化概念之前，并不能回答这个问题。在此阿德库克和科利尔首先区分了两个问题：一是测量问题——即指标和由此得出的分值能否反映系统化概念；二是概念问题——即与背景概念相关的系统化概念是否合适。

阿德库克和科利尔认为效度应该与第一个问题相关。背景概念的含义越多元，就越有必要将效度问题和概念问题分开。系统化概念是用来评估某种测量是否充分的概念指示物（referent）。只有将背景概念与系统化概念分开讨论才能使两个问题都能得到更好的解决。熊彼特对于民主的"程序性定义"就是一种将背景概念"民主"中的其他含义都剔除了（Schumpeter, 1947）。有人指出熊氏的定义太窄，应该把民主的其他方面都考虑进去。在这里，后者的质疑属于概念层面的争论，与测量效度毫无关系。

系统化概念的微调

当然，在"效度检验"的过程中并不意味着不能引入新的概念。这里的关键便在于图 1 所强调的那种循环往复的研究过程。当应用指标后产生了未预料到的观察值后，学者们就有必要修正他们的系统化概念。这种修正是温和的，因为它并不全盘挑战作者原来的系统化概念。

对于民主的"程序上最小化的扩展"（expanded procedural minimum）定义就是一个"温和修正"的例子（Collier and Levitsky, 1997；

442–444)。学者们意识到尽管存在自由或相对自由的选举,很多中南美洲的文官政府却或多或少地缺乏有效治理能力。比如有许多"军队专属领域"是文官政府所碰不得的。以往对民主的"程序性定义"忽视了这一点,因而使得这些事实上不那么民主的国家的民主分数很高。因此有些学者便在原有的系统化概念上加上了"有效治理"这一属性。在此温和修正的基础上,学者们能够更好地掌握"程序上最小化的扩展"定义的各个方面。

效度与情境特性(contextual specificity)

情境特性指的是由情境所产生的差异威胁到了测量的效度。由某一指标所得出的分值可能在不同的情境中有着不同的含义。因此,在一种情境中对分值所作的解读在另一种情境中可能就是无效的。在政治学研究中,不同区域和时点的比较研究(还有一些国家内部次级单位之间的比较研究)很容易产生这类问题。因此,需要关注如何发展出一套跨情境的、等价的测量方法。

政治学研究中的情境特性

政治学研究的各方面都比较注重情境,尤其是跨国比较研究。一个例子是凯恩和费雷约翰(Cain and Ferejohn, 1981)的研究。他们所要讨论的是,在对政党认同(party identification)作比较研究的时候,该如何处理英美两国不同的政党制度结构。在一些在单一国家开展的调查研究中也会出现这类问题。比如说某一个调查中使用的术语是否在不同群体的人看来都有相同的意思。此外,还有在回答调查方面也存在着群际差异。一些群体倾向于给出极端的答案,而另一些群体则相反(Greenleaf, 1992)。这种情况在大规模的国际性或跨国性研究中尤甚。

社会研究中对于"普适性"和"特殊性"的争论或多或少所反映出的是对于情境的两种不同态度。下文将讨论的"建立等价物"(equivalence）的研究途径则试图去调和上述两种态度。

建立等价物：具有情境特性的观察领域

一种跨情境建立等价物的方式是在操作化的初期，从系统化概念被应用的那个特定领域中做出谨慎的推论。也就是说研究者在建立指标和得出分值之前，要充分考虑概念所要被应用到的那个政体、经济体或者社会。若要做出等价的观察，那么就可能需要去关注那些在实际层面上不尽相同的现象。

以下几个例子可以说明问题。在一些比较研究成熟民主国家的政治反对派的文献中，焦点往往都被放在政党和立法政治上，而西德尼·维巴（Sidney Verba）则认为这种观点忽略了一些国家中来自利益集团的反对力量（Verba，1967）。西达·斯考切波（Theda Skocpol）则质疑那些把新政前的美国称为"福利落后国家"的观点，她认为这种观点之所以存在，只不过是因为美国的一些"福利"制度在欧洲看来并不算"福利"罢了（Skocpol，1992）。总的来说，让一个系统化概念在经验研究中的应用范围变得多元化是学者们建立"等价物"的有效努力，是对有效测量的重要贡献。

建立等价物：具有情境特性的指标与经调整后的共同指标

另外两种建立等价物的方法则是指标层面的工作。阿德库克和科利尔关注了"具有情境特性的指标"与"经调整后的共同指标"。后者指的是一种既注重情境又能够同时应用于不同案例的指标。

首先来看一个有关"具有情境特性的指标"的例子。在一个对于政治参与的五国比较研究中，研究者们意识到"政治参与"中的一个指标"党派成员"，在美国和在其他国家的意义很不同（Nie，Powell and Prewitt，1969：377）。在美国，参与选举活动就等同于参加党派了。因此，他们为不同国家设计了不同的具有情境特性的指标，并将其嵌入最终的分值中。换言之，美国有关政治参与的分值中所包含的并非"党派成员"而是"选举活动"这个指标。

"经调整后的共同指标"是另一种建立等价物的方法。举例来看，在一个对于发达工业国家社会政策的研究中，研究者们使用"政府的医保支出"来测量国家对于失业者的公共社会支出（Moene and Wallerstein, 2000）。但是研究者们发现，在美国医保支出仅仅面向那些没有就业能力的人，而其他国家则没有这样的标准。因此，他们将其他国家的医保支出乘以一个系数以降低它们的分值，并使其与美国的分值等价（可比）。由此观之，"经调整后的共同指标"实际上就是一种标准化的技术。当然，有的时候忽视情境的定义和应用于所有案例的概念也是可取的，但这还是要取决于分析的目的。

总的来说，情境与等价物在学界并没有得到广泛的关注。阿德库克和科利尔提出了三种相关的工具——具有情境特性的观察领域、具有情境特性的指标和经调整后的共同指标。阿德库克和科利尔不仅鼓励大家去用这些工具，而且希望大家能够在使用前明确它们的适用性。在后文中阿德库克和科利尔提出了三种"效度检验"的方法来评估注重情境的测量是否有效。

有关效度检验形式的其他视角

在这一节中，阿德库克和科利尔讨论了在心理测量领域中所产生的一个有关测量效度的统一途径，他们对这一概念进行修正，并以此探讨效度以及评估政治学研究中的效度检验方法。

演进中的效度概念

在心理测量领域，学者们使用"效度的类型"（types of validity）这一术语。正如文章一开始所讲的，在讨论这些文献的时候，阿德库克和科利尔保留了这个词。而在其他部分他们用"效度检验的类型"（types of validation）一词来代替。

第一个有关统一途径发展的浪潮出现在20世纪50至60年代。当时一个三分的（内容、标准以及建构）的效度类型学被建立了起来。此后，该类型学便在心理学中处于正统的地位。上述三个面向可以分述如下：

（1）内容（content）效度衡量了指标包含所有系统化概念内容的程度。

（2）标准（criterion）效度衡量了某个指标所得出的分值是否与其他指标分值相联系。

（3）建构（construct）效度衡量了某个指标在经验上与其他指标的关系是否符合理论预期。

上述这些标签非常有影响，以至于当下的许多教授方法论的教科书都有对它们的介绍（Babbie, 2001: 143 - 144）。

第二次浪潮源自对上述类型学的不满，因而产生了一个更为一元的方法（Schultz, Riggs and Kottke, 1998: 269 - 271）。越来越多的学者认为有必要将三个次类型归于一个统一的概念之下。学者们认为内容与标准效度都仅仅是这个统一概念的一部分，他们认为效度的衡量应该基于多种经验证据并且应该将事实与逻辑结合起来。因此，他们通过将建构效度重新概念化以将前两种"效度"包含了进去，使"建构效度"成为了一个统御型概念（overarching concept）。

随后，在心理学文献中这个词便日益等同为"测量效度"。不过在政治学研究中，"建构效度"一般指的仅是一些特定的过程而已。这些过程并不包含内容效度，也并不意味着通过考察概念（理论）关系来衡量测量效度。阿德库克和科利尔将上述过程归为两类。第一类是"描述性"过程。这类过程意在判断概念的诸属性是否与现实的各方面相匹配。又可以称其为"趋同/判别"式效度检验法（convergent/discriminant validation）。第二类则是"解释性"过程。这类过程把因果关系作为衡量测量效度的参照。可以套用坎贝尔的话称其为"法则"式效度检验法（nomological validation）（Campbell, 1960: 547）。而这第二种类型在政治学研究中一般被称为"建构效度"，下文中阿德库克和科利尔对其进行了讨论（Berry et al., 1998; Elkins, 2000）。

两者的进一步比较
测量的效度

政治分析中的效度检验

以下讨论将基于卡明斯与齐勒以及博伦的著作。卡明斯与齐勒认为内容和标准效度检验法在诸如政治学这样的学科中的作用十分有限（Carmines and Zeller, 1979: 26; 1980: 78-80）。他们认为这种检验法很难应用于社会科学中，因为这其中有太多抽象的现象（Carmines and Zeller, 1979: 22）。至于标准效度检验，两人认为社会科学中能够被其他变量用于参照的、对现象的"真实测量"非常少（Carmines and Zeller, 1979: 19-20）。因此，他们将关注点放在了"法则"式/建构检验法。

博伦在上述的讨论之外又加上了对"趋同/判别"式效度检验法的讨论（Bollen, 1989: 185-186, 190-194）。不过，他认为"内容效度检验"倒也是一个既基础又可行的办法。此外，他提供了一个基于负载变量（latent variables）的结构方程模型的研究途径（Bollen, 1989: 192-206）。和前面两位作者相似，博伦也认为标准效度检验在社会科学中是不可行的（Bollen, 1989: 188）。

可以把上述的理论贡献做一些延伸。首先，根据卡明斯与齐勒的观点，内容效度检验在有抽象或复杂概念存在的情况下是不可行的。然而，就像博伦所说的，阿德库克和科利尔认为这种检验法还是有用的。阿德库克和科利尔基于对背景和系统化概念的区分，在下文讨论了这个问题。不像卡明斯与齐勒，阿德库克和科利尔并不认为"法则"式/建构效度检验法有很大的重要性。阿德库克和科利尔讨论了这类过程有效的条件以及一些质疑意见。第三，关于标准效度检验，阿德库克和科利尔有一个双重的看法：在有些领域（比如在调查研究中对比个体与平均之间的数值）中它是有效的；而在另一些领域它可能不是最有效的方法。阿德库克和科利尔倾向于将它视为趋同式效度检验法的一个类型。最后，与上述三位作者都不相同的是，阿德库克和科利尔同时讨论了质性与量化研究中的各类效度检验法，而且他们还会使用上面提到的几个区分——如图1中的几个层次以及"效度"和"效度检验"这两个不同的概念。

测量效度检验的三种形式：质性与量化的例子

下文讨论了质与量化研究中的各种效度检验方法。阿德库克和科利尔分析了三种方法：内容、趋同/判别式以及法则/建构式效度检验。他们针对每一种方法各提出一个质性与量化研究都适用的基本问题。这里需要说明两点：一是下文尽管有对相关性分析做出讨论，但是这并不代表这篇文章将提供统计检验；二是上述三种分类并不是相互排斥的，它们之间也可能存在重合的地方。

内容效度检验

基本问题参照图1，既有指标（层次3）能否充分反映系统化概念（层次2）的所有内容？这一"内容的充分性"（adequacy of content）问题还可以再细分为两个小问题：(1)指标有遗漏关键元素吗？(2)指标有包含不适当的元素吗？对特定案例的分值（层次4）进行分析有助于回答这几个问题。

讨论与其他类型的方法相比，内容效度检验法的特色在于它对概念议题（亦即对内容充分性）的关注。它修正了那些对分值进行统计分析的效度检验方法。由于内容效度检验法包含了概念推理，那么保持对效度检验与背景概念之间的区分十分必要。若要内容效度检验有用，那么就必须要对所考察的现象有概念上的一致意见（Bollen, 1989：186；Cronbach and Meehl, 1955：282）而这种一致意见的出现有赖于对系统化概念的确定。

内容效度检验的例子在心理学中，内容效度检验是在参考特定案例分值（层次4）的前提下，考察指标（层次3）与系统化概念（层次2）之间的关系。下文阿德库克和科利尔先展示了几个采用了这种视角的政治学研究案例，然后讨论了"案例取向"（case - oriented）的过程（Ragin, 1987)。

有两个政治学研究中讨论忽略关键元素和纳入不适当元素的例子。帕梅拉·帕克斯顿（Pamela Paxton）的研究有关前一个问题（Paxton, 2000）。她发现许多研究民主的先行者们提出了"民主"的系统化概念，这些概念一般都将民主定义为"普选"，但是在通过操作化构建指标的时候却仅仅关注男性的选举权。因此，他们的指标忽略了系统化概念中的某些元素。另一个例子则有关第二个问题。塔图·范汉能（Tatu Vanhanen）的民主（系统化）概念试图将政治竞争这个元素包含进去，它所构建的指标是"最大政党之外的其他政党所获得选票的比例"（Vanhanen, 1979, 1990）。有学者就指出，这一指标属于另一个系统化概念："政党制度结构"（Bollen, 1990: 13, 15; Coppedge, 1997: 6）。

案例取向的内容效度检验质性研究者常常使用这样或那样的内容效度检验法。用萨托利的话说，就是要考察概念的"内涵"（含义）和"外延"（符合条件的案例）（Sartori, 1970: 1040 – 1046）。在图 1 的框架中，这种过程包含了(1)对指标的修正以对案例进行更符合概念预期的分类；(2)对系统化概念进行微调以与案例进行更好的匹配。拉金把这种相互调整的过程成为"双适应"（double – fitting）（Ragin, 1994: 98）。简言之，对于案例取向的内容效度检验来说，图 1 中向上运动的部分特别重要。尽管有的时候系统化概念是相对稳定的，但是效度检验的过程还是有可能导致一些（通过从背景概念中抽出一些元素）对它的"温和修正"。

内容效度检验的局限有两个理由说明这一效度检验法是不完整的。第一，内容效度检验过程中的一些发现不能作为"有效"的充分条件。因为除了内容有效之外，其他还有很多方面的问题会导致测量效度缺失。第二，必须在简洁性和完整性之间做权衡。指标一般很难抓住系统化概念的全貌。包含了所有内容的指标很有可能是没法应用的。而对于指标的修正有时对于分值的影响也是很微弱的，因此其对于效度提升的帮助也是很小的。

趋同/判别式效度检验

基本问题由某个系统化概念（层次2）所得出的不同指标（层次3）产生的分值（层次4）之间是否在经验上有联系或者是趋同？强的联系代表着这些指标所衡量的是同一个系统化概念，这就是一个趋同式效度检验；而弱的联系则代表着这些指标所衡量的不是同一个系统化概念，这就是一个判别式效度检验。趋同式检验中有一个特殊的例子：某个指标被选为衡量其他指标的参照物。这便是上文所述的标准效度检验。

讨论一个被谨慎定义的系统化概念和两个以上衡量这个概念的指标是趋同/判别式效度检验的起点。我们所要考察的是这些指标衡量的是同一个还是不同的概念，并以此建立一个有关指标间经验联系的预期。最后根据经验事实与预期的匹配程度来判断效度。此外，经验联系还可能是一个"迭代的"（iterative）过程。最初可能出现事实与预期的不匹配，但这会推动学者重新审视指标和概念进而做出修正并最终达致趋同。换言之，趋同与判别的过程是相互交织的。

趋同/判别式效度检验的例子那些试图测量民主的学者们常用趋同/判别式效度检验。学者们一般会说明他们新创立的指标和既存的指标之间的关系。一个判别式效度检验的例子是博伦对于投票率的研究（Bollen, 1980：373-374）。博伦指出，投票率并非一个源自"政治民主"这一系统化概念的指标，因为它与其他的民主指标之间的相关性非常低。由此，一个判别式的命题便成立了：投票率应该被视为"政治参与"而非"政治民主"的指标。

博伦使用的是统计方法，但这并不意味着趋同/判别式效度检验在质性研究中无用武之地。质性研究者常用这种方法来比较同一系统化概念的不同指标分值之间的异同。此外，一些包含多种指标且数据来源多样的研究，也常用这种方法来实现"三角互证"。

关于趋同/判别式效度检验的两点思索第一点是有学者认为在趋同/判别式效度检验中，总是要做出概念上的选择。阿德库克和科利尔认为这太狭隘了。博伦的研究分析了四个衡量政治自由的指标以及四个衡量民主统治的指标后发现，这两个概念在经验上似乎并不属于两个不同的领域（Bollen, 1993: 1208 – 1209, 1217）。博伦的处理方法是将两组指标合并成了一个经验测量尺度，但同时又保留了它们之间在概念上的相异之处。

第二点有关对指标间的低度相关该如何解读的问题。当两个指标不能很好地反应同一个系统化概念的时候，它们之间的相关性可能就会很低。一个可能的解决方案就是关注它们之间共同的方差，统计学中有处理这方面问题的手段。而另一方面的问题也有可能存在：从高度相关的指标之间推论出的效度存在着局限。因为这些相关性可能反映的是其他因素。比如说，两个指标同时衡量的是一个其他的概念或者是两个指标衡量的两个概念之间存在因果关系。质性的研究者也会遇到类似的问题。

法则/建构式效度检验

基本问题在一个已经建立起因果假设的研究领域中，阿德库克和科利尔问道：当案例被依据某个反映系统化概念（指的是假设中的某一变量的系统化概念）（层次2）的指标（层次3）打分（层次4）的时候，这个假设是否还成立？

讨论首先阿德库克和科利尔重申，由于在心理学文献中"建构效度"就等同于"测量效度"，因此为了减轻读者的困惑，阿德库克和科利尔改用"法则式效度检验"来替代前者，但是由于政治学研究中的习惯，阿德库克和科利尔在这篇文章中使用"法则/建构式效度检验"一词。

法则式效度检验通过检验与因果假设相关的指标来评估测量效度。它首先要有不同的概念，其次这些概念之间要有假定的因果关系，最后这些概念会经过操作化产生若干指标。而法则式效度检验所关注的就是这一类指标。它的核心便在于检验指标之间的关系是否符合概念之间的预期关系。因此，如果说前述的"趋同/判别式效度检验"是一种"描述"的话，那么"法则式效度检验"则是一种"解释"。

当其他效度检验方式均得出了积极的结果之时,法则式效度检验便有了用武之地。它可以用来找出一些其他效度检验方式忽略掉的潜在差异。高度相关系统化概念指标有可能在因果关系检验中呈现出不同的形式。

法则/建构式效度检验的例子利帕特(Arend Lijphart)的著作提供了一个运用法则式效度检验的质性研究例子。他的研究对象是印度,他的目的在于验证"印度是一个协和式民主国家"这个命题。利帕特首先从系统化概念"协和主义"中提取出判断协和式民主的描述性标准;然后,他运用法则式效度检验来检验印度的分值(Lijphart, 1996: 262 - 264)。利氏找出了他所认为的能够产生协和民主的原因,然后指出印度具备这些因素。因此把印度归类为协和民主国家符合(因果)理论预期。

法则式效度检验的量化研究例子可见于埃尔金斯(Zachary Elkins)对于民主与非民主究竟是"两分法"还是"连续谱"的评估。一个将民主—非民主视为两分法的理由是建立在趋同式效度检验之上的。阿尔法雷斯和他的同事指出:民主的两分法指标和分级指标之间是高度关联的(Alvarez et al., 1996: 21)。而埃尔金斯则试图去探究若只选用两分法指标,是否会在因果联系的评估方面造成影响(Elkins, 2000: 294 - 296)。他所选取的是"民主和评论"这一因果假设——亦即民主国家之间不发生战争。他发现,这一假设在分级指标下得到了验证,而在两分法的民主指标下,并无统计显著性。埃尔金斯的方法看起来似乎要比利帕特的方法要复杂些。

对法则式效度检验的质疑有一些学者提出了对法则式效度检验的质疑。首先是循环论证问题。如果提出一个假设是为了使指标有效,那么该指标便不能用于同一个假设中。因此,在法则式效度检验中使用过的假设在后续的假设检验过程中便不能再用。其次,法则式效度检验假定了其他系统化概念在测量上的有效性。确实,研究者需要更多证据去证明其他指标的有效性。再次,有学者指出法则式效度检验所依赖的很多因果假设本身就是不成熟的,因此这种检验方法也是不可行的。不过阿德库克和科利尔认为法则式效度检验的关注点可能有时并不在于因果关系本身，而是系统化概念的哪一个指标更符合某一因果假设。

【参考文献】

Alvarez, Michael, Jose Antonio Cheibub, Fernando Limongi, and Adam Przeworski, "Classifying Political Regimes", *Studies in Comparative International Development*, Vol. 31, No. 2, 1996, pp3 – 36.

Babbie, Earl R., *The Practice of Social Research*, Belmont, CA: Wadswarth, 2001.

Berry, William D., Evan J. Ringquist, Richard C. Footing, and Russell L. Hanson. 1998. "Measuring Citizen and Government Ideology in the American States, 1960 – 93", *American Journal of Political Science* Vol. 42, No. 1, pp327 – 348.

Bollen, Kenneth A., "Issues in the Comparative Measurement of Political Democracy", *American Sociological Review* Vol. 45, No. 3, 1980, pp. 370 – 390.

Bollen, Kenneth A., *Structural Equations with Latent Variables*. New York: Wiley, 1989.

Bollen, Kenneth A., "Political Democracy: Conceptual and Measurement Traps", *Studies in Comparative International Development*, Vol. 25, No, 1, 1990, pp. 7 – 24.

Cain, Bruce E, and John Ferejohn, "Party Identification in the United States and Great Britain", *Comparative Political Studies*, Vol. 14, No. 1, 1981, pp. 31 – 47.

Campbell, Donald T., "Recommendations for APA Test Standards Regarding Construct, Trait, or Discriminant Validity", *American Psychologist*, Vol. 15, No. 1, 1960, pp. 546 – 553.

Carmines, Edward G., and Richard A. Zeller, *Reliability and Validity Assessment*, Beverly Hills, CA: Sage, 1979.

Collier, David, and Steven Levitsky, "Democracy with Adjectives: Conceptual Innovation in Comparative Research", *World Politics*, Vol. 49, No. 3, 1997, pp. 430 – 451.

Coppedge, Michael, and Wolfgang H. Reinicke, "Measuring Polyarchy." *Studies in Comparative International Development*, Vol. 25, No. 1, 1990, pp. 51 – 72.

Cronbach, Lee J., and Paul E. Meehl, "Construct Validity in Psychological Tests." *Psychological Bulletin*, Vol. 52, No. 4, 1955, pp. 281 – 302.

Dahl, RobertA., *A Preface to Democratic Theory*, Chicago: University of Chicago Press, 1956.

Elkins, Zachary. "Gradations of Democracy: EmpiricalTests of Alternative Conceptualizations", *American Journal of Political Science*, Vol. 44, No. 2, 2000, pp. 293 – 300.

Gallie, W. B., "Essentially Contested Concepts." *Proceedings of the Aristotelian Society*, Vol. 51, 1956, pp. 167 – 198.

Greenleaf, Eric A., "Measuring Extreme Response Style", *Public Opinion Quarterly*, Vol. 56, No. 3, 1992, pp. 382 – 351.

Jacoby, William G., *Data Theory and Dimensional Analysis*, Newbury Park, CA: Sage, 1991.

Jacoby, William G., "Levels of Measurement and Political Research: An Optimistic View", *American Journal of Political Science*, Vol. 43, No. 1, 1999, 271 – 301.

Kaplan, Abraham, *The Conduct of Inquiry*, San Francisco: Chandler, 1964.

Lijphart, Arend, *Democracies: Patterns of Majoritarian and Consensus Government in Twenty-One Countries.* New Haven: Yale University Press, 1984.

Lijphart, Arend. "The Puzzle of Indian Democracy: A Consociational Interpretation", *American Political Science Review*, Vol. 90, No. 2, 1996, pp. 258 – 268.

Messick, Samuel. "Validity" InRobert L. Linn (ed.), *Educational Measurement*. New York: Macmillan, 1989, pp. 13 – 103.

Moene, Karl Ove, and Michael Wallerstein., "Inequality, Social Insurance and Redistribution", *Working Paper No. 144*, *Juan March Institute*, Madrid, Spain, 2000

Nie, Norman H., G. Bingham Powell, Jr., and Kenneth Prewitt, "Social Structure, and Political Participation: Developmental Relationships, Part I", *American Political Science Review* Vol. 63, No. 2, 1969, pp. 361 – 78.

Paxton, Pamela, "Women in the Measurement of Democracy: Problems of Operationalization", *Studies in Comparative International Development* Vol. 35, 2000, pp. 92 – 111.

Ragin, Charles C., *The Comparative Method*. Berkeley: University of California Press, 1987

Ragin, Charles C., *Constructing Social Research*, CA: Pine Forge, 1994.

Sartori, Giovanni, "Concept Misformation in Comparative Research", *American Political Science Review* Vol. 64, No. 4, 1970, pp. 1033 – 1053.

Schmitter P C, Karl T. "The Types Of Democracy Emerging In Southern And Eastern Europe And South And Central America", In *Bound to Change: Consolidating Democracy in East Central Europe*, 1992, pp. 42 – 68.

Schumpeter, Joseph, *Capitalism, Socialism and Democracy*, New York: Harper, 1947

Shepard, Louie, "Evaluating Test Validity", *Review of Research in Education* Vol. 19, 1993, pp. 405 – 450.

Schultz, Kenneth S., Matt L. Riggs, and Janet L. Kottke, "The Need for an Evolving Concept of Validity in Industrial and Personnel Psychology: Psychometric, Legal, and Emerging Issues", *Current Psychology* Vol. 17, No. 4, 1998, pp. 265 – 286.

Skocpol, Theda, *Protecting Soldiers and Mothers*. Cambridge, MA: Harvard

University Press, 1992.

Vanhanen, Tatu. *Power and the Means of Power*: *A Study of 119 Asian, European, American, and African States*, 1850 – 1975. Center for the Study of Developing Societies, 1979.

Verba, Sidney, "Some Dilemmas in Comparative Research", *World Politics* Vol. 20, No. 1, 1967, pp. 111 – 127.

Zeller, Richard A., and Edward G. Carmines, *Measurement in the Social Sciences*: *The Link between Theory and Data*. Cambridge: Cambridge University Press, 1980.

（译者单位：华东政法大学政治学研究所）

方法论上的罗夏墨迹测验
——量化研究和质性研究中的迥异解释

〔美〕加里·格尔茨、詹姆斯·马洪尼 著

游腾飞 编译

加里·格尔茨（Gary Goertz）是美国圣母大学（University of Notre Dame）政治学系教授，研究方向为国际关系中的冲突、冲突管理以及和平理论。詹姆斯·马洪尼（James Mahoney）是美国西北大学（Northwestern University）政治学系副主任、教授，美国政治学协会质性和多元方法分部、比较政治和历史社会学部的主席，研究方向为社会学的比较历史研究、政治发展和方法论。两人发表在《比较政治研究》杂志2013年第2期上的这篇文章是对他们的著作——《两种文化的故事》（*A Tale of Two Cultures*）观点的总结和再阐述。[①] 该文主要内容如下：

格尔茨和马洪尼认为，量化研究和质性研究这两种传统的研究方法

[①] 参见 Gary Goertz & James Mahoney, "Methodological Rorschach Tests: Contrasting Interpretations in Qualitative and Quantitative Research", *Comparative Political Studies*, Vol. 46, No. 2, 2013, pp. 236 – 251; Gary Goertz & James Mahoney, *A Tale of Two Cultures*: *Qualitative and Quantitative Research in the Social Sciences*, Princeton University Press, 2012。

由于具有特征鲜明的操作和实践过程，以及差异明显的价值取向、信仰和规范，可区分为截然不同的研究文化。

格尔茨和马洪尼的基本观点是两种研究文化具有两点区别，并且难以在社会科学研究中形成统一的研究路径。这两点基本区别分别是：第一，二者的核心方法不同。他们认为逻辑和集合论位于质性研究方法的核心位置，逻辑是质性方法论的数学运算方法。反之，概率论与数理统计则是量化研究方法的核心。第二，二者对于个案研究的重视程度不同。在质性研究传统中，个案研究分析是整个研究体系的核心，案例内分析的因果推论是其主要目的。相反，在量化研究传统中，跨案例研究分析却是因果推论的基础，个案研究并不常受到关注。

格尔茨和马洪尼试图运用所谓的"方法论的罗夏墨迹测验法"，① 向读者展示"同一"的假设、符号、方程式、问题、检验、方法、结构和数据集，是如何在差别显著的两种文化研究方式中进行解读的。这种解读方法别具一格，较为全面地分析了两种研究文化在相同思维过程中对同一对象所产生的不同解释。但随着文章的深入阅读，读者会发现该方法噱头十足但实际分析并不深入。格尔茨和马洪尼只重点关注两种研究文化的表面差异，却对产生差异的原因言之甚少，而且也未对如何形成统一的研究路径作出有效探讨。

一、解释性假设、符号和方程等式

方法论的罗夏测验首先关注来自两种传统研究文化的学者如何解释统一的假设、符号和方程等式。这些例子是为了引起人们对逻辑/集合

---

① 罗夏墨迹测验由瑞士精神病学家赫尔曼·罗夏（Hermann Rorschach）创立。罗夏墨迹测验因利用墨渍图版而又被称为墨渍图测验，是著名的投射型人格测验，在临床心理学中使用得非常广泛。通过向被试者呈现标准化的由墨渍偶然形成的模样刺激图版，让被试者自由地看并说出由此所联想到的东西，然后将这些反应用符号进行分类记录，加以分析，进而对被试人格的各种特征进行诊断。——译者注

论、概率论/数理统计间差异的注意。

（一）关于解释性假设的解读

格尔茨和马洪尼认为无论量化研究或质性研究学者是否对其进行定义，数理逻辑起源于自然语言和语言假设，并常体现出逻辑上必要性和（或）充分性的关系。他们接着举了政治科学研究领域中众所周知的三个例证，以此说明逻辑/集合论、概率论/数理统计方法之间的差异。第一个例子是，交流带来启示当且仅当：发言人有说服力；仅发言人最先具有当事人所需了解的知识，且发言人不在共同利益或外力的诱导下泄露其所知。第二个例子是，权力制衡的政治能够运行当且仅当两个要求被满足：处于无政府主义的社会秩序中；生活在此种秩序中的个体希望能够幸存。第三个例子是，城镇居民中存在强大且独立的中产阶级，是代议制民主成长过程中不可或缺的因素。无中产，不民主。

在质性研究文化中，学者们常以必要且（或）充分条件作为主体，去解释上述语言的逻辑假设。如第一个例子中的三个条件，是交流带来启示的充要条件；第二个例子中的两个假设，是形成权力制衡的政治制度的充分条件；第三个例子中，中产阶级是代议制民主的一个必要条件。在量化研究文化中，照字面意思处理此种关于必要且（或）充分条件的语言假设却十分突兀。相反，在量化研究文化中，研究学者们利用概率论和数理统计的知识，进行了另外一种形式的解读：（1）Y事件发生的概率，随着X事件的程度或发生增大（或减小）；（2）Y事件的程度，通常随着X事件的程度或发生增大（或减小）。

通过这种解读方法，从事量化研究的学者们认为，第一个例子的三个条件增加了交流产生启示的可能性；第二个例子中无政府主义和自助的存在与权力制衡政治——相关；第三个例子则解读为，中产阶级的成长增加了民主出现的可能。

格尔茨和马洪尼的观点并不就哪种解释方法做出对错判断。事实上，单个研究者有时早在开始他们的假设研究前，就已在此两种语言中进行来回的选择。

当此两类学者对同一研究的核心假设做出概括时,现实的罗夏测验方才发生。举个例子,当我们分析西达·斯考切波(Theda Skocpol)的《国家与社会革命》(States and Social Revolutions)一书的观点时,质性研究学者习惯于用必要且(或)充分条件去解释并检验其论据。相反,量化研究学者却使用统计工具去分析他的核心假设,如回归分析和条件概率统计分析。

(二)关于符号的解读

格尔茨和马洪尼接着对量化和质性研究中同一的箭头符号"→"的不同含义进行了解读。他们提出,量化和质性研究者均使用符号作为概括其因果推论的工具之一。然而,就是最基本的因果演绎图形也需要解释。我们都见过这种表示因果关系的箭头符号:→。在量化研究中,这些箭头十分关键,质性研究文献中也常见。那么,如何去解释这些箭头符号?

格尔茨和马洪尼认为,在量化研究文化中,表示因果关系的箭头符号常有一个几乎被公认的反事实阐释。比如,当X→Y意指如果X事件变化,Y事件也应该发生改变(概率上)。如果其他条件不变,可以做出反事实的假设,即X事件给定Y事件的概率要远大于非X事件给定Y事件的概率。统计分析的一个主要目标,就是通过计算平均处理效应(ATE)去概述X事件变化带给Y事件变化的不同量级水平。

相反,在质性研究学者中,并不从统计学的观点理解"→"符号。质性研究文化有其三种基本因果关系:(1)X事件是Y事件的必要条件,(2)X事件是Y事件的充分条件和(3)X事件是影响Y事件一系列充分条件中的一个部分。尽管,第三种解释与量化研究的观点有些类似,但前两种对主流统计方法的解释来说十分陌生。当质性研究学者看到此种因果关系图:X→M→Y,则可能以如下方式进行解读:"X事件是M(机制)的充分条件,而M(机制)转而成为Y事件的充分条件"。

(三)关于方程等式的解读

格尔茨和马洪尼认为,质性研究学者的论证常可以通过布尔符号来表述。此布尔方程式：Y =（A * B * c）+（A * C * D * E），假设了"多重或交互因果关系"。就查尔斯·拉金（Charles Ragin）所提及意义而言，此方程意味着：各种原因要素以组合或成套的方式共同起作用（如交互因果关系）；不止一种原因要素组合导致了相同的结果（如多重因果关系）。无论学者是否真正用到 QCA 质性比较分析法，质性研究常使用此种格式进行论证。

作为一种罗夏测验的方法，假设如果此种方程等式出现在统计分析研究中的情况。当受过统计分析训练的学者看到该方程式时，会作出如下迥异的解读：(1)高阶交互作用。假定这种 * 符号代表乘法，并因此认为这种方程等式是正在建立高阶交互作用的模型；(2)决定性因果关系。该模型假定一种决定性的关系，但未包括给定的误差项；(3)此种模型的表述方式带来的许多方面的问题会被注意，比如缺少截距项，一些奇怪的代表某种独立变量的大写或小写字母内含项目，β（贝塔）系数和包含所有低位组成要素的交互作用项。这些反应虽然在统计分析上来说是可以理解的，但是在质性研究方法论领域上却无任何意义。例如，* 符号并不代表乘号，而是"逻辑与"符号。仅当研究者可能发现案例群中存在唯一、特定比率的案例与此方程一致的时候，概率的假设才能被允许使用此方程。

二、关于独立个案和因果推论的解读

格尔茨和马洪尼认为，无论其是否将独立个案分析置于中心地位，因果关系和个案研究密切相关。个案研究学者常被问到关于某个特定案例中 Y 事件发生的原因解释。世界历史中的重大事件常被作为个案进行研究，比如法国大革命、一战和冷战的结束。当从案例的结构，即 Y 事件开始分析的时候，研究通常要回到其原因，即 Xs。这种在方法论研究中被称为效应的原因分析路径（causes-of-effect）。相反，在量化研究中，学者倾向于提出原因的效应问题（effect-of-causes），这些问题假设始于特定的原因，即 X 事件，然后探求特定的原因在一定群体案例中对 Y 事件的效应（如果有的话）。因此，有人会问到是否有一些变量对内战、民主和社会发展起到因果作用。在此种类型研究中方法论的挑战在于：在缺乏可控实验的随机环境中估算平均因果效应。

这些不同研究路径的基础，是对原因"cause"这个词以及相关的因果关系的解释。格尔茨和马洪尼认为，由于《美国传统词典》对"原因"（cause）单词的定义解释有两种：一是效应、结果或影响的产生者；二是某个事物，如一个人、一件事或一种条件对一种行为或结果负责。第一种定义更等同于统计学的"原因的效应分析路径"，第二种则更类似于质性分析中的"效应的原因分析路径"，因此造成分析路径的不同。由于学者常受既定研究文化的限制，倾向于运用特定方式发现和研究因果关系，并在重视另外一种方式上存在困难。虽然两种分析路径之间存在"不可逾越的深渊"，但社会科学中领导实验性和量化研究的方法论学者业已认识到两种研究路径的不同，停止只关注"原因的效应分析路径"的单一研究设计。

质性研究传统的学者，经常使用如过程追踪、反事实分析等方法设计"效应的原因分析"的研究。他们也可能对"原因的效应分析"的研究表示怀疑。当这些研究者们看到用观察数据支持的统计结果的时候，他们可能对这些结果所反映的因果模型并不信服，除非这些结果能够在独立个案的研究中被发现。这些研究者不情愿脱离追寻案例研究的路径去做因果推论。即使当给他们呈现了来自于精心设计的实验的结果，他们常常还是本能地企图去运用详细的观察找到此种处理结果。

在量化研究文化中，研究者们理性上依赖一种令人信服的研究设计，即通过对处理和控制项的随机分配，来达成有效的因果推论。如果缺乏准确的随机取样，他们就采用多种方法论手段努力使其接近一种令人信服的研究设计。就我们的目的而言，关键点在于跨案例分析是整个研究关注的焦点和因果推论的基础。事实上，使用有说服力的研究设计，研究者不需要对任一案例给予特别关注。

相反，在质性研究文化中，研究者们注重在案例内研究中使用机制

关于两者关系的新争论
方法论上的罗夏墨迹测验

鉴别方法,并把它当作产生因果推论的关键。他们将机制看作是一种非实验性的,用于在伪相关中辨识因果关系的方法。

机制在两方面对于形成因果推论有帮助。从常识上说,在 X 影响 Y 的过程中贯穿着一种机制,此种机制支持了 X 成为 Y 的一个原因。此外,这种似是而非的,连接 X 和 Y 事件的机制的缺失情况,让我们有理由去对这种现存的因果关系进行怀疑……尽管对机制的描述一直是因果推论不可或缺的因素这一说法可能有点言过其实,但是一种完全令人满意的社会科学的解释需要这种被详细说明的因果机制。有人甚至可能这样说道,一种规范已经在质性文化中发展起来,即形成一种有说服力的因果推论需要在独立个案中进行过程追踪,看看已经提出的因果机制是否存在。

由于过程追踪在质性研究中十分重要,此类研究者可能怀疑那些不能识别或非经验性检测的因果机制。例如,如果 Large-N 检测(大样本统计分析)的结果并未通过追加的过程追踪的检验,质性研究者们可能拒绝承认此种检测结果是因果关系。

相反,从事量化研究学者们通常对过程追踪和案例内因果推论研究的重要性产生怀疑。比如,这些人认为过程追踪方法"不太可能产生强因果推论",而且只能"提高描述的概括程度,为因果推论研究扫清障碍"。另外一些人认为,因果机制并非"奇迹制造者",不能解决因果分析中的基本难题。

紧接着,格尔茨和马洪尼以两派学者在"媒体提早访问是否对戈尔 2000 年佛罗里达州选举带来影响"论题上的论战为例,说明来自于不同研究文化的学者讨论各自研究方法时,容易产生争论不休的局面。格尔茨和马洪尼提到,布拉迪(Brady)质疑洛特(Lott)来自于统计得出的结论,即认为小布什因为媒体提早揭示选举结果而损失了 10,000 张选票。布拉迪认为事实上可能流失的选票在某种程度上仅接近于 28 – 56 张,洛特的数据毫无意义。

格尔茨和马洪尼用较多篇幅描绘并分析了这些学者的争论,并认为布拉迪的研究源于对原因的过程性观察以及过程追踪,特别是使用了被称作是"环式检验"(Hoop tests)的研究方法。布拉迪提出了一系列成为媒体提早泄露选举结果导致小布什选票流失的必要条件。(1)居住在佛罗里达东潘汉德尔地区的居民;(2)居民尚未投票;(3)居民获悉媒体宣布结果;(4)居民支持小布什。只有满足此四种条件的居民才可能导致小布什选票流失。反过来,为了估计满足这些条件的居民的数量,布拉迪利用了案例内观察方法和其专业的媒体传播和投票行为分析的知识。

贝克(Beck)对此进行了回应,认为统计学分析拥有能够寻求到最好的因果可能性所需的所有工具。质性研究方法并没有什么额外特别的价值。

格尔茨和马洪尼认为,从质性研究学者的视角来看,贝克所使用的统计方法并非忠实于以逻辑为基础进行的环式检验。对从事质性研究方法的学者来说,布拉迪的基于数理逻辑和环式检验的分析是一种很自然的解释;相反,对于那些熟悉统计分析方法而对质性研究不甚了解的学者而言,思考洛特分析方法中的缺点,并同时运用多种统计分析工具,设想如何改进此种判断并可能去模仿布拉迪的思考过程,也是十分自然的。

总的来说,格尔茨和马洪尼认为布拉迪所使用的检验方法证伪能力较弱,不能提供决定性的否定式检验。格尔茨和马洪尼虽然试图客观、公正地阐述两派学者的看法,认为这种分歧和争辩是十分自然的,但却不经意间流露出倾向于贝克的观点,即统计学分析拥有能够寻求到最好的因果可能性所需的所有工具,质性研究方法并没有什么额外的独特的价值。这种喜好的显现,直接导致布拉迪后来对其所持的模糊立场进行了直接、尖刻的批评。

三、解释数据上的区别

最后一套方法论上的罗夏测验,涉及从事量化和质性研究的学者通过哪些方式去理解数据。格尔茨和马洪尼认为,从事量化研究的学者倾向于关注通过标准统计测量后,总结形成的对称关系。反之,从事质性研究的学者更接近使用非对称模式，特别是当此种关系近似于充分条件或必要条件。

格尔茨和马洪尼首先以关于民主和平论的两个数据表作为例子，分析两种研究文化学者不同的解读方式。表1展示了一个简单的关于民主和平论的2*2的数据集合。在这组数据集中，案例是成对的国家。利益输出结果是二分的，即和平以及它的反面——战争。自变量是"一对民主国家"，而此变量只有当一对国家均为民主国家时方才出现。

表1 充分条件的例证：民主和平论

	非民主二分（Not democratic dyad）	民主二分（democratic dyad）
和平	1,045	169
战争	36	0

来源：拉希特（Russett, 1995：p. 174）

表2 必要条件的例证：相反的民主和平论数据

	非民主二分（Not democratic dyad）	民主二分（democratic dyad）
和平	0	169
战争	36	1,045

来源：拉希特（Russett, 1995：p. 174）

从质性研究角度出发，表1突出的特征是右下角的空值，即被称为此2*2表格的充分条件单元。当此单元为空值，其他单元数据被填充的时候，可明确地用充分条件来表述此种核心关系。在此例子中，一对民主国家是和平的充分条件。

通过统计分析，从事量化研究的学者可以测量表1中各种数据的相关性。不同的两两数据之间的相关度，提供了可供选择的数据解读方式。一些测量可能可以发现显著的但是只有适中说服力的关系。关联度的比值比可以表明一种令人信服且显著的关系。

接着对已经改变了两个单元位置的表2进行考量。从质性研究视角出发，新表格的明显关键特征仍然是空值单元格数据，但是该单元格数据现在相当于 2*2 表格的必要条件。因此，基于这些假设的数据，可以将关系总结如下：民主二分对和平是必要的。从质性研究角度来看，必要条件和充分条件的找寻十分不同。

通过两个表格的对比得知，几乎所有单元格数据，在统计上的相关度解释都是一致的。就方法论的罗夏测验而言，学者运用一种特殊的统计测量方法（比如比值比）可以发现同样的事实，因为对于两个表格来说能够生成同样的统计结果。

接着，格尔茨和马洪尼又列举了两个连续不断编码的散点图——图表 3 和图表 4。

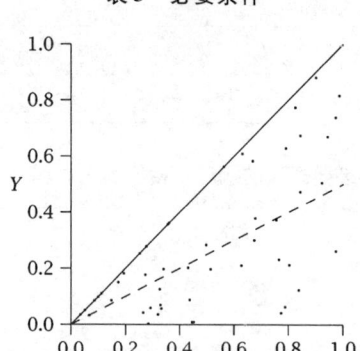

表 3 必要条件

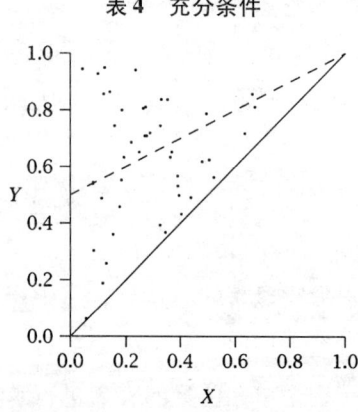

表 4 充分条件

如上图所示，数据在两个图中呈现不对称的分布，从事量化研究的学者对此的解读是：(1)适度适合。在 X 和 Y 间可以发现清晰但适中的相关性；(2)同一的斜率。两个表采用普通最小二乘法观察到的斜度是一致的；(3)异方差性。普通最小二乘法作出的回归直线上下的方差，明显存在差异。相反，对受过模糊集分析训练的质性研究学者而言，解读又有差异：(1)完美适合。当案例未出现高于或低于 45 度的斜线分布时，被称作完美适合；(2)必要条件和充分条件。图表 1a 是一种必要条件，而图表 1b 则是一种充分条件；(3)适度重要。这些图表描述的必要和充分条件，既不无关紧要也不至关重要，均为适度重要。

格尔茨和马洪尼对上述图表数据的解释分析仅限于此，却给自己找了一个合适的理由："我们不能为这些图表的质性研究解释提供基础的数学支持。然而，我们希望这些例子可以刺激人们探索集合理论和统计方法论之间的区别的欲望"。上述理论证明了两者一个基本的区别。集合理论擅长于观察数据中的非对称模式，而传统的统计分析方法则在观察对称数据上占据上风。

四、结论

格尔茨和马洪尼总结道，虽然强调量化和质性研究本质上的不同，但其意图并不在于挑起二者之间的论战。这些差异并非是矛盾性的，量化和质性研究方法适用于不同的研究工作，两种方法被设计用来实现不同的研究目标。在文章末尾，格尔茨和马洪尼又开始习惯性地进行浅尝辄止的分析，仅仅提到多元方法研究正日益引起关注，并成为一些研究领域不可缺少的方法。他提出一种调和主义的认知：第一，优良的多元方法研究，不仅需要研究者们去探询特定案例中导致结果的原因，而且同样需要探究一个总体或样本案例群内一个原因的平均效应；第二，优良的多元方法研究，需要研究者们同时运用基于集合理论（逻辑）和统计（概率）的研究方法。

在此种简单调和的基础上,格尔茨和马洪尼最后强调了一个苍白的结论:"优良的多元方法研究需要分析者拥有很强的量化和质性研究的方法论背景"。此种观点模糊的调和论,容易引起两派学者对其进行批判。事实上,该篇文章一经发表,马上就有学者提出了强烈的回应。

【参考文献】

Beck, Nathaniel, "Is Causal-Process Observation an Oxymoron", *Political Analysis*, Vol. 14, 2006, pp. 347 – 352.

Beck, Nathaniel, "Causal Process 'Observation': Oxymoron or (fine) Old Wine", *Political Analysis*, Vol. 18, 2010, pp. 499 – 505.

Bennett, Andrew, "Process Tracing: A Bayesian Perspective", In Janet. Steffensmeier, Henry. Brady, & David. Collier eds., *The Oxford Handbook of Political Methodology*, Oxford, UK: Oxford University Press, 2008, pp. 702 – 721.

Brady, Henry, "Data-Set Observations Versus Causal – Process Observations: The 2000 Presidential Election", In H. E. Brady & D. Collier eds., *Rethinking Social Inquiry: Diverse Tools, Shared Standards*, Lanham, MD: Rowman & Littlefield, 2010, pp. 237 – 242.

Brady, Henry &Collier, David, "Toward a Pluralistic Vision of Methodology", *Political Analysis*, Vol. 14, 2006, pp. 353 – 368.

Collier, David, "Understanding Process Tracing", *PS: Political Science & Politics*, Vol. 44, 2011, pp. 823 – 830.

Brady, Henry & Collier, David, "Sources of Leverage in Causal Inference: Toward an Alternative View of Methodology," In Henry. Brady & David. Collier eds., *Rethinking Social Inquiry: Diverse Tools, Shared Standards*, Lanham, MD: Rowman & Littlefield, 2010, pp. 161 – 199.

Dion, Douglas, "Evidence and Inference inThe Comparative Case Study", *Comparative Politics*, Vol. 30, 1998, pp. 127 – 145.

Geddes, Barbara, "How The Cases You Choose Affect The Answers You Get:

Selectionbias in Comparative Politics", In James. Stimson ed. , *Political Analysis*, *Ann Arbor*: *University of Michigan Press*, 2010, pp. 31 – 150.

George, Alexander. & Bennett, Andrew, *Case Studies and Theory Development in the Social Sciences*. Cambridge, MA: MIT Press, 2005.

Gerring, John, "Causal Mechanisms, Yes, But…", *Comparative Political Studies*, Vol. 43, 2010, pp. 1499 – 1526.

Gerring, John, *Social Science Methodology*: *A Unified Framework* (2nd ed.). Cambridge, UK: Cambridge University Press, 2012.

Goertz, Gary, "The Substantive Importance of Necessary Condition Hypotheses", In Gary. Goertz & Henry. Starr eds. , *Necessary Conditions*: *Theory, Methodology, and Applications*, Lanham, MD: Rowman & Littlefield, 2003, pp. 65 – 94.

Haggard, Stephen, & Kaufman, Robert, "Inequality and Regime Change: Democratic Transitions and the Stability of Democratic Rule", *American Political Science Review*, Vole. 106, 2012, pp. 495 – 516.

Hedstrom, Peter, & Ylikoski, Petri, "Causal Mechanisms in the Social Sciences", *Annual Review of Sociology*, Vol. 36, 2010, pp. 49 – 67.

Holland, CrossRef, "Statistics and Causal Inference", *Journal of the American Statistical Association*, Vol. 81, 1986, pp. 945 – 960.

Imai, Kosuke. , Keele, Luke. , Tingley, Dustin. , & Yamamoto, Teppei. , "Unpacking the Black Box of Causality", *American Political Science Review*, Vol. 105, 2011, pp. 765 – 789.

King, Gary, Robert Keohane and Sidney Verba, *Designing Social Inquiry*: *Scientific Inference in Qualitative Research*, Princeton, NJ: Princeton University Press, 1994.

Kreuzer, Marcus, "Historical Knowledge and Quantitative Analysis: The Case of the Origins of Proportional Representation", *American Political Science Review*, Vol. 104, 2010, pp. 369 – 392.

Lott, John, Jr. , "Gore Might Lose A Second Round: Media Suppressed the

Bush Vote", *Philadelphia Inquirer*, Vol. 3, p. 23A.

Lupia, Arthur, & McCubbins, Mathew, *The Democratic Dilemma: Can Citizens Learn What They Need To Know*? Cambridge, UK: Cambridge University Press, 1998.

Mahoney, James, "Nominal, Ordinal, and Narrative Appraisal in Macrocausal Analysis", *American Journal of Sociology*, Vol. 104, 1999, pp. 1154–1196.

Mahoney, James, "The Logic of Process Tracing Tests in the Social Sciences", *Sociological Methods and Research*, Vol. 41, 2012, pp. 560–590

Moore, Barrington., Jr., *Social Origins of Dictatorship and Democracy: Lord and Peasant in the Making of the Modern World*. Boston, MA: Beacon, 1966.

Morgan, Stephen, & Winship, Christopher., *Counterfactuals and Causal Inference: Methods and Principles for Social Sesearch*. Cambridge, UK: Cambridge University Press, 2007.

Morton, Rebecca, & Williams, Kenneth., *From Nature to the Lab: Experimental Political Science and the Study of Causality*. New York, NY: Cambridge University Press, 2010.

Narang, Vipin., & Nelson, Rebecca., "Who Are These Belligerent Democratizers? Reassessing the Impact of Democratization on War", *International Organization*, Vol. 63, 2009, pp. 357–379.

Norkus, Zenonas, "Mechanisms as Miracle Makers? The Rise and Inconsistencies of the Mechanistic Approach in Social Science and History", *History and Theory*, Vol. 44, 2004, pp. 348–372.

Pearl, Judea, *Causality: Models, Reasoning, and Inference*. Cambridge, UK: Cambridge University Press, 2000.

Ragin, Charles, *The Comparative Method: Moving Beyond Qualitative and Quantitative Strategies*. Berkeley: University of California Press, 1987.

Ragin, Charles, *Fuzzy-Set Social Science*. Chicago, IL: University of Chicago

Press, 2000.

Ragin, Charles, *Redesigning Social Inquiry: Fuzzy Sets and Beyond*. Chicago, IL: University of Chicago Press, 2008.

Russett, Bruce, "The Democratic Peace: 'and Yet It Moves'", *International Security*, Vol. 19, 1995, pp. 164 – 175.

Sambanis, Nicholas, "Using Case Studies to Expand Economic Models of Civil War," *Perspectives on Politics*, Vol. 2, 2004, p. 259 – 279.

Sekhon, Jasjeet, "Quality Meets Quantity: Case Studies, Conditional Probability, and Counterfactuals", *Perspectives on Politics*, Vol. 2, 2004, pp. 281 – 293.

Slater, Dan, & Smith, Benjamin, "*Economic Origins of Democratic Breakdown? Contrary Evidence from Southeast Asia and Beyond*", 2010, Unpublished manuscript.

Snyder, Jake, & Borghard, Erica, "The Cost of Empty Threats: A Penny, Not A Pound", *American Political Science Review*, Vol. 105, 2011, pp. 437 – 455.

Van Evera, Stephen, *Guide To Methods For Students of Political Science*. Ithaca, NY: Cornell University Press, 1997.

Waltz, Kenneth, *Theory of International Politics*. Boston, MA: Addison-Wesley, 1979.

(译者单位:华东政法大学政治学研究所)

两种研究文化是否蕴涵两种科学范式

〔美〕亨利·布拉迪 著

游腾飞 编译

亨利·布拉迪（Henry Brady）是美国加州大学伯克利分校（University of California, Berkeley）高盛公共政策研究院院长、教授，曾任美国政治学会主席，研究方向为选举政治学、政治参与、社会福利政策、政治性民意测验和统计学方法论。布拉迪发表在《比较政治研究》杂志2013年第2期上的这篇文章是对加里·格尔茨（Gary Goertz）和詹姆斯·马洪尼（James Mahoney）合编的著作——《两种文化的故事》（A Tale of Two Cultures）的评论。[①] 该文的主要内容如下：

布拉迪认为，格尔茨和马洪尼只对两种社会科学研究进行了列举式的区别，并未试图寻求统一的社会科学研究路径。

布拉迪的基本观点是，研究文化（被不同学者所使用的工具）可能是不同的，但是科学的研究范式却可以一致。虽然量化和质性研究方法

---

① 参见 Henry E. Brady, "Do Two Research Cultures Imply Two Scientific Paradigms", *Comparative Political Studies*, Vol. 46, No. 2, 2013, pp. 252–265。

关于两者关系的新争论
两种研究文化是否蕴涵两种科学范式

在语言和工具上存在简单的差异，但是通过谨慎的翻译，不同的研究表述可以相互转化。对于方法论研究者来说，相比于列举出繁杂的差异的所有细节内容，在差异之间搭建相互联系的桥梁可能是一个更好的议程项目。

本篇论文中，作为从事量化研究的学者，布拉迪首先态度鲜明地对《两种文化的故事》一书进行了毫不留情的总体批评。为了表现其评价立场的客观性，布拉迪对该书中值得表扬的几方面，进行了简洁、概括的阐述。紧接着，布拉迪开始就书中质疑的部分，分条列项地进行直接、细致的批评。这种笔锋鲜明的转折，是为提出布拉迪的基本观点所作的铺垫。在文章最后，布拉迪通过数十个方程式的推导，提出了一种量化和质性研究的通用研究框架，即通过计量经济学中的固定替代弹性生产函数，来解释质性研究中的集合理论和逻辑学方法。

一、对《两种文化的故事》的总体评价

作为量化研究的坚定支持者，虽然布拉迪宣称其赞同郑重对待质性研究的观点，但从他评价《两种文化的故事》一书的用词中可以发现，他并不十分认可质性研究的价值。

布拉迪首先对《两种文化的故事》进行了概述。他认为，加里·格尔茨和詹姆斯·马洪尼两位学者企图描绘出两种有区别的社会科学研究文化，即"量化研究"和"质性研究"。此种对不同文化进行区别的做法，常为人们退避到某一类文化中提供了借口。这种做法致使不同文化阵营的人们沉溺于自我群体认同，进而导致人们为长期、固执的争吵做好准备，却不愿意寻找两种文化的协调和一致。格尔茨和马洪尼自称不希望挑起社会科学的内斗，认为他们仅仅是一种"遇到'量化'和'质性'两个部落的人类学者，对其显著区别特征进行分类"。通过这种分类方法，格尔茨和马洪尼试图确定："量化研究"和"质性研究"两种研究文化，都因为其文化独特性而得到尊重。

格尔茨和马洪尼在第 14 章开始对量化和质性研究进行对比描述，

包括因果关系研究、解释术语、测量手段以及研究体系的设定等方面。在提到这些篇幅短小的章节时，布拉迪嘲讽地认为："这些章节，如同在 19 世纪出版的旅行游记，分类记载了那些遥远国度上、引人注目的不同民族古怪风俗那样，通过列举简短例子，来介绍量化和质性研究文化的不同特征。"

在进行了一些批评后，布拉迪对《两种文化的故事》一书的一些观点表示赞同，他列举出了作者在书中的一些原话。比如，"因为两种文化存在区别，所以不存在一套原理能够使所有的社会科学研究一致起来"（Goertz and Mahoney, 2012：220）；"尽管在此两种研究范式中没有对话的余地（空间），但由于两种文化存在区别的缘故，任意一种文化应该被允许自我发展"（Goertz and Mahoney, 2012：220）；"如果我们允许一些专业分工，并探究两种研究文化协调的可能性，我们将可以得出社会科学具有多元性的结论"（Goertz and Mahoney, 2012：226）。

接下来，布拉迪在强调对质性研究重视的前提下，对格尔茨和马洪尼的观点进行了点评。布拉迪非常赞同郑重对待质性研究的观点。他提到，他作为一名从事量化研究的学者，虽然对西德尼·维巴（Sidney Verba）等人撰写的《社会研究设计》（Designing Social Inquiry）一书进行过批评："认为该书最好之处是试图为质性研究者服务，但令人遗憾的是这种努力却反映出他们并非 Small-N 研究学者"。但是，布拉迪认为从事量化研究的学者常低估了质性研究工作的重要性和有效性。布拉迪认为，对任何领域的发展来说，关注的增加和认同的一致都是十分重要的。因此，布拉迪认可质性研究学者在美国政治学协会占据一席之地，并乐于见到质性研究学者建立起长期年度培训项目以及编写有关如何良好进行质性研究的方法类丛书。通过平等对待不同研究文化中的量化和质性研究，格尔茨和马洪尼为质性研究学者增加了些许尊重。

在表示了对质性研究的尊重后，布拉迪开始对格尔茨和马洪尼的观点进行点评。布拉迪首先提到，他曾与戴维·科利尔（David Collier）合编了《重新思考社会研究：不同的工具，共享的标准》（Rethinking Social Inquiry: Diverse Tools, Shared Standards）一书。该书的主要观点

关于两者关系的新争论
两种研究文化是否蕴涵两种科学范式

是研究文化(被不同学者所使用的工具)可能是不同的,但是科学的范式却可以一致。布拉迪认为,格尔茨和马洪尼很容易接受此种想法,即不同的文化意味着不同的研究范式。此外,布拉迪建议道,如果格尔茨和马洪尼试图发展出一种关于思考量化和质性不同的范式研究通用的框架,那么他们的书将可能变得更好。

至此,布拉迪笔锋一转,开始进行严厉的批评。布拉迪认为,该书作者们接下来开始带着好奇的心理,乐此不疲地对差异进行分类,却不曾探究这些差异的区别程度。虽然他们曾经一度注意到可能可以将不同研究文化的语言进行相互转化,但他们并不认为这是一种很好的做法。由于对社会科学方法论进行人为分支而非统一的做法,导致形成一种统一研究范式的发展机会丧失了,布拉迪对此十分痛心。

就量化和质性研究方法上的不同而言,布拉迪认为二者间在语言和工具上存在简单的差异,而从事研究的基本范式并无不同。布拉迪从如下三方面进行阐述。首先,语言上的差异很关键,但是通过谨慎的翻译,语言可以相互转化。不同的研究工具同样具有价值,人们可能从中发掘出新的技术,但是工具只是处理事物的方法而非事物本身;此外,科学论述和实践常用来追寻某种程度的普遍性,这种做法优于寻求各种不同的描述语言和多样的工具;最后,虽然发现量化和质性研究运用不同的语言和研究工具这样的客观情况令人感兴趣,但是,这种发现并不能够对科学论述有所助益。

最后,布拉迪进行了总结。对于方法论研究者来说,相比于列举出繁杂的差异的所有细节内容,在差异之间搭建相互联系的桥梁可能是一个更好的议程项目。《两种文化的故事》关注到了"量化研究这样做"而"质性研究那样做"的区别,无疑能够激起研究者的兴趣,但对于可能坚持查尔斯·斯诺(Charles Snow)的桥接两种研究文化道路前行的作者们来说则毫无裨益。

二、《两种文化的故事》的贡献和质疑

在阐述两种研究文化统一的研究框架之前,布拉迪对《关于两种文化的故事》一书的贡献和质疑之处进行了详细分析。

(一)有益的贡献

(1)强调"效应的原因分析"(causes-of-effect)和"原因的效应分析"(effect-of-causes)的同等重要性。

奈曼-鲁宾-霍兰德(Neyman-Rubin-Holland)的因果推论研究框架(NRH 研究框架)是此种研究的关键之一,该研究框架在过去三十年间带来了重要的影响。该研究框架要求研究者们关注原因的效应问题,而非原因分析路径。依照此法,研究者们应该设立实验设计,用来对诸如政治信息、经济激励、彼此信任、教育课程等假定原因进行操作,然后他们再对处理方法的效果进行测量。

NRH 研究框架认为试图去寻求原因的分析路径注定是要失败的。但是,政策制定官员和诊断医生常关注解释导致结果产生的原因。出于这些实际原因,我们不能抛弃这种方法。此外,同样存在方法论领域的原因使得人们研究此种方法。从自然和人类发展史中得来的大量经验数据,形成了宇宙学、天文学、地理学、进化论以及我们对于社会和政治现象的认识。这种历史有时包括了能够被用于原因的效应分析上的自然实验,但是剩余的仍是大量的非实验性的观察数据。尽管如此,在上述这些领域,科学依然得到了确实的发展。因此,非实验性的方法仍然是学习这些领域的有效途径,完全放弃效应的原因分析方法无疑是愚蠢的。

(2)对线性递加回归模型和平均效应的批评。布拉迪认为,NRH 线性回归模型有其缺陷,必须注意非线性模型和相互作用效应。虽然拉保罗·拉扎斯菲尔德(Paul Lazarsfeld)在超越线性回归模型缺陷的基础

上，对简略表分析、路径分析、回归结构方程建模、非线性回归模型进行了卓有成效的研究；对参与者行为异质性或变异性回应的平均效应修正做出了精巧的定义，并就如何测量中介变量影响平均效应的程度做出了详细的阐述。但是，由于这些方法在简单概率论层面对因果关系进行了一种本质上易操作的定义，导致研究者在因果关系研究中常习惯于采用累计回归或在实验中判断平均效应的方法，从而使得实际研究过程落后于上述这些理论的发展。

（3）在开始因果推论的研究时，考虑到了一些关于因果关系确定性的概念，比如必要条件、充分条件和 INUS 定义（即马奇定义）。① 布拉迪认为，理解因果关系的逻辑起点，须从理解确定性因果机制的逻辑开始，不能直接跳到对 X 事件引起 Y 事件的概率理解上。原因如下：第一，从存在论（形而上学的）的事实角度出发，因果关系是确定性的。在日常生活中，我们常常通过直观感受去对确定性因果关系链条进行理解，比如"因为少了一颗马蹄钉而亡国"的典故；第二，对因果关系链的考察，常提醒研究者们因果机制十分复杂，比如一些事件可能是必要条件，另外一些则可能是充分条件，甚至还有一些事件是完全充分而不必要条件的一个必要而不充分的因素（INUS）；第三，对确定性因果关系的深入考察表明，存在许多种这样的情况，即那些看似是可能的、能够由回归方程或设立的实验得出的因果关系，忽视或省略了其他一些存在于现实的确定性现象中的重要变量、相互作用或共生性。

（二）关注的焦点

在表示了对上述观点的赞同后，布拉迪开始就他对此书中所认为需要关注并有疑问的地方，逐一进行批评。

（1）该书对方法论的解释不足。布拉迪认为，该书作者自诩为"人类学家"，但是此种"人类学家"对方法论不同阵营的描述性解释却不

---

① 马奇定义指所谓原因，就是结果的一个充分条件组中的一个必要组成部分。——译者注

够充分，而这些描述性解释对量化、质性研究者来说，尤为有趣和不同。如果能够再多着墨于此，可能更有意义。此外，如果能够对另外一些不同的研究文化和范式进行对比介绍的话，那么这个"人类学家"的解释主义者的形象会更为丰满。

（2）该书对科学研究方法的比喻是肤浅的。布拉迪提出疑问：量化和质性研究者们真的是两种文化吗？假设他们确实如此，那么是否意味着，他们在从事研究中代表不同的研究范式？布拉迪随即嘲讽到，难以想象，两种作为"文化"和"范式"的社会科学思想具有如此多的伪装和幌子，以至于任何对它们的研讨，都将陷入到对争议性的思想本质进行无限度解释和争辩的泥沼。退一步说，即便它们是不同的研究文化，它们也无需在研究过程中代表迥异的研究范式。因此，此书作者们需要做更多努力来说明它们是两种显著不同的研究范式，而非仅证明其为两种研究文化。

（3）布拉迪批评该书第6章和第9章的观点：量化研究路径只运用因果关系的反事实定义进行研究，却不使用反事实分析自身。首先，此书作者在第6章通过研究戴维·休谟（David Hume 关于因果关系著名的定义后得出结论：虽然休谟认识的起点在于其第二种反事实定义上，但他对第一种"恒常结合"（constant conjunction）的定义甚为吃力（Goertz and Mahoney, 2012：78）。布拉迪对该观点持反对意见。他认为NPH研究路径十分依赖于反事实对因果关系的定义，以及通过如下两种不同研究策略，去解决对原因的效应分析的估算问题。第一种策略是不在"尽可能靠近事实的世界"（closest possible world）中进行试验，而是找到一个完全一致的案例。第二种策略是通过对受控制案例的随机处理和验证，创造一个"反事实世界"（counterfactual world）（Brady, 2008：249-267）。其次，布拉迪不认可此书作者所宣称的如下观点：对质性研究学者们而言，休谟的第一种"恒常结合"（constant conjunction）的定义代表因果的充分条件，第二种定义代表一种必要条件。布拉迪认为该书作者的此种观点令其困惑，而该书第9章加深了他的这种困惑。该书第9章宣称反事实"在量化研究传统中并不被经常使用"（Goertz and Mahoney，2012：115）。相反，在量化研究中，此种常用实验方法的重点在于创造一个直接可比较的"真实世界（作为处理对象的案例）"和"反事实世界（受控的案例）"。

（4）该书作者讨论两类研究方法在内容、符号编码和测量手段上的不同之处，说服力勉强。布拉迪认为，该书的第10到13章看起来很怪，充斥着大量的关于量化研究范式的讽刺描述。布拉迪提到几处书中的描写："在量化研究文化中，关于概率的讨论和争辩，仅关注数据和测量手段问题，而非语义和语意。"（Goertz and Mahoney，2012：128）布拉迪对这一说法表示强烈反对，他认为量化研究花费了大量时间在确定政党认同、意识形态、族群身份、社会资本甚至实体资本等领域的语意研究上。在第10章，该书的作者比较了两种研究学者在对民主进行编码时出现的错误模式，从而得出结论：量化研究的错误相较质性研究来得典型。布拉迪反驳，该书中的"表10.2"给各个单位分配了一种连续的民主赋分，如同标出一天中的特定温度。该表的错误栏表明，如果没有足够的特殊性案例作为比较，很难在极端条件下估计出正确的天气温度。同理，仅通过寥寥的案例，很难为这些特殊性案例进行民主赋分。这些特殊性案例很明显地可以分为"非常冷""非常热""非常不民主""非常民主"等几类。"表10.3"则说明这几类国家如何被归类到这几个民主的大类型中，就如人们将天气归类到"非常冷""冷""热""非常热"当中去那样。与质性研究方法不同的是，量化研究学者不满足于简单地对特殊性案例进行事实上的赋值，这种方法常导致极值引起高度怀疑。

（5）该书在讨论两种研究文化差异时不甚客观。布拉迪认为，此书仅仅在重复说明这些不同之处，而并未认真对此进行客观的斟酌，也未进一步思考这些区别是否如此显著。该书作者没有使用一种更聪明的方法去思考上述这些差异的程度和意义所在。因此，这本书并未达到开篇所追寻的目标——"做一个在量化和质性研究各个岛屿中穿行的杰出向导"。

三、建立量化和质性研究的通用研究框架

布拉迪认为,《两种文化的故事》的作者指出了两种文化的许多差异,但是这些差异可以追溯至两种文化对因果关系不同类型的描述上。更重要的是,可以建立起一种通用的研究框架,此种研究范式将使双方交流更顺畅,并在吸取彼此见解的基础上得以继续构建。质性研究和基于建模的量化研究者们具有许多共通点,但在某种程度上仍然存在一种文化上的分歧,此种分歧可能体现在上述两类研究者和不使用建模研究的经验主义者之间。

布拉迪认为两种文化最显著的差异在于,相较质性研究而言,量化研究的一些方法更容易对平均效应进行测定,并能够得出较好的结论。因此,量化研究者典型地习惯于借助此种方法来进行平均效应的测量。然而,由于质性研究者典型地关注寻求效应的原因,并且只有通过描述因果机制本身才能找到效应的原因。因此,一些质性研究者不满足量化研究者进行平均效应的测量。量化研究者(特别是运用 NRH 研究的学者)对此却不屑一顾。他们认为社会现象的本质是概率事件,研究者只能去估算平均效应的可能程度。质性研究者对上述量化研究者提出了富有意义的挑战,认为不应该只关注平均效应。

接下来,布拉迪介绍了量化研究的几个基础方程式,并对回归模型的基本假设:$Y_i = a + bX_i + e_i$ 进行了说明。如果案例是随机分配的,即使 b 不是一个固定常量或对案例处理的效果不一,此种回归模型仍然可以对平均效应进行测量。但是如果不是随机分配的话,在建立模型时,由于人们认识上的偏差、理论分析的缺陷、或者是有关统计数据的限制,可能有意或无意地忽略了某些重要变量,从而发生设定偏误。

质性研究者关注的不只是这个,他们想弄清楚一种条件是导致因果关系的必要条件还是充分条件。他们试图考虑同时发生对等事件的因果联系(类似 INUS 因果关系),通过对这些方程式的解释和推导来说明量

化研究存在一种不局限于关注对单个操作变量进行平均效应测量的传统。

紧接着，布拉迪对该书的一些方程式和图表进行了点评。

首先，对书中提到的布尔方程式进行了评价。由于布尔方程式的操作功能不甚明确，布拉迪不认可"通过布尔代数方程的描述，研究者可以不再使用容易混淆和忽视因果机制及其产生路径的数学方程式"的观点。布拉迪认为该书对于此方程论证不够深入，此方程式的操作功能不甚明确。布拉迪认为举例提到的另外一个布尔方程 $Y = X * Z$，可以转换为线性研究方程：$Y = a + bX * Z + e$。当且仅当 $X = 1$ 且 $Z = 1$ 时，此线性方程等同于作为必要条件的"逻辑与"。此外，另外两个方程 $Y = a + b(X^{\eta 1} * Z^{\eta 2}) + e$，$Y = a + bMin(X^{\eta 1}, Z^{\eta 2}) + e$（$\eta 1$ 和 $\eta 2$ 是固定参数）也同样可以使 X 和 Y 转化为对必要条件的表述。

事实上，此常规方程式：$Y = a + \varphi [\alpha X^{\gamma \delta 1} + (1 - \alpha) Z^{\gamma \delta 2}]^{(1/\gamma)}$ 可以推导出上述两个方程式 $Y = a + bX * Z + e$ 和 $Y = a + bMin(X^{\eta 1}, Z^{\eta 2}) + e$。就此方程式而言，我们假设 α 在 (0, 1) 区间，φ、$\delta 1$ 和 $\delta 2$ 是固定参数，γ 的取值范围为（负的无穷大, 0），那么这个方程式则是对经济学中常用的固定替代弹性生产函数的一个简要总结。当 X 和 Y 变量均为正值时，此方程的效用最大。经济学家运用此方程，已经推导出了数种不同的函数形式，用以说明 X 和 Z 如何产生 Y。

其次，布拉迪对书中的 1a 图表进行解读，认为如果 X 是 Y 的充分条件的话，可以得出这个方程式 $Y = a + bX + e$。对书中的 1b 图表，布拉迪认为，如果考虑附加的另一个充分条件 Z，方程可以写成 $Y = a + bX + cZ + e$。在二分变量案例中，如果 $X = 1$ 或 $Y = 1$，那么将可以推导出因果关系。如果 X 和 Z 都是连续分布，那么就可看成是一个线性递加模型。

此外，通过对方程 $Y = a + \varphi [\alpha X^{\gamma \delta 1} + (1 - \alpha) Z^{\gamma \delta 2}]^{(1/\gamma)}$ 进行推导，可以来研究 X 作为必要条件或充分条件时的因果关系。当 γ 位于（负的无穷大, 0）区间时，X 成为必要条件；当 γ 位于（0, 正的无穷大）区间时，X 成为充分条件。

通过测量 X 事件的变化程度如何影响 Y 事件出现的频次，这些不同的函数形式表现出了许多细微差别,并使得对必要和充分条件的讨论,与对影响因素自身是否是另外一个影响因素的必要条件的讨论联系到了一起。比如牛奶和转牛奶的容器可以用来解渴,这种充分条件就代替了另外一个解渴的充分条件,如牛奶和饮用水。在讨论连续变量的时候,布拉迪觉得使用"补充条件"和"代替条件(常指持续的可能性)"两词,比"必要条件"和"充分条件"要更合适。

最后,布拉迪总结到,上述对函数形式的推导和模型示范,说明我们可以统一量化和质性研究方法。通过这种努力,可以在如何研究因果关系上受益颇多。首先,此种通用研究框架不仅仅表明对两种研究文化在机制和必要、充分条件领域兴趣的关切,而且还认为质性研究在建模传统中具有基础性地位。此外,如果存在一种文化分歧,那可能多表现在下列两种研究学者之间:一是运用 NRH 方法进行原因效应测量的实验学者;二是在实践中共同使用建模方法对原因效应进行解释的量化和质性研究学者。布拉迪进一步提出,如果上述两类学者不仅将注意力放在通过模型方法来提升和发展对现象进行理论阐释的科研进取心,那么他们将受益匪浅。更为重要的是,存在一种思考因果推论的统一范式,从而使得因果推论的科学研究不再像一本食谱那样死板且枯燥。最后,布拉迪说,可能存在两种不同的研究文化,但是只有一种研究范式。

【参考文献】

Achen, Christopher, "Toward A New Political Methodology: Microfoundations and ART", *Annual Review of Political Science*, Vol. 5, 2002, pp. 423 – 450.

Achen, Christopher, "Let's Put Garbage-can Regressions and Garbage-can Probits Where They Belong", *Conflict Management and Peace Science*, Vol. 22, 2002, pp. 327 – 339.

Brady, Henry, "Causation and Explanation in Social Science", In Janet. Steffensmeier, Henry. Brady, & David. Collier eds., *The Oxford Handbook of Political Methodology*, Oxford, UK: Oxford University Press, 2008,

217 – 270.

Brady, Henry, & Collier, David. eds., *Rethinking Social Inquiry: Diverse Tools, Shared Standards*. Lanham, MD: Rowman & Littlefield, 2004.

Brady, Henry, & Collier, David. eds., *Rethinking Social Inquiry: Diverse Tools, Shared Standards*. (2nd ed.). Lanham, MD: Rowman & Littlefield, 2010.

Franzese, Robert, & Kam, Cindy, *Modeling and Interpreting Interactive Hypotheses in Regression Analysis*. Ann Arbor: University of Michigan Press, 2007.

Franzese, Robert, Kam, Cindy, & Jamal, Amaney A., *Modeling and Interpreting Iinteractive Hypotheses in Regression Analysis*. Retrieved from http://wwwpersonal.umich.edu/~franzese/FranzeseKamJamal.interactions.pdf, 2010.

Goertz, Gary, & Mahoney, James, *A Tale of Two Cultures: Qualitative and Quantitative Research in the Social Sciences*. Princeton, NJ: Princeton University Press, 2012.

Holland, Paul, "Statistics and Casual Cnference (in Theory and Methods)", *Journal of the American Statistical Association*, Vol. 8, 1986, pp. 945 – 960.

King, Gary, Robert Keohane and Sidney Verba, *Designing Social Inquiry: Scientific Inference in Qualitative Research*, Princeton, NJ: Princeton University Press, 1994.

Neyman, Jerzy, "On the Application of Probability Theory to Agricultural Experiments: Essay on Principles", *Statistical Science*, Vol. 5, 1990, pp. 463 – 480.

Rubin, Donald, "Estimating Causal Effects of Treatments in Randomized and Nonrandomizedstudies", *Journal of Educational Psychology*, Vol. 66, 1974, pp. 688 – 701.

Samuelson, Paul, "Complementarity: An essay on the 40th Anniversary of the

Hicks-Allen Revolution in Demand Theory", *Journal of Economic Literature*, *Vol.* 12, 1974, pp. 1255 – 1289.

Snow, Clarles, *The two cultures*. Cambridge, UK: Cambridge University Press, 1998.

(译者单位: 华东政法大学政治学研究所)

社会分析中的鸭兔图
——两种文化的故事

〔美〕科林·埃尔曼 著

游腾飞 编译

科林·埃尔曼（Colin Elman）是美国雪城大学（Syracuse University）麦克斯维尔学院政治学系副教授，研究方向是国际关系理论和方法论研究。埃尔曼发表在《比较政治研究》杂志2013年第2期上的这篇文章是对《两种文化的故事》一书观点的有力支持。[①]该文的主要内容如下：

从事质性研究的学者埃尔曼对三个方法论上的不同研究路径：一元主义、多元主义和折中主义进行了区分。他认为，通过运用超前的集合理论去理解质性研究，《两种文化的故事》一书给方法论多元主义提供了一种不同寻常的强力支持。

埃尔曼预期了三种针对本书可能出现的批评：方法论一元主义者可能认为多元主义是个错误观念；从事量化研究的学者们认为加里·戈尔

---

① 参见 Colin Elman, "Duck‐Rabbits in Social Analysis: A Tale of Two Cultures", *Comparative Political Studies*, Vol. 46, No. 2, 2013, pp. 266‐277。

茨（Gary Goertz）和詹姆斯·马洪尼（James Mahoney）对量化研究方法的描述是错误的；质性研究学者们则怀疑，运用集合理论是否能很好地理解其传统研究方法。该篇文章主要关注此三种回应，并运用约瑟夫·贾斯特罗（Joseplt Jastrow）有关鸭兔混淆图①的隐喻，对该书的观点进行了特色解读和支持，认为即使该书未曾对现行方法进行令人信服的描述和再现，它也大有希望作为一个规范的议题。

一、对《两种文化的故事》的总体评价

有意思的是，在布拉迪旗帜鲜明地对该书观点进行批评的同时，埃尔曼却从另外一个极端对该书大加褒奖。这也正是量化研究学派和质性研究学派正在进行激烈论战的一个真实写照。埃尔曼认为此书是一本展示了创新之处的好书，该书可能能够在政治学家如何看待社会科学方法论问题上做出重大贡献。埃尔曼对戈尔茨和马洪尼两人对两种研究传统同时发起挑战的行为不吝赞美之词，认为他们勇气可嘉。甚至赞扬他们近年来在方法论研究领域的学术贡献，认为该书是他们最近联合写作的巅峰之作。

埃尔曼在对该书的多元主义研究路径进行简短回顾的基础上，认为可能会遇到如下两种批评：该书对量化研究方法的描述是错误的；该书对质性研究文化的描述不能反映研究现状。埃尔曼关注第二种质性研究学者可能提出的批评，并为戈尔茨和马洪尼提前进行辩解，认为即使该书未曾对现行研究方法进行令人信服的描述和再现，但它作为一个规范的研究议程，无疑引人注目。埃尔曼阅罢此书，掩卷沉思，觉得过程追溯和多元方法研究应该可列入上述方法论研究的议程之中。

---

① 指心理学家贾斯特罗在他的《心理学中的事实与虚构》书中画出的一个模糊的图形，图正面看是鸭子，侧面看是兔子。对于同一图形，文化和教育背景不同的人，看出的东西也就不同。在这篇文章中，埃尔曼用此暗喻从事量化研究和质性研究的学者由于研究背景不同，导致对《两种文化的故事》一书见解和评论不同。——编译者注

二、方法论的多样性特征

埃尔曼认为，可以对方法论的多样性特征进行有效的分类：一元主义建立了一个单一的、"正确的"研究路径。多元主义认为知识的差异无关紧要，应该根据问题来寻找合适的方法。折中主义则将差异性看成是优点，不同知识均有其价值，并探求这些知识间关联的局限处以及通约性。埃尔曼认为戈尔茨和马洪尼重现了贾斯特罗有关鸭兔混淆图中的"横看成鸭侧为兔"的典故，该书谈到量化和质性研究方法的区别时，让我们同时认出了鸭、兔。

鸭兔图

一元主义者自然认为，与量化研究相比，质性研究缺乏推理机制。认出兔只是一个幻觉，属于自欺欺人。质性研究缺乏一个独立的认识论基础。在政治科学领域，一元主义者分为激进派和温和派。前者认为，当遵循量化研究设计体例时，质性研究能够做到最好。后者的观念虽然更为开放，认为质性研究无需紧密模仿量化研究方法，但是他们仍然不十分认同和欣赏质性研究的显著特色和优点。埃尔曼认为，该书沿着多元主义研究的路径前行。运用多元主义观点进行论证，虽然会遇到许多困难，但表现出的优点多于缺点。

三、如何认出该书的"鸭兔"特征

埃尔曼认为由于批评者们进行了错误的解读,故而他们关于该书对量化和质性研究传统描述有误的批评也不准确。本书中对量化研究的描述可总结为:通过对数据直接的测量来从事研究;对质性研究的描述可总结为:通过非直观的思考方式来从事研究,并通过戈尔茨和马洪尼式的研究框架进行梳理。埃尔曼进而辩解到,方法论的著作已经为详细的量化研究方法的特征描述提供了词汇表,而该书关注的是量化研究学者们怎么做,而非应该怎么做。此外,该书作者已经承认过对量化研究的阐述有些老旧,并非时下最新的理论,这确实是本书的缺陷之一(针对布拉迪各种函数推导和研究模型而言),但书中对量化研究传统特征的描述,具有一定的适用性,而且批评者也不能否认此书将他们带入一个新的领域。此书关于质性研究的描述以及运用集合理论构建的研究框架即使真与现行研究脱节,也起码是一个超前的规范论证,仍然能够反映全部的质性研究文化特征。当然,该书作者要求读者接受所有非解释性质性研究均适用集合理论研究框架这一观点,是武断且教条的。

总的来说,埃尔曼十分欢迎坚定地运用多元主义的研究路径,对量化和质性研究的方法进行讨论。埃尔曼将此书视为未来研究的计划书而非对现实的描述,每一个章节都有转变成为一个长远对话起始话题的潜力。

四、过程追溯和多元主义研究方法

在文章最后,埃尔曼就戈尔茨和马洪尼的过程追溯和多元主义研究方法进行讨论。首先,由于质性研究者不具备足够详尽的方法通过对因果过程的观察建立起因果关系的推论。因此，如果把必要条件和充分条件的研究框架作为基础来进行因果推论，质性研究者亟须过程追溯方法得到更严格缜密的发展。其次，与一元主义相比，将不同研究方法的多种风格统一起来，对多元主义则困难得多。对两人而言，他们试图秉持方法论上的多元主义立场，探询如何将多种研究方法组合起来去解决上述难题，这种尝试十分正确。

五、总结

埃尔曼认为，该书逻辑清晰、论述前后一致，并坚持运用多元主义观点进行论述。戈尔茨和马洪尼恰当地对量化和质性研究方法进行区别对待，同时形成一系列观点，其中最为核心的观点具有统一质性研究方法的能力。在通篇进行表扬的基础上，埃尔曼得出此书之所以优秀的两个理由：首先，该书选用的论述术语十分成功。两位作者通过运用集合理论的表述来体现企图重新构建质性研究传统方法的努力。埃尔曼希望他们能够继续完善这样的研究框架，虽然称此种研究框架成为一个经典的论述言之尚早，但埃尔曼肯定，这将会是一个具有强烈竞争力的研究框架。第二，如果学者能够认真阅读此书，该书将引发一系列重要的讨论，而这些讨论最终将清晰阐明并推动政治科学方法论的发展。

【参考文献】

Achen, Christopher, "Two Cheers for Charles Ragin", *Studies in Comparative International Development*, Vol. 400, 2005, pp. 27 – 32.

Bennett, Andrew, "Process Tracing: A Bayesian Perspective", In Janet. Steffensmeier, Henry. Brady, & David. Collier eds., *The Oxford Handbook of Political Methodology*, Oxford, UK: Oxford University Press, 2008, pp. 702 – 721.

Brady, Henry, & Collier, David. eds., *Rethinking Social Inquiry: Diverse Tools, Shared Standards*. Lanham, MD: Rowman & Littlefield, 2004.

Brady, Henry, & Collier, David. eds., *Rethinking Social Inquiry: Diverse Tools, Shared Standards*. (2nd ed.). Lanham, MD: Rowman & Littlefield, 2010.

Collier, David, "Understanding Process tracing", *PS: Political Science & Politics*, Vol. 44, 2011, pp. 823 – 830.

Dunning, Thad, *Natural Experiments in the Social Sciences*. Cambridge, UK: Cambridge University Press, 2012.

Elman, Colin, "Pluralism as A Hard Choice", *Qualitative and Multi - Method Research*, Vol. 7, 2009, pp. 1 – 2.

George, Alexander & Andrew Bennett, *Case Studies and Theory Development in the Social Sciences*. Cambridge, MA: The MIT Press, 2005.

Goertz, Gary, & Mahoney, James, *A Tale of Two Cultures: Qualitative and Quantitative Research in the Social Sciences*. Princeton, NJ: Princeton University Press, 2012.

King, Gary, RobertKeohane and Sidney Verba, *Designing Social Inquiry: Scientific Inference in Qualitative Research*, Princeton, NJ: Princeton University Press, 1994.

Mahoney, James, "The Logic of Process Tracing Tests in the Social Sciences", *Sociological Methods & Research*, Vol. 41, 2012, pp. 1 – 28.

Ragin, Clarles, *The Comparative Method: Moving Beyond Qualitative and Quantitative Strategies*. Berkeley: University of California Press, 1987.

Ragin, Clarles, *Fuzzy-Set Social Science*. Chicago, IL: University of Chicago Press, 2000.

Ragin, Clarles, *Redesigning Social Inquiry: Fuzzy Sets and Beyond*. Chicago, IL: University of Chicago Press, 2008.

VanEvera, Stephen, *Guide to Methods for Students of Political Science*. Ithaca,

NY: Cornell University Press, 1997.

Wittgenstein, Ludwig, *The Philosophical Investigations*, Cambridge, MA: Blackwell, 2001.

(译者单位:华东政法大学政治学研究所)

方法论的多元主义
——回应布拉迪和埃尔曼

〔美〕加里·格尔茨、詹姆斯·马洪尼　著
游腾飞　编译

  加里·格尔茨（Gary Goertz）是美国圣母大学（University of Notre Dame）政治学系教授，研究方向为国际关系中的冲突研究、冲突管理以及和平理论；詹姆斯·马洪尼（James Mahoney）是美国西北大学（Northwestern University）政治学系副主任、教授，美国政治学会质性和多元方法分部、比较政治和历史社会学部的主席，研究方向为社会学的比较历史研究、政治发展和方法论。两人发表在《比较政治研究》杂志2013年第2期上的这篇文章是对科林·埃尔曼（Colin Elman）和亨利·布拉迪（Henry Brady）关于《两种文化的故事》（*A Tale of Two Cultures*）两种截然不同评论的回应。① 该文主要内容如下：

格尔茨和马洪尼对二者的评论进行了交叉式的回应，在不吝笔墨感

---

① 参见 Gary Goertz & James Mahoney, "For Methodological Pluralism: A Reply to Brady and Elman", *Comparative Political Studies*, Vol. 46, No. 2, 2013, pp. 278–285.

关于两者关系的新争论
方法论的多元主义

谢埃尔曼支持性评论的同时，简短有力地回应了布拉迪的反对意见，并对其观点的错误之处进行了逐项反击。

格尔茨和马洪尼首先感谢布拉迪和埃尔曼对《两种文化的故事》一书的评论。格尔茨和马洪尼认为该书毫无疑问地在表述方法论多元主义，并赞同埃尔曼的观点，即无论质性研究者是否觉得集合理论或逻辑学能描述其隐性方法论，他们都将依靠集合理论或逻辑学进行研究。虽然过程追溯研究成为案例内研究的显著特征值得商榷，但是，最近许多学者在直接运用集合理论和逻辑性的研究中，已经更缜密地对过程追溯检验进行系统编撰。接着，格尔茨和马洪尼同样认可埃尔曼关于多元主义方法论者实现混合研究十分困难的观点。对于多元主义者来说，最大的挑战是去展现多元研究方法如何运用才能富有成效。格尔茨和马洪尼总结道，多元研究亟须努力实现一种这样的研究格局，即质性研究方法位于多元研究的中心地位，同时量化研究发挥支撑作用。

在文章的后半部分，格尔茨和马洪尼对布拉迪的批评做出明确回应。在进行反击之前，格尔茨和马洪尼认为，二者的如下认识，事实上是一致的。目前非主流社会科学领域的一元主义者认为，质性研究基于统计学方法的原理。虽然质性研究有其专业术语和研究方法，但是在推理机制上，与量化研究并无显著区别。此种认识在布拉迪的文章中得到了很好的说明。布拉迪通过举例展示质性研究方法如何转化成量化研究的表达方式，以此来说明存在一种通用的研究范式。针对布拉迪的批评，格尔茨和马洪尼逐条进行了回击。

首先，针对布拉迪认为他们并未对两种研究方法进行寻找统一研究框架的努力，而仅仅进行区分的批评。格尔茨和马洪尼回应到，两种研究文化的比较，是认清他们各自优劣及可公度性程度的重要方法。由于量化研究和质性研究方法很难完全融合，因此，对统一方法的寻求事实上十分困难。格尔茨和马洪尼认为，他们确实系统地对两种研究的差异进行了编撰，但这种比较研究方法正是其进行论述的有力工具。

第二，格尔茨和马洪尼认为，布拉迪探究如何运用统计学和经济学，形成一种量化和质性研究通用框架的努力，可以提升两种研究文化间的交流程度，同时也有助于辨清不同研究文化的区别。但是，布拉迪在此种转化过程中，对如下一些重要概念的认识出现偏差。首先，布尔代数和"回归"代数有区别。二者等式成立的满足条件截然不同。"X是Y的必要条件"的逻辑表达，也不等价于"X = Y"的数学方程式。如果研究者假设X是Y的必要而不充分条件，并引入Z变量使得"X * Z = Y"，但不清楚Z变量的具体所指，那么他也不能假设出哪些因素是Y的充分条件。在此意义上，布拉迪运用二元统计模型，对质性研究中的双重变量关系进行转换和检验是无效的。布尔方程式中的"逻辑与"符号（Y = A * B）与统计研究方程中的相乘交互作用项是不同的。布拉迪将二者自然等同起来，此种类比方式无疑有误。其次，布拉迪试图运用生产函数公式去表述必要和充分条件的做法，格尔茨和马洪尼同样表示异议。他们一定程度上认同，在特殊条件下，通过固定替代弹性生产函数（CES）的推导，此公式的最小值和最大值能够代替必要和充分条件的表述。但是模糊理论和生产函数公式中关于最小值和最大值的表述截然不同。在模糊理论中，最小值是必要条件聚合函数的最高级，最大值是充分条件聚合函数的最小级。在 CES 研究中，最小值的表述是 $-\infty$，最大值的表述是 $+\infty$。由于二者的差异，CES 研究框架难以复制模糊理论的逻辑思维路径。此外，布拉迪所举的第八个方程式例子涉及无穷大的参数赋值，而这个情况在政治科学研究实践中不可能发生。格尔茨认为，一些质性研究的经典著作说明，质性研究者天然地运用非生产函数进行研究。比如文森特·奥斯特罗姆（Vincent Ostrom）的制度主义和集体行动理论研究，运用了效用函数的方法。量化研究关于注重空间投票和偏好模型的著作，一般运用了欧几里得（Euclid）距离原理（两点之间，直线最短）。运用模糊逻辑进行偏好研究的学者，几乎不会使用此几何原理，而是使用本书中讨论的 S 型曲线。

总之，虽然布拉迪的此种转化过程，抓住了集合论和逻辑学研究路径的重要特征，但格尔茨和马洪尼认为，布拉迪并没有抓住所有特征，因此不能进行完整的转化。此外，布拉迪的生产函数模型的转化过程，并不能反映政治科学和社会学领域的统计学研究惯例。在文章最后，格尔茨和马洪尼借用埃尔曼"鸭兔"的隐喻法，对其观点进行调和。阅读本书的人，可能的有读者只看到鸭子，即认为集合理论源于标准计量经济学，因此统计学方法可以完全体现所有集合理论分析的特点；也可能有读者持不同意见，同时发现了鸭兔，即计量经济学不能完美再现集合理论模型和结论，反之亦然。作为方法论的多元主义者，格尔茨和马洪尼认为使研究者都同时发现鸭兔的过程任重道远。

【参考文献】

Braumoeller, Bear, "Causal Complexity and the Study of Politics", *Political Analysis*, Vol. 11, 2003, pp. 209–233.

Clark, William Roberts, Michael. Gilligan, &Matt. Golder, "A Simple Multivariate Test for Asymmetric Hypotheses", *Political Analysis*, Vol. 14, No. 3, 2006, pp. 311–331.

Collier, David, "Understanding Process Tracing", *PS: Political Science & Politics*, Vol. 44, 2005, pp. 823–830.

Cornes, Richard, & Todd. Sandler, "*The theory of externalities, public goods, and club goods* (2nd ed.)", Cambridge, UK: Cambridge University Press, 1996.

Eliason, Scott, & Robin. Stryker, "Goodness-of-fit Tests and Descriptive Measures in Fuzzy-set Analysis", *Sociological Methods and Research*, Vol. 38, 2009, pp. 102–146.

Goertz, Gary, *International Norms and Decision Making: A Punctuated Equilibrium Model*. Lanham, MD: Rowman & Littlefield, 2003.

Goertz, Gary, "Constraints, Compromises, and Decision Making", *Journal of Conflict Resolution*, Vol. 48, 2004, pp. 14–38.

Goertz, Gary, *Social Science Concepts: A User's Guide*, Princeton, NJ: Princeton University Press, 2005.

Goertz, Gary, Tony. Hak & Jan. Dul, "Ceilings and Floors: Where Are There No Observations", *Sociological Methods and Research* (In Press).

Hohn, Franz Edward, *Applied Boolean Algebra: An Elementary Introduction* (2nd ed.), New York, NY: Macmillan, 1966.

King, Gary, Robert Keohane and Sidney Verba, *Designing Social Inquiry: Scientific Inference in Qualitative Research*, Princeton, NJ: Princeton University Press, 1994.

Kingdon, John, *Agendas, Alternatives, and Public Policies*, Boston, MA: Little Brown, 1984.

Lewin, Douglas, & David Protheroe, *Design of Logic Systems* (2nd ed.). London, UK: Chapman and Hall, 1992.

Mahoney, James, "Toward A Unified Theory of Causality", *Comparative Political Studies*, Vol. 41, 2008, pp. 412-436.

Mahoney, James, "The Logic of Process Tracing Tests in the Social Sciences", *Sociological Methods and Research*, Vol. 41, 2012, pp. 560-590.

McCluskey, Edward, *Introduction to the Theory of Switching Circuits*. Princeton, NJ: Princeton University Press, 1945.

Ostrom, Elinor, *Governing the Commons: The Evolution of Institutions for Collective Action*. Cambridge, UK: Cambridge University Press, 1991.

Schneider, Carsten, & Ingo. Rohlfing, "Does Set-Relational Causation Fit Into A Potential Outcomes Framework? An Assessment of Gerring's Proposal", *Qualitative and Multi-Method Research*, Vol. 10, pp. 8-14.

（译者单位：华东政法大学政治学研究所）

社会科学方法论术语

〔美〕约翰·吉尔林 著

方 俊 编译

约翰·吉尔林（John Gerring）是美国波士顿大学政治学系教授，主要研究领域为比较政治学、方法论、美国政治史。本文摘编自他在2012年出版的《社会科学方法论：统一的框架》一书。① 该文主要内容如下：

这些术语（glossary）都是在与其他术语库相互协调的基础上产生的，试图提供专业定义。尽管吉尔林希望能够脱离统计学术语，但是这里的定义仍然借用了统计学的语言。还有一点需要明确的是，这些术语多是日常意义的（ordinary-language meaning），小部分应该还原到情境中理解。

论点（argument） 与解释（explanation）、假设（hypothesis）、推论（inference）、模型（model）、命题（proposition）、理论（theory）等概念很接近。一个完整的论点应该包括一系列关键概念和可检验的假设，有时候还会包括形式模型和更大的理论框架，把我们对于世界的真

---

① 参见 John Gerring, *Social Science Methodology: A Unified Framework*, Cambridge: Cambridge University Press, 2012, pp. 407–443。

实推测提高到理论化的层次中，这就是论点。论点存在不同层次的抽象化。宏观的理论、理论框架和范式属于最高层次的抽象化。中层理论或模型属于比较具象的抽象化。假设、推论、微观理论和命题都可以直接被检验，属于最具体的层次。需要注意的是，不同层次的抽象化难以辨别，因此以上的名词经常被交叉使用。

偏误（bias） 通常是指任意形式的非随机偏误。一是抽样偏误，指的是抽取的样本对于总体而言不具有代表性；二是测量偏误，指的是没有做到对概念进行精确的操作化；三是指在因果推论过程中由混杂因素（confounder）导致的困难。

案例（case） 与单元（unit）这个概念相似，指的是某一个时间点或者某一段时间内限制在一定空间范围内被观察的现象，例如，政治或社会团体、制度和事件。案例与推论的分析层次要保持一致，也就是说，如果一个推论的对象是国家的行为，那么研究的案例就是国家。一个单独的案例可以分成一个或多个观察值（observation），某些情况下还可以是案例内观察值（within-case observation）。"单元"这个词大多数情况下跟案例同义。但有时候案例意味着更多地关注案例本身，而单元仅仅是为了搜集研究命题的证据而观测的对象。

单元（unit） 是研究主要关注的对象，指的是现象的类型（the type of phenomena），比如参与者、组织、社区等。大多数情况下，单元和案例（case）是一样的。虽然后者更强调以案例为中心进行深入分析，但是单元和案例两个词经常混用。

案例研究（case study） 指的是为了理解一大类相似单元（总体），而对单一案例进行深入研究的方法。当"案例研究"（case study）是单数形式时，主要关注的是单一单元。有时候，一项案例研究的研究设计可能涉及数个案例。例如，比较历史分析（comparative-historical analysis）和比较方法（comparative method）。

因果链条（causal chains） 亦称序列（sequence），是因果关系类型的一种，指的是在自变量和因变量之间存在很多中介因素。

因果可比性（causal comparability） 又叫等值性（equivalence）、

可交换性（exchangeability）、替代性（substitutability）、单元同质性（unit homogeneity）。这是因果分析的标准，它要求整个样本的所有单元中，自变量特定的值引起的因变量值的变化量必须保持一致。这个标准的最低限度要求是单元间的变化量在平均程度上必须相差无几，也就是说只要误差是随机的，单元间的误差就可以被接受。最高标准则要求自变量引起因变量变化的量在单元间必须完全一致，虽然只是理想化的，我们称之为条件独立性。因果可比性必须贯穿于整个研究过程，直到事后检验。

因果异质性（causal heterogeneity） 通常被叫做"干扰"（noise），指的是原因变量在同一样本的不同单元间产生的影响不一致。当出现以下情况时，因果异质性可以为因果推论提供策略：一是因果异质性不随机；二是相关的调节变量（moderator）可以测量；三是自变量和调节变量对因变量的相互作用没有混杂。

因果机制（causal mechanism） 是自变量与因变量之间的联系路径，用来解释共变关系。因果机制包括自变量影响因变量在生成过程中的任意因素，不管它是一系列离散步骤还是连续过程，也不管它是否可以被测量，都用 M 表示。因果机制是因果命题的关键部分。探索因果机制是因果分析的关键部分，这个过程又称为因果叙事（causal narrative）、概括（colligation）、中间过程（intermediate process）、微过程分析（process analysis）和过程追踪（process tracing）等。

因果律（causality） 指自变量是因变量的原因，也就是说在特定背景条件下，自变量的变化导致了因变量的变化（相对于因变量在反事实条件下的状态）。另一种说法是，原因的发生提高了结果发生的先验概率（prior probability）。

控制（control） 又叫做对照组（comparison group）、安慰剂组（placebo group）。在研究设计中，具有反事实特征的叫试验组，跟试验组对照的叫控制组。在统计模型中指的是影响因素的变量或矢量，其重要性虽然是次要的，但是能够帮助我们达到因果可比性的要求，并减少背景干扰。

反事实（counterfactual） 指的是没有干预存在或不同干预条件

下，事件会取得何种的状态。反事实是任何因果命题的重要组成部分。

反事实思想实验（counterfactual thought-experiment）　指在脑海里重演事件，旨在发现其在不同情况下会发生怎样不同的结果。当真实的可观察变量缺乏时，反事实思想实验是进行因果推论的必要工具。

关键节点/路径依赖（critical juncture/path-dependence）　是因果关系类型的一种，指的是偶然时刻会决定长期的轨迹，也就是说，一个阶段的路径依赖在轨迹中会保持或加强。

差分方法设计（difference-in-difference design，DID）　指的是非随机的面板设计（panel design），设置两个组，其中一个组接受处理（treatment），另一个组不接受，分别在事前和事后测量结果，然后比较试验组内事前和事后干预的结果差异和控制组内相同时期的结果差异，由此估计因果效应。要注意的是，因为干预是随机的，所以研究设计的效度关键在于假定（assumption）。

实验（experiment）　在广义的或理想类型下，实验包括以下几个要素：一、事前的研究设计；二、研究者能够控制研究背景的相关情况；三、处理的操作（manipulation of treatment）；四、试验组和控制组中的随机处理；五、大量的案例或可观察意涵；六、研究过程中在试验组和控制组保持因果可比性；七、实验方法与当前社会科学的使用情况产生共鸣，而自然科学并不总是需要控制组，因此应用较少。

可证伪性（falsifiability）　又称可检验性（testability），指的是一个理论或假设能被证伪的可能性。证伪哲学是卡尔·波普（Karl Popper）发展起来的，它跟科学研究的首要目的紧密相关。

可忽略性（ignorable/ignorability）　又称条件独立性（conditional independence）。它要求在因果分析中自变量的赋值应该独立于因变量的取值。

推论（inference）　指的是根据已知事实或规定前提推导出结论的过程。在经验层面，这意味着从已有的事实证据推论出未有的事实。比如，从样本推论出总体，或者在样本中推论出遗失的数据，或者推论出样本的一部分来纠正预期的测量偏误。因为反事实无法重演，所以归因是推论性的。在上述意义中,所有的社会科学的目标都是推论。

工具变量分析(instrumental-variable analysis,IV) 指通过引入非随机赋值的处理(treatment)来纠正偏误的非随机研究设计。一个好的工具是一个变量或者变量的向量,它与处理变量(treatment variable)高度相关,且不影响结果。

内部/外部效度(internal/external validity) 内部效度指的是被选择样本部分的真实性。外部效度指的是推论总体部分的真实性,即它的普遍性。

观察值(observation) 是任何实证研究中最基本的元素。任何一项证据都是用来支持研究的命题。在因果分析中,数据库的观察值假设为互相具有因果可比性,表示为矩阵中的行。样本中观察值的总量取决于案例的数量(N)。相反,一个因果过程(causal-process)的观察值虽然有助于因果关系评估,但与研究中其他的观察值并不具有可比性,因此不能作为大样本中的一部分来处理。每一个观察值都与另一个不同,比如苹果和梨,尽管都与中心命题相关,但是由于它们源于不同总体,因此不能被当成样本量为1(N=1)的样本。

结果(outcome) 又叫因变量(dependent variables)、效应(effect)、待解释事项(explanandum)、产出(output),指的是因果命题的内容及其要解释的事项,经常用Y表示。

总体(population) 又称幅度(breadth)、领域(domain)、范围(scope),指的是研究命题案例和观察值的总域。在研究中,其通常比样本要大。值得注意的是,推论的总体同时具有空间和时间上的界限,尽管时间上的界限常常很模糊。例如,对民主和发展的推论中,预期的总体应该是现代时期世界上所有的国家,从1800年延展到未来的某个时间点。

质性的(qualitative) 一是指小样本的研究;二是指基于因果过程观察值(causal-process observation)的因果分析;三是指基于叙述(narrative-based)而非数学的分析。前者主要包括档案研究(archival)、民族志(ethnographic)、田野研究(field research)、历史研究(historical）和开放式访谈（open-ended interview），后者主要包括量化的（quantitative）、统计学的（statistical）、形式模型（formal modeling）；四是指基于案例的研究；五是指统计学意义上的定类尺度（nominal scale）和定序尺度（ordinal scale），而非连续量表（continuous scale）。

质性比较分析（qualitative comparative analysis，QCA） 指的是由查尔斯·拉金（Charles Ragin）发展起来的因果关系分析方法，关注的是充分及必要关系、并发原因（conjunctural cause）和异因同果（causal equifinality），针对的是大中型样本。后期发展的质性比较分析方法糅合了概率论和模糊集理论的内容，比如 fs-QCA。

量化的（quantitative） 又叫大样本研究（Large-N）和统计研究（statistical）。指的是用统计学的方法研究多个具有可比性（comparable）的观察值。

准实验（quasi-experiment） 又称自然实验（natural experiment），指的是类似于真实实验的非随机研究设计。在准实验中，小组间没有实现严格的随机处理，但是赋值原则跟随机处理有相似性。准实验是个不固定的术语，涵盖了多种旨在模拟实验的观察研究。

研究设计（research design） 指的是收集和使用相关证据，建立合适的经验检验，与之对照的是数据分析（data analysis），后者往往根据已经收集好的证据做事后分析。研究设计起源于实验技术。在实验中，研究者可以控制实验的很多方面，因此实验技术对实验设立和实验操作有明显区分。近年来，研究设计的概念已经扩展到将观察研究（observational analysis）也囊括进来。虽然观察背景（observational setting）无法直接控制，但是研究者可以选择一个情境，为既定假设提供最适合的检验。情境的选择成为控制实验背景的功能替代。

样本（sample） 指的是单元（unit），即案例或取自这些案例的观察值的集合，是研究的主要观察对象。一个或数个样本可以作为一项或一系列案例研究，往往用的是质性方法。大样本必须用量化的方法进行研究。质性和量化方法结合使用，我们称为多重方法（multimethod studies）。不管样本大小如何，其对于总体必须具有代表性。只有在人口普查的时候，即样本和总体重合的时候，我们才能直接研究总体。

科学（science）　理想类型中的科学指的是用系统的、严密的、基于证据的、可证伪的、可复制的、概括性的、非主观的、透明的、怀疑的、理性的、积累的方法对某一现象进行研究。它包括描述性推论和因果推论。

选择偏误（selection bias）　一种情况是，在因果分析过程中，由于案例间的处理（treatment）不随机而产生的偏误。这种情况下，研究中处理的赋值很可能与结果有关，进而违背因果可比性的假定。另一种情况则涉及大总体的样本，指的是案例选择过程产生的偏误，比如根据结果抽取案例。大样本的选择偏误必须通过随机抽样才能避免。

社会科学（social science）　指的是用科学的方式研究人类行为的决定性方面（decisional aspect），同时也对影响人类行为的非决定性因素进行研究。在方法论上介于人文学科和自然科学之间，在当代学科体系下囊括了人类学、考古学、商科、传播学、人口学、经济学、教育学、环境设计、地理学、法学、政治科学、公共行政、公共卫生、公共政策、社会工作、社会学、城市规划等。

变量（variable）　又叫指标（attribute）、条件（condition）、维度（dimension）、因素（factor），不管可以被测量与否，不管是质性的还是量化的，任何一元线性的因素都可以成为变量。在数据集格式（dataset format）中，变量被描述于矩阵的竖列中。

（译者单位：华东政法大学政治学与公共管理学院）

"比较视野下的民族与族群政治研究"学术研讨会综述

王建新

2013年8月17日至20日,由中国社会科学院民族学与人类学研究所《民族研究》编辑部和华东政法大学政治学研究所联合举办的"比较视野下的民族与族群政治研究"学术研讨会在华东政法大学召开。来自中国社会科学院、北京大学、复旦大学、中央民族大学、南开大学、南京大学、华东师范大学、天津师范大学、西南民族大学、广西民族大学、上海国际问题研究院、华东政法大学等十几所高校与科研机构的50余位专家、学者参加了研讨会。

会议开幕式由华东政法大学科学研究院副院长王永杰主持,华东政法大学副校长顾功耘教授和《民族研究》编辑部主任刘世哲编审分别致辞。顾功耘指出,政治学是华东政法大学重点发展的学科之一。目前中国社会处于重要的转型期,民族问题关系到国家发展和命运,尤其需要从多学科、多角度进行综合研究与探讨。在十八大报告提出要实现中华民族伟大复兴的大背景下,"比较视野下的民族与族群政治研究"学术研讨会具有重要的理论意义和现实意义,也是政治学与民族学这两个紧密联系学科交叉研究的一种必然结果,对于未来的民族问题研究和民族政治学研究,都会有很大的促进作用。

会议综述
"比较视野下的民族与族群政治研究"学术研讨会综述

本次会议分为四大主题,分别是民族与族群政治的基础理论研究,民族与族群政治及制度模式研究,移民与城市民族问题研究,文化、宗教、人类学及相关研究。围绕"民族与族群政治"的这四个主题展开的讨论涉及范围广阔。纵向维度上,既有宏观层面的基础理论,又有中观层面的制度机制,也有微观层面的现实民族问题;横向维度上,涵盖经济、政治、文化、社会等。在两天的讨论中,学者们各自发表了精彩的见解,同时围绕议题展开了深入的对话。

一、民族与族群政治的基础理论研究

在民族与族群政治的基本理论环节,中央民族大学严庆教授从族类群体的名实之别、族性是可被感知的族类群体特质以及政治动员与族性政治化三个部分探讨了族性与族群政治动员及其相互关系,并在族性认知调控部分提出调整族性在国家政治中的效应的问题;天津师范大学常士䦕教授指出,我国"两个共同"的民族政治理念及独特模式在中华民族复兴与国家建设上具有重要价值,其特征是由内及外实现价值的政治整合;上海国际问题研究院叶江教授从社会认同的视角出发,指出在我国"民族问题的实质是阶级问题"这一论断虽然曾导致阶级问题扩大化,但却建立了一种超越各民族本身更高的认同,提出目前我国民族问题的实质应该归纳为"各民族在自身民族群体认同基础上加强中华民族认同"。

在民族及民族主义理论环节,中国社科院朱伦研究员认为民族主义源于自由主义对于治理需求下政治场域的划分,指出应从公民、地方社会共同体及民族共同体三个层面建构国家;中国社科院刘泓研究员梳理了民族主义理论与自由主义、马克思主义、保守主义理论的关系,对是否存在系统和规范的民族主义理论提出质疑;华东政法大学高奇琦副教授论述了阿甘本政治哲学思想对民族理论的启示,总结指出民族问题上存在着无公民身份的少数族群和有公民身份的少数族群,他们分别面临着公民权问题和例外状态下的潜在侵犯问题。

在现代民族国家建设与民族、族群政治环节，中国社科院王建娥研究员考察了国家建构过程中少数民族与人口占多数的民族互动博弈的过程；中国社科院马俊毅副编审考察了不同国家差异化的民族概念及形成过程，对于中国的亚国家层次民族概念主张称之为"族元"（national ethnic-unit）；华东政法大学姚尚建教授对族格理论做了补充解释，认为在中国，民族政治发展是承认民族族格之后，以国家和民族交互发展实现国格与族格的内在融合。

二、民族与族群政治及制度模式研究

天津师范大学佟德志教授总结了当代西方主流民主模式下包容族群政治的制度探索及相关问题，包括个体权利和群体权利，多数制与比例制，同化共识、交叠共识、底线共识、协商共识等内容；天津师范大学高春芽副教授论述了西方族际政治的协和民主模式及其特点、优势；西南民族大学的田钒平副教授认为在多民族国家中要重视共性文化的根基和纽带作用；中国社科院王剑峰副研究员将各国治理族群冲突的模式归纳为三种，即同化与吸纳、排斥、多元主义；贵州大学杨仁厚教授指出，应加强关于民族区域自治的建构性研究并继续完善这一制度；大连民族学院张殿军副教授指出，我国民族区域自治地方的自治权应该是权力而不是权利，目前自治权的一些规定存在着模糊性，应进一步完善；中国社科院周少青副研究员对加拿大多元文化主义的政治和社会效果进行了结合理论分析与实证的研究；华东政法大学游腾飞博士比较论述了我国的民族区域自治制度与美国的族裔权利保障机制的不同；江西财经大学杨友孙教授指出我国的民族权利保障和民族政策的发展完善应该引入社会融入的视角。

三、移民与城市民族问题研究

在移民与城市民族问题研究中，北京大学余彬博士从身份政治的角度，对于国际移民民族认同和国家认同功能重置进行了研究；河南大学阎照祥教授对十九世纪中叶英国与爱尔兰不列颠主流群体的暴力冲突进行了论述；中国社科院陈玉瑶博士论述总结了法国移民问题与移民政策的演变；西南民族大学来仪教授对我国城市民族问题的现状和特点进行了研究和总结；中央民族大学良警宇教授对流动的少数民族纠纷的内在发生机理及具体动因进行了研究；来自南开大学的郝亚明副教授对于西方族际居住隔离研究进行了论述和总结；南京大学梅祖蓉博士对美国黑人的权利运动做了历史回溯与研究。

四、文化、宗教、人类学及相关研究

华东政法大学王金良博士对文化全球化的历史进程及相关问题进行了回溯与论述；燕山大学张三南副教授运用了人类学的研究方法对于现代化背景下客家民居与人伦关系的变迁进行了田野考察与分析；南京大学赵光锐博士对西方的藏学研究进行了文本分析和观念史的梳理；华东师范大学刘琪博士对"切糕"事件进行了人类学分析。此外，中国社科院的于红、王坚、包胜利也有精彩的发言：于红副研究员对土耳其民族理论家奥兹基瑞姆的民族主义研究进行了介绍；王坚论述分析了德国文化民族主义在过度发展后走向了政治民族主义甚至民粹主义的过程；包胜利副研究员分析了蒙古国民族主义的态势及其对中蒙关系的影响；华东政法大学章远博士对于东盟在区域宗教问题治理中的角色拓展进行了研究。

《民族研究》编辑部马俊毅副编审对本次研讨会的讨论成果作了总

结。她指出,"比较视野下的民族与族群政治研究"的议题具有重要意义:第一,在现代多民族国家,社会中的所有群体要在由国家所组织的统治范围内通过法律化的政治途径表达诉求、追求利益,而作为亚群体的民族、族群的认同和政治是国家政治的重要组成部分;第二,学者们应该拓展民族理论学科视野、进行科学研究,实现国际对话。随着现代政治文明的发展,国际上,通过宪法、法律框架下的地方自治和各种分权等,使得多民族国家保持了稳定与平衡。无论是对少数民族、土著、原住民、还是移民等,世界各国都制定了一些针对其权益的制度和政策。我国的民族理论与政策内容丰富,但这一学科在话语和理论上早年受到苏联政法术语及斯大林民族定义的影响,一直未纳入规范的政治学研究,在学术上难以与国际接轨。运用政治学的理论和方法可以拓宽民族理论的研究视野,突出其民族政治学的特质,可以更深刻地剖析我国的民族和族群政治,在概念、学术话语上与世界接轨;第三,民族政治学与民族理论的跨学科研究可以加强民族理论学科基础理论研究,更新充实学术话语,扩大学科影响,有利于向社会各界宣传我国的民族理论与政策,并为国家提供高水平的政策咨询成果;第四,政治学应该加强对民族与族群政治的研究。我国是一个多民族的大国,我国建构现代多民族国家过程的相对顺利转型的经验和民族区域自治制度等,是中国特色社会主义制度的重要理论和实践成果,应该作为我国政治学研究的重要内容。

华东政法大学政治学研究所长期以比较政治学为中心展开研究,本次会议是该所围绕专题展开比较政治研究的一个新进展。华东政法大学政治学研究所所长高奇琦指出,比较政治学十分注重研究方法,并且已经发展出了一整套系统而科学的方法,将其引入民族理论与民族政治研究十分必要。

马俊毅指出,传统的民族理论应该继续加强,但是必须进一步开拓创新,促进理论视角、研究路径以及研究方法的多元化;民族理论学科应该更加开放,不断吸纳、鉴取最前沿学科的方法及学术知识。

本次会议充分体现了民族与族群政治研究的基础理论研究的纵深发

会议综述
"比较视野下的民族与族群政治研究"学术研讨会综述

展,比较政治学与民族理论两种学科交叉和碰撞所产生的效应十分显著,国际视角下的跨国考察和探讨具有特别优势。这也说明,整合学术资源,使得我国的民族理论研究在一种宏大的视野下,强化基础理论研究,向着国际化、跨学科性、学术前沿性、创新性的方向前进,这一前景十分广阔,这也是民族理论学科和本次会议的发展方向和目标。鉴此,在闭幕式上,由《民族研究》刘世哲编审提议,以本次会议为契机,建立民族理论与政治学的学术共同体,设立"中国民族理论与民族政治论坛",明年将择定相关主题继续召开第二届"中国民族理论与民族政治论坛",这一提议得到了与会学者的积极响应。

(作者单位:华东政法大学政治学研究所)

"中国参与全球治理：比较与借鉴"学术研讨会会议综述

黄 飞

2013年11月9日，由上海市国际关系学会与华东政法大学政治学研究所共同主办的"中国参与全球治理：比较与借鉴"学术研讨会在华东政法大学召开，来自中央编译局、复旦大学、武汉大学、中国政法大学、北京外国语大学、上海市国际关系学会、上海交通大学、华东师范大学、上海外国语大学、上海国际问题研究院、山西大学、上海财经大学、上海对外经贸大学、上海市社联《探索与争鸣》编辑部等十几所高等院校与科研机构的30多位专家学者参加了会议。

上海市国际关系学会秘书长金应忠教授在开幕致辞中指出，人类是命运的共同体，而国际社会也是多元共生的。在这一语境下来看，中国与其他国家也是一种共生关系。那么，我们如何优化解决这种共生关系？我们要如何发展新型大国关系？我们又如何去创造和谐共生的国际社会？针对这些问题，会议从"全球治理与人类命运共同体"、"中国参与全球治理的定位与理念"、"共生国际体系与失败国家"、"全球治理与国内政治"、"全球治理与大国外交"等议题进行了深刻的讨论，加深了对这些问题的认识。

会议综述
"中国参与全球治理：比较与借鉴"学术研讨会综述

一、全球治理与人类命运共同体

"人类只有一个地球，各国共处一个世界"，国际社会日益成为一个你中有我、我中有你的"命运共同体"。全球治理有着深刻的背景：全球化时代国际行为主体多元化以及国际问题复杂化。复旦大学沈丁立教授指出全球治理是全球人类对生活的一种期待，全球治理是完成我们对这种期待的满足。金应忠教授认为，就全球治理而言，我们不能持悲观态度，也不能理想主义。国际社会在大的和平环境下仍然存在矛盾与冲突。金教授认为人有两个属性：共生性和群体性，而人和人之间本质上是共生关系。人类命运共同体表现在：国际社会与国家的关系是共生的；国家与国家之间的关系是共生的；人和人之间的关系是共生的。复旦大学苏长和教授主张不能仅仅从冲突与合作二元对立的角度谈国际关系。世界不是非黑即白、非善即恶的，也存在共生关系，冲突与合作是可能同时并存的。全球治理是策略层面的，而人类命运共同体理念是从哲理层面对全球治理的阐释。但关于共生理论的人性论是性善说还是性恶说，共生理论的方法论等问题还有待进一步探讨。

二、中国参与全球治理的定位与理念

中国参与全球治理，首先需要明确自身的定位。只有在身份确立的条件下，才能明确自身的利益与责任。复旦大学沈丁立教授认为，中国参与全球治理，首先要解决国内的问题。作为一个超大型国家，将本国内部事务处理好就是对全球治理的贡献。在哥本哈根会议上，中国对外宣布控制温室气体排放目标，决定到 2020 年单位 GDP 二氧化碳排放比 2005 年下降 40% –45%，这就是中国在全球治理中做出的贡献，是一种责任的承担。中国政法大学刘贞晔教授认为全球治理离不开国际体系的思考框架。作为一个大国,中国在参与到全球治理的过程中,第一个考虑要素就是大国的定位。与此同时,我们也须明确,中国是发展中国家,中国参与全球治理的这个角色定位是比较突出的。由此,发展成为我们的第一要务。北京外国语大学王明进教授则从中国文化与全球治理的关系层面进行论述,认为新型大国关系是对传统国际关系的超越和突破。新型大国关系理念有高度的契合性,体现了中国文化对全球治理的意义。华东政法大学高奇琦副教授则从规范主义层面出发探讨全球治理,提出中国参与全球治理的"和谐世界主义"哲学观。上海社会科学院张树平副研究员主要从中国的政治传统与当今全球治理之间的关系着手,探讨中国的思想传统能否对当今全球治理的知识和经验的建构有所贡献。上海交通大学李明明副教授则指出,作为一个新型大国,中国参与全球治理面临三个问题:中国应该突破现有国际体系还是在现有体系内进行改良?中国参与全球治理是权力争夺还是价值较量?中国参与全球治理要从国际出发还是从国内政治出发?

三、全球治理与失败国家

失败国家是指那些无法履行基本国内功能,不能提供基本服务,丧失对国家有效治理的国家。在这些国家中,政府不能提供基本的安全与福利,国内暴力冲突不断,人民生活状况恶化,国家无法有效提供公共产品。中央编译局闫健副研究员与武汉大学邢瑞磊博士主要从失败国家层面论述全球治理,两位学者对失败国家的产生背景、概念与特征、评判的标准以及各自的反思和理念进行了深刻论述。失败国家同人道主义灾难、恐怖主义、毒品走私、武器扩散、难民潮等有着重要的关系。失败国家是全球治理特别突出的问题,其兴起与冷战后国际体系的结构变化息息相关。冷战时期,出于战略利益的考虑,美苏两国都大力援助一些落后的第三世界国家,从而维持了这些羸弱国家的存在。事实上,大国的干预常常是为了保护既存国家的完整。冷战结束后,随着其战略地位的下降，这些国家无法继续得到超级大国的支持，转而迅速滑向失败的境地。而对于陷入"失败"泥沼的国家，国际干预的合理性和干预限度又在哪里等问题的探讨还有待继续。

四、全球治理与国内政治

现代政治的结构分析离不开政党、国家与社会三大分析结构。现代政治是政党、国家和社会三大主体力量相互作用构成的政治体系、政治运作方式和政治过程。复旦大学臧志军教授从自民党与财界关系入手分析日本政治。日本财界在日本政治和政策过程当中仍然具有重要的影响，但是，日本财界未必是促进中日关系的正面力量，通过财界的影响力来改善中日关系有可能是缘木求鱼。日本财界会成为中国威胁论和日本危机论的隐性推手，财界和自民党的关系会进一步紧密。上海财经大学耿曙副教授探讨的则是政治经济变迁背景下大陆台商对两岸关系的作用，他认为大陆台商面临着经济和政治地位上的双重衰落，在这一背景下，大陆台商做出了自己的反应：对大陆展开"效忠型抗议"，对台湾展开"退出型抗议"。华东师范大学王向民副教授主要就公共事件中的媒体动员与组织变迁发言，讨论2011年以来的中国红十字会问题。从郭美美事件和江苏盐城强制干部职工参加"博爱万人捐"事件之后的红十字会分析出结论：首先媒体动员于组织变迁的影响更多是监督性而非建设性的；其次媒体动员的影响机制，主要在于通过舆论的压力来形塑国民的认知框架与情绪反应。媒体动员塑造社会组织合法性的丧失是红会组织变迁的动力；再次，媒体并未形成政策企业家，组织变迁更多是组织内主体的自我改造，这样的自我改造也是有限度的；最后，媒体动员的组织变迁，仅仅局限于组织的内部，是一种"寄居蟹"式的组织变迁。其限度取决于组织外部的国家政治体制，即社团管理制度（行政化）。因此，组织变迁的不彻底性，使抗争依然在进行。山西大学李蓉蓉副教授则对中国农民政治效能感进行分析，从农民具有怎样的政治效能感这一独特的视角来考量中国基层民主政治的绩效问题。通过分类变量的统计分析得出：农民经过30年的民主实践，他们当家做主的感觉其实是有限的，基层民主政治的有效性是值得重新质疑的。通过三个模型分析其原因：其影响因素不是社会经济地位，更多的是他是不是党员，和干部有没有关系。在对于外在政治效能感上，物质诱因会成为负影响因子。华东政法大学汪仕凯博士对同是军人控制的巴西、阿根廷、智利、乌拉圭四个威权国家进行分析，探讨其在转型之后的治理水平上出现差异的原因，并通过三个假设分析得出两个结论：第一，威权政体确实可以影响到转型的水平，但是不能直接影响，而是要通过影响政治社会的状态来达成。第二，政党，特别是新兴政党之间的联盟，对于决定转型之后民主的质量有着关键性的影响。

五、全球治理与大国外交

复旦大学张建新教授以独特视角就"美国制造业是否在空心化"、"中美贸易失衡问题"、"人民币汇率问题"、"知识产权问题"、"中国的美债安全问题"、"中国经济威胁论"等议题进行阐析。上海国际问题研究院牛海彬副研究员与华东政法大学赵庆寺副教授则以金砖国家这一议题为突破口，做了精彩发言。牛海彬考察了金砖国家在全球治理中的国际机制、不同领域的影响力和地位等问题；赵庆寺分析了金砖国家在全球能源治理中的角色、责任和路径。武汉大学葛建廷博士把国际关系学科和政策科学联系起来，以此探究国际公共政策与全球治理的关系。在他看来，国际公共政策目的有三：一是国民生活的各政策领域存在的各种问题，要从全球化的视点来考虑；二是为了实现可持续发展，必须完善全球治理；三是尽可能的摆脱一极化霸权，形成新型的、共生的国际关系。华东政法大学吉磊博士从多边主义的视角进行分析。她认为，从国际秩序观来看，多边主义是欧洲对变化中的国际秩序的一个反应，体现了欧洲关于国际秩序的一种思考。

小结

  国际社会是一个共生的国际体系,在这一体系下进行的全球治理就是各国政府、国际组织、各国公民为最大限度地增加共同利益而进行的民主协商与合作。中国在参与全球治理的过程中需要明确自身的定位:中国是大国同时又是发展中国家。这样一来,中国参与全球治理的过程中,想完全推翻既有国际体系是不现实的,中国参与全球治理也只能承担与其定位相应的义务。新型大国关系是中国参与全球治理的一种理念,这种理念承载了中国传统文化和对前期中国外交的反思以及对国际形势新的判断。此次学术研讨会的召开,是对新形势下全球治理的全新探讨,也给学界以新的启示。

(作者单位:华东政法大学政治学研究所)

"中国参与全球治理：体系变革与国家能力"学术研讨会会议综述

王海峰

2014年5月15日，由上海市国际关系学会和华东政法大学科学研究院政治学研究所联合主办的"中国参与全球治理：体系变革与国家能力"学术研讨会在华东政法大学松江校区成功举行。来自上海市国际关系学会、复旦大学、上海外国语大学、上海对外经贸大学、上海市社科院、上海政法学院等二十余名专家、学者参与了此次会议。

华东政法大学科学研究院院长陈金钊教授主持了会议开幕式，全国高校国际政治研究会副理事长俞正樑教授和华东政法大学科研处副处长韩强教授分别致欢迎辞。陈院长热烈欢迎与会专家学者的到来，并简要介绍了科学研究院和政治学研究所的情况。俞正樑教授则表示，政研所对全球治理的研究具有重要的理论意义和价值。随着研究的深入，我们会发现对全球治理的研究无法超越国家层面。所以，本次研讨会所关注的"体系变革与国家能力"确实抓住了问题的本质。政研所在全球治理方面的研究具有一定的理论深度：如何将民族国家的治理引导向全球治理的转变，国家参与体系的构建将发挥关键作用。此外，我们不仅要看到中国参与全球治理的正能量，也要注意到参与过程中遇到的阻碍。最后，俞教授表心祝愿本次会议取得圆满成功。韩强代表学校对各位专家

会议综述
"中国参与全球治理：体系变革与国家能力"学术研讨会会议综述

学者的到来表示诚挚的欢迎和感谢。

主旨发言

会议的这一部分由复旦大学国际关系与公共事务学院副院长苏长和教授和上海社科院胡键研究员做精彩的演讲，他们发言的题目分别是"中国规范的国际传播与全球治理"及"中国参与全球治理的制约因素分析"。

1. 中国规范的国际传播与全球治理

苏长和教授指出，要使中国规范在国际上传播，首先要找出核心概念，比如"权力"。但是对核心概念从不同角度进行理解，就会得出不同的解读，这往往成为中西方理解误差的缘由。事实上，找出了核心概念还不够，关键是如何传播这个概念。尽量找到与别人共同、共通、共鸣的概念是很重要的，比如说到和平发展，我们不仅要求自己，亦要求他国走和平发展的道路，把那些不管是传统的还是后来创造的概念推广出去，这样才能使得中国规范在国际上得以成功传播。又如，巴西也提倡互不干涉原则，于是我们可以说"拉美国家是互不干涉原则的典范"，这样就和拉美有了共鸣的概念。同样，我们在印度应该提"和平共生"的概念；在非洲提"郑和下西洋"，因为我们在非洲没有搞殖民地，也不容许其他国家在非洲殖民。再者，对于概念的处理要会命名，要力求简单，面向各阶层人士，便于传播。此外，在规范的传播方面还要注意技巧，突出自身特色。苏教授也特别指出，规范的传播是一个漫长的过程，要保持长久的耐心，不然很容易前功尽弃。

2. 中国参与全球治理的制约因素分析

胡键研究员首先提出问题：全球治理究竟是理想的还是现实的？胡键认为，全球治理应该仅仅是理想，其目标是要达到全球善治，但这是不可能的。但是全球治理的区域目标是存在的，比如维护地区稳定，区域经济的发展等。值得注意的是，区域目标的实现受到各地区、各集团利益的制约，毋宁说全球善治了。从主体层面来看，像多元治理、协同治理、和谐共生等，这些是存在并发挥作用的；从工具层面来说，胡键研究员认为目前并没有一个全球治理的工具；从方式来看，像大国方式、和平或非和平方式等是实际存在的。总之，全球治理是一个理想的模式，虽然是理想模型，但是各行为体都在努力探索全球治理的体系构建。除此之外，胡键研究员进一步提出，制约中国参与全球治理的因素有哪些呢？一是中国自身的决策及在国际体系的定位问题。二是制度因素，包含三方面：中国的选择性参与，主要是经济的全球参与；中国内部制度与国际制度的不协调；中国理念的因素，例如，不干涉与不结盟原则现实意义的局限性。那么如何克服这些制约因素呢？胡键研究员认为，一是加快决策转换，实现决策的重新定位；二是加快制度创新，实现内外联动的统筹协同制度，真正使中国融入国际体系中；三是实现理念创新，把中国的理念以好的方式传播出去。

国家参与全球治理的指标体系

会议的这一部分由华东政法大学政治学研究所所长高奇琦副教授向与会学者展示国家参与全球治理的指数的构建情况，之后由相关的专家进行点评。

为了弥补政研所之前在比较政治研究与实际应用之间的鸿沟，借鉴国际研究的经验，以全球治理为切入点，构建国家参与全球治理的指标体系。体系中的指数不是全球治理指数，而是国家参与全球治理的指数。该指数所衡量的是国家作为一个单元参与全球治理的程度，非政府组织参与全球治理不计入指数。譬如总部设在美国的非政府组织参与全球治理不能算作美国参与全球治理。这一指标体系旨在反映国家参与全球治理的程度，其数据以每年为单元，样本为19国（G20去掉欧盟）。

整个指标体系分为三级：初定由 5 个一级指标，10 个二级指标及 28 个三级指标构成。一级指标包含全球机制创设、全球机制维护、全球责任承担、全球决策参与、全球危机处置。每个一级指标分别相对应两个二级指标：全球观念形成、全球规则形成；参与国际组织和国际条约、履行条约情况；物力支持、人力支持；意愿表达、决策制定；态度表明、危机介入。设置 28 个三级指标在于对二级指标起着详细量化操作的作用。指标体系的研究成果将主要以研究报告的形式呈现：暂时定于 2014 年底之前，完成 2000 年到 2013 年历史数据的搜集，形成 19 国在这一时段参与全球治理的基本模型和研究报告；其次，2015 年 9 月发布《2014 年国家参与全球治理指数年度报告》。之后，每年 9 月固定发布年度指数。

高奇琦副教授还指出对于数据的处理，将采用实际测量数据和专家打分两种形式。在容易挖掘到客观数据的领域，直接赋值统计；在主观性较强的领域，采用专家打分。每一级指标的权重也由专家打分来确定。如何进行专家打分分组呢？每个国家选择 3 名专家，然后 4-5 个国家放在一组。这样每个国家就会有 12-15 份的打分结果。最后再将打分结果汇总分析。初步计划分组情况如下：美洲组（美国、加拿大、墨西哥、阿根廷、巴西）、欧洲组（德国、法国、英国、意大利）、东亚组（中国、韩国、日本、印尼、印度）、其他组（俄罗斯、澳大利亚、土耳其、南非、沙特）。此外，值得注意的是全球治理不同于传统的国家间治理，该指数所言的全球治理旨在针对全球公共问题的解决；部分三级指标还不完整，尚待专家进一步提出相关修正和补充内容。

随后，上海政法学院院长助理王蔚教授提出三个问题建议：是否应将全球问题解决的趋势和影响力考虑入内；所选国家存在覆盖面不够的缺陷，是否应纳入更多的发展中国家；指标体系的构建是否还应细分。上海外国语大学国际关系与外交事务研究院常务副院长武心波教授指出，在选取国家样本时，建议采用"二八定律"；注意专家打分的权重问题；对于全球治理国家模式问题，可以采取多种划分国家分类的方式。武教授还指出，在国家参与全球治理过程中，需要注意到三个悖论,即经济的全球化与治理的国家化;国家参与度与国家的不断增强;国家的主动参与与国家被绑架之间的悖论。上海对外经贸大学科研处副处长郭学堂教授认为当前的全球治理实际上是区域治理,并提出能否在全球治理的基础上增加区域治理的指标;能否把履约指标单独作为二级指标处理,这将会有更大的现实意义。苏长和教授建议对指标的操作之前定位好价值观和世界观导向,因为指标可以发挥导向和规劝的作用,不可能完全公正。胡键研究员指出,对全球问题的介入能力与全球治理在概念的内涵和外延上需要厘清。我们需要思考对于参与全球治理指数可能包含参与的程度、深度;参与的能力;治理的能力、绩效等,如何处理?三个级别指标的设置看起来不像是国家参与全球治理体系的指标,倒更像国家的国际地位指标。我们还需要注意要建立好的指标体系,需要考虑三方面问题:选取样本的理由、指标体系的科学性、对指标赋值的考虑。

会议总结

在会议总结发言部分,上海市国际关系学会秘书长金应忠教授提出了上海国际关系研究如何做到具有自身特色的问题。金教授认为上海学派应当找寻自身闪光点,挖掘自身特色,不然很容易没落。而对于国家参与全球治理的指标体系构建问题,金教授建议进行跨学科的研究,将定量和定性的研究方法结合起来。最后,金教授再次强调了在构建指标体系之前所规范的价值观导向的重要性。

(作者单位:华东政法大学政治学研究所)

"比较政治与全球治理"
学术研讨会会议综述

张结斌

2014年6月14日,由中共中央编译局《国外动态理论》编辑部和华东政法大学科学研究院政治学研究所共同主办的"比较政治与全球治理"学术研讨会,在华东政法大学松江校区顺利召开。来自中共中央编译局、中国社科院、复旦大学、清华大学、武汉大学、南开大学、上海交通大学等十几所高校和科研机构的近四十位专家学者与会,一起就"比较政治与全球治理"议题进行深入而细致的交流探讨。

开幕式上,华东政法大学副校长刘晓红教授发表了讲话,她首先代表华东政法大学对各位专家学者的到来表示欢迎和感谢,对政治学研究所在学科建设、科研成果、项目申报和学术活动等方面的成绩和进步也给予了肯定和高度的赞赏。刘校长表示,专家学者对共同关心且重要的"比较政治与全球治理"问题进行探讨,一定可以为中国参与全球治理提供更多的建议与参考。

会议的第二部分是主旨演讲。著名政治学家、复旦大学首席教授曹沛霖以"全球治理与比较政治研究"为主题发表了演讲。曹教授由当前局势引发思考并提出问题:全球治理的可能性如何?得出的结论是"可控、可治"。此外,曹教授就"全球治理的由来和三种治理模式的历史比较"提出了自己的观点，认为"一战"之后产生的全球治理的第一个模式是列强统治世界模式，是统治模式；"二战"产生了第二种世界治理的模式，双头政治世界大国管理模式，是一种管理模式；"冷战"结束后，全球治理模式向多极政治的全球治理模式发展，而这是治理模式。关于"多极政治的全球治理模式与中国的关系"，曹教授提出"旧瓶装新酒"的方法，治理结构不变，采用新中国自己的理念来参与新模式的治理。

武汉大学比较政治研究中心主任谭君久教授就"比较政治的学科前景与核心议题"发表了演讲，通过对本世纪以来各国民主政治发展的持续观察，以泰国等民主动荡国家与东欧民主转型成功的国家进行比较分析，提出不应该只看到失败的案例而导致视野受到限制。清华大学政治学系景跃进教授则以"比较政治学的分野及前景"为题作了演讲，以中国威权体制下的政治稳定为关注点，景教授认为，比较政治学的分野第一次是从崩溃论到弹性论，第二次分野是威权弹性能弹多久的问题。对于中国能否以及如何发展出"中国模式"，景教授提出关键在于基层，并且从高端路线来看，不要否认普遍性；从低端路线来看，要从中国实际中找出办法。南开大学周恩来政府管理学院谭融教授以"关于西方国家官僚制比较研究中的几点思考"为主题作了演讲，在对英美法德官僚制的类型、当代西方各国官僚制的改革、西方各国高级文官的角色定位以及西方国家职业官僚的政治化趋势等问题的探索基础上，对当代西方国家官僚制的发展趋势以及当今人类在国家官僚制问题上面临的两难困境提出了看法。

会议的第三部分是主题发言。发言主题一是"全球治理的现状与未来"，华东政法大学政治学研究所王金良博士从总体上分析了全球治理的对象、困境、路径选择和对策等。中国社会科学院世界经济与政治研究所彭成义博士则从全球治理的顶层设计来谈，对当前国外关于全球治理的全球宪政主义思潮进行了梳理和分析。中国社会科学院亚太所副研究员谢来辉谈了新兴经济体对全球治理的影响，提出了"新兴经济体能否成为改善全球治理的力量"的问题。上海交通大学国际与公共事务学

会议综述
"比较政治与全球治理"学术研讨会会议综述

院郭树勇教授则根据全球规范和国内社会经济变迁,提出研究方法和路径的问题,并对一些具体的问题发表了自己的看法。

发言主题二是"苏东国家的治理与全球治理",复旦大学国际关系与公共事务学院张建新教授从乌克兰危机与俄欧能源关系的角度去探讨全球治理的问题,他认为乌克兰应该向欧盟靠拢,且欧盟难以摆脱对俄罗斯的能源依赖,但从资源的条件来说,欧盟下一步对俄罗斯的能源制裁是有可能性的。中央编译局《国外理论动态》副主编徐元宫则通过对苏联国家治理的研究,探究"国家治理的主体是谁"的问题,提出国家治理的主体是人民群众的观点,最终的目的是为了实现最广大人民的利益,而不是为了特权阶层的利益。上海外国语大学俄罗斯研究中心那传林副教授以"当代俄罗斯国家治理过程中的政治稳定问题"为题进行发言,他从政权与产权的关系问题出发,认为俄罗斯还没有能够实现政治的制度性稳定,还在从秩序性稳定到制度性稳定的过程之中,转型是复杂的,威权政治对于专制主义传统的俄罗斯来讲,是一个必经的过程。华东政法大学政治学研究所副所长阙天舒副教授从历史社会学的视角对"文明冲突论"进行剖析和改造,并在重新认识"文明范式"的基础上对其存在的西方化和静态化的问题加以修弥,为"文明范式"研究超越传统的文明研究,并在包容中为文明间交往找到更合适的归宿。

此外,与会专家学者还就"比较视野下的国家与社会关系"、"失效国家、人道干涉与全球治理"等主题进行了发言。中共上海市委党校政治学教研部副主任袁峰教授分析了比较视野下的腐败治理。上海交通大学国际与公共事务学院陈尧副教授对全球民主衰落进行了分析和解释。华东师范大学政治学系王向民副教授将社会组织放到行政吸纳社会的分析框架中进行分析,提出了社会组织的项目制治理。上海交通大学国际与公共事务学院黄琪轩副教授分析了国家治理与权力转化的关系,认为国家治理的改善不能仅仅依靠政府,政府应该调动多元的经济与社会主体参与其中,并最后得出结论:国家治理的改善需要防止权力之间的相互转化。中央编译局《国外理论动态》闫健副主编以"生存政治与盗贼国家:民主刚果的失效之路"为主题,分析了民主刚果的反腐败问题,他认为民主刚果的反腐败是有选择性的，规则适用不公平，袁峰教授等学者也分别对中国的反腐败问题发表自己的看法。华东政法大学科学研究院花勇博士将"保护的责任"与全球治理结合起来进行批判分析，并阐述了中国政府对"保护责任"的态度以及由规范接受者到规范塑造者的角色转变。华东政法大学政治学研究所吉磊博士对联合国人权委员会改革进行了研究，对人权问题的全球治理也提出了自己独特的观点。

华东政法大学政治学研究所的几位学者重点阐释了"国家参与全球治理指数（SPIGG）"的构建问题。作为项目负责人，华东政法大学政治学研究所所长高奇琦副教授详细介绍了"国家参与全球治理指数"构建的基本情况，华东政法大学政治学研究所游腾飞博士重点阐释了SPIGG指标权重设置和数据的标准化问题，华东政法大学政治学研究所严行健博士则对SPIGG指数的数据来源和数据处理进行了说明。

会议的最后一部分是闭幕式总结发言。谭君久教授首先对会议主办方表示感谢，对整个会议进行了概括总结，提出中国政治学跟国外相比最大的差距——国内政治学跟国外的交流对话有很多限制和隔膜——主要体现在研究方法上面，对定量分析研究不够。对于全球治理的概念、对象以及与比较政治的关系，谭教授提出，全球治理的对象是超越国家边界的各类全球事务和问题，都是在全球化的背景下发生的，同时国家的治理也关系到全球治理，但不能把全球治理的对象扩大化，把所有国家的内部事务都纳入到全球治理的框架中。最后，谭教授对国家参与全球治理的指数（SPIGG）的构建表示肯定和期待。闫健副主编总结了会议的三个特点，一是会议体现了比较政治和全球治理的结合；二是体现了中国政治学者代际的传承；三是体现了严肃的学术探讨和高雅的艺术享受的结合。最后，作为会议闭幕式主持人，高奇琦副教授向与会者介绍了政治学研究所的一些基本情况，包括研究方向和成果，以及人员配备；对研究所为什么要做国家参与全球治理的指数（SPIGG）进行了解释，认为大数据时代的来临，做指数是一个必然的方向；对会议的主题进行了说明，向与会专家学者汇报国家参与全球治理指数（SPIGG）的进展；最后对所有会议的参与者和组织者表示感谢和祝福。

会议综述
"比较政治与全球治理"学术研讨会会议综述

尽管会议只有短短的一天，但学术性突出，内容丰富，与会专家学者均高度评价会议所取得的丰硕成果。"全球治理"是中国面临的重大课题，作为担负着时代使命的学者，应当对这个重大问题作出积极的回应。以"比较政治与全球治理"为焦点进行的研讨与交流，无疑可以为中国参与全球治理提供更多的建议与参考。

（作者单位：华东政法大学政治学与公共管理学院）

图书在版编目(CIP)数据

比较政治学前沿(第3辑):比较政治学的质性与量化之争/高奇琦主编.
—北京:中央编译出版社,2015.5
ISBN 978-7-5117-2613-1

Ⅰ.①比…
Ⅱ.①高…
Ⅲ.①比较政治学
Ⅳ.①D0

中国版本图书馆 CIP 数据核字(2015)第 067921 号

比较政治学前沿(第3辑):比较政治学的质性与量化之争

出 版 人：	刘明清
出版统筹：	贾宇琰
责任编辑：	张 娟　王 琳
责任印制：	尹 珺
出版发行：	中央编译出版社
地　　址：	北京西城区车公庄大街乙 5 号鸿儒大厦 B 座(100044)
电　　话：	(010)52612345(总编室)　　(010)52612341(编辑室)
	(010)52612316(发行部)　　(010)52612317(网络销售)
	(010)52612346(馆配部)　　(010)55626985(读者服务部)
传　　真：	(010)66515838
经　　销：	全国新华书店
印　　刷：	北京时捷印刷有限公司
开　　本：	787 毫米×1092 毫米　1/16
字　　数：	294 千字
印　　张：	20.5
版　　次：	2015 年 5 月第 1 版第 1 次印刷
定　　价：	78.00 元
网　　址：	www.cctphome.com　　邮　　箱：cctp@cctphome.com
新浪微博：	@中央编译出版社　　微　　信：中央编译出版社(ID: cctphome)
淘宝店铺：	中央编译出版社直销店(http://shop108367160.taobao.com)
	(010)52612349

本社常年法律顾问：北京市吴栾赵阎律师事务所律师　闫军　梁勤
凡有印装质量问题,本社负责调换,电话：(010)55626985